本书受中国法学会、华南师范大学法学院资助出版

代孕行为
法律规制研究

DAIYUNXINGWEI FALÜGUIZHI YANJIU

侯 巍 著

中国政法大学出版社

2023·北京

声　明　　1. 版权所有，侵权必究。

　　　　　2. 如有缺页、倒装问题，由出版社负责退换。

图书在版编目（CIP）数据

代孕行为法律规制研究/侯巍著.—北京：中国政法大学出版社，2023.11
ISBN 978-7-5764-1282-6

Ⅰ.①代… Ⅱ.①侯… Ⅲ.①卫生法－研究－中国 Ⅳ.①D922.164

中国国家版本馆CIP数据核字(2024)第015166号

出 版 者	中国政法大学出版社
地　　址	北京市海淀区西土城路25号
邮寄地址	北京100088 信箱8034分箱　邮编100088
网　　址	http://www.cuplpress.com（网络实名：中国政法大学出版社）
电　　话	010-58908586(编辑部) 58908334(邮购部)
编辑邮箱	zhengfadch@126.com
承　　印	固安华明印业有限公司
开　　本	720mm×960mm　1/16
印　　张	16.75
字　　数	280千字
版　　次	2023年11月第1版
印　　次	2023年11月第1次印刷
定　　价	69.00元

序

伦理逻辑与法理逻辑的有机融合

  侯巍是陈小君教授的硕士，我的博士，毕业15年了。她一直执着教学，主编参编八部教材，指导的本科生课题获得第十四届挑战杯全国二等奖，被评为南粤优秀教师。但中国高校的教学业绩不能折算论文工分，她副教授当得有点资深，看到《代孕行为法律规制研究》的书稿，我比较开心，我的博士群有望新增一名教授了。

  代孕作为一个法律问题，研究很多，成果很少，因为难度很大。代孕交集着个人生活、群体伦理、现代技术，混合着养儿防老的现实需求、传宗接代的古老信念、自由尊严的主体价值，怎么说道似有理也无理、怎么选择似有利也有弊、怎么规范似有用也无用，犹如一团乱麻，有常人难有的耐心和思辨才能破解一二。侯巍没急着当教授，有时间慢慢琢磨代孕的价值和逻辑，徐徐寻找正当性足够的理由、利与弊可控的选择、确定性明确的规则，因而，本书有了充足的科研成色。

  首先，本书超越了代孕的伦理与法理冲突。代孕伦理混杂着不同的价值取向，"不孝有三"伦理趋向于代孕管制的宽松，人不能成为手段伦理有着严格限制甚至禁止代孕的要求，通常的法理表达总有这样那样的伦理冲突。本书另辟蹊径，从代孕伦理与法理的冲突空隙中发现了伦理与法律的可非难性并不相同，区分了具有伦理正当性的代孕和不具有伦理正当性的代孕，提出了代孕有限开放模式。这一模式禁止利己性的无血缘代孕、商业代孕、非治疗性代孕，开放利他性的全血缘代孕、无偿代孕、治疗性代孕，伦理正当性清晰，现实需求性充分，法律确定性稳定。

　　同时，本书着力于代孕法律关系的具体规制。代孕应然性论述不难，在应然性上天花乱坠是当下法学研究的专长，难的是代孕的实然性即如何将代孕人际关系表达为具体的权利、义务、责任。这项工作最费时间、最耗精力，最考验智商。本书一一阐述和建构了基本原则、代孕类型、主体资格、代孕合同、亲子认定、代孕终止、程序和监管的具体规则，力求逻辑严谨、体系完备，操作可行，整体成效明显。本书其实就是代孕立法的一个建议稿，司法实践的一本参考书。

　　是为序。

孟勤国
2023年2月9日于海口

目 录

第一章 我国代孕现状与现实问题 ······ 1
 第一节 基本概念界定 ······ 1
 第二节 我国代孕现状 ······ 13
 第三节 我国代孕的现实问题 ······ 50

第二章 代孕制度的域外法概况 ······ 74
 第一节 域外代孕法律制度概述 ······ 74
 第二节 英国代孕法律制度 ······ 77
 第三节 美国代孕法律制度 ······ 86
 第四节 其他国家和地区的代孕法律制度 ······ 107

第三章 代孕有限开放模式适法性之辩 ······ 121
 第一节 代孕生殖否定论 ······ 121
 第二节 有限开放模式的理论依据 ······ 127
 第三节 有限开放模式在我国的现实基础 ······ 155

第四章 有限开放模式下代孕的法律规制 ······ 167
 第一节 基本原则规制 ······ 167
 第二节 代孕类型规制 ······ 176
 第三节 合同主体资格规制 ······ 180

第四节　代孕合同内容规制·····································191
　　第五节　亲子关系规制···213
　　第六节　合同终止规则规制·····································232
第五章　代孕的实施与监管··239
　　第一节　代孕的实施程序·······································239
　　第二节　代孕的监管··244
参考文献··257
致　谢···264

第一章

我国代孕现状与现实问题

2001年我国卫生部颁布的《人类辅助生殖技术管理办法》明令禁止代孕，但在现实生活中，地下代孕、商业代孕大行其道，代孕生殖禁而不绝，代孕技术遭到滥用，当事人权益严重受损，已引发一系列社会问题。如何破解我国代孕的现实困境，将代孕技术纳入法治化轨道，便成为我们不得不应对的议题。

第一节 基本概念界定

代孕是一种典型的人类辅助生殖技术，肇始于20世纪70年代末，目前已发展为美洲、大洋洲、欧洲及亚洲多国解决不孕不育常见的临床选择。

一、代孕与人类辅助生殖技术

（一）代孕的基本内涵

代孕（surrogate），是为不孕夫妻提供的一种医疗技术手段，是指将人工授精[1]培育成功的受精卵或者直接将精子移植入代孕者体内并于子宫着床，待生产后由委托夫妻以父母身份抚养所生子女的一种人类辅助生殖技术。其中，代人怀孕生产的女性，称为代孕者（代孕人）。委托代孕者怀孕生产的不孕夫妻，称为委托夫妻。通过代孕技术所生的子女，称为代孕子女。代孕合同，是指委托夫妻与代孕者订立的，将受精卵或精子移植入代孕者体内并于子宫着床，待生产后由委托夫妻以父母身份抚养所生子女的合同。代孕合同

---

[1] 严格来讲，授精不同于受精。授精，是指以人工方式使精、卵结合的技术手段，可在体内或体外进行。受精，则是指精、卵结合的事实。人工授精不一定确保精、卵受精。

是决定代孕当事人权利义务关系的依据与基础。

有学者以"代孕母"的概念指称"代孕者"。他们认为，就目前各国的亲属法来看，以分娩说作为母亲身份的认定基准并没有遭到完全摒弃，而且代孕母（surrogate mother）的概念已为一些国家的立法和学理所习用，故应当使用"代孕母"的称谓。但笔者认为不然，这是因为：其一，从代孕合同的目的来看，无论是代孕者还是委托夫妻，他们订立代孕合同的目的都是由委托夫妻取得亲权，代孕者并无取得母职的本意。其二，从代孕合同的法律后果来看，代孕合法化的国家多规定委托妻而非代孕者是代孕子女的母亲。代孕者只是接受委托，代替委托妻怀孕生产的人，倘若使用"代孕母"的称谓，会产生代孕者为代孕子女法定母亲的歧义，与代孕生殖本旨相悖。其三，从代孕生殖的立法趋势来看，为与代孕合同法律效力保持一致，越来越多的国家（地区）在立法中改用"代孕者"的概念。2002年美国《统一亲子地位法》曾使用代孕母（surrogate mother）的表述，但2017年其修改《统一亲子地位法》时将之更改为代孕者（surrogate）。故"代孕者"较"代孕母"更符合当事人预期与代孕生殖本旨，为本书所采。还有一些学者将"代孕者"称为"代理孕母"。但笔者认为，"代理孕母"的概念并不准确妥当。这是因为：其一，代孕不属于代理事项。依据传统民法理论，代理即代为意思表示或代受意思表示，亦即代理指向的须为法律行为。而怀孕生产属于事实行为，不属于代理的范畴。其二，代孕者代为怀孕生产的权利并非源于代理权授予。在传统民法理论中，意定代理权源于被代理人的代理权授予行为，代理权授予为单方法律行为。而代孕者代委托夫妻怀孕生产系源于代孕合同，代孕合同为双方法律行为。其三，从语义上讲，欧美代孕合法化国家多用"agency"表示代理。"surrogate"意指代替某人之人（someone who takes the place of another person），侧重代替之意，而非代理。因此，"代理孕母"的称谓并不准确。笔者认为，代孕者是代人怀孕生产之人，怀孕生产是代孕生殖技术和代孕合同的核心，不宜将"孕"字省略，简称为"代母"。而且，前文已述，不宜无视当事人订立代孕合同的本意、违背代孕生殖的初衷，径直赋予代孕者母亲的法律地位，"母"字表述同样不甚妥当。

对于委托夫妻，有学者使用"意向父母"（the intended parents）、"有意任父母者"的称谓。但笔者认为，在代孕生殖中，委托夫妻虽然具有成为代孕子女父母的意向，但在收养制度和非婚生子女认领制度中，养父母和主动认领非婚生子女的父母亦有成为父母的意向,"意向父母"的概念不足以区分代孕生殖中的委托夫妻与收养、非婚生子女认领制度中的意向父母,不足采。还有一些学者使用"受术夫妻"的概念,但笔者认为,"受术夫妻"的表述不及"委托夫妻"精准,这是因为:其一,"受术夫妻"的称谓与实际接受人工生殖手术的人不能准确匹配。代孕生殖存在代孕与捐精、捐卵相结合的可能,在捐精代孕或捐卵代孕中,仅委托妻或委托夫一人接受人工生殖手术,并非两人同时"受术"。而且,代孕者须接受人工生殖手术,代孕者配偶也须接受必要的身体检查,"受术夫妻"的外延并非限于委托夫妻,会不当地将代孕者及其配偶一并囊括。其二,"委托夫妻"的称谓契合代孕合同本质。在代孕生殖中,委托夫妻成为代孕子女的法定父母基于当事人订立的代孕合同,代孕合同在法律性质上属于委托合同,[1]使用"委托夫妻"的概念能够准确揭示当事人订立代孕合同的目的及代孕合同的法律属性,为本书所采。

一般而言,代孕生殖具有以下特征:其一,代孕者代委托夫妻怀孕生产,委托夫妻取得代孕子女的亲权。代孕者仅接受委托,代委托夫妻怀孕生产,自始并无成为代孕子女母亲的本意。代孕者及其配偶自愿放弃作为代孕子女父母的一切权利和义务。其二,委托夫妻与代孕者须自愿订立代孕合同。当事人在代孕合同中多详细约定术前准备事项、人工生殖手术的进行、孕期产检与注意事项、生产分娩事宜、健康保健、亲权归属、合同终止事由以及违约责任承担等内容。其三,代孕生殖是典型的人类辅助生殖技术。与传统意义上的"借腹生子"不同,在代孕生殖中,不论体外授精还是体内授精均须借助人类辅助生殖技术完成,代孕者并非以性交的自然生殖方式受孕。传统意义上的"借腹生子"并非人类辅助生殖技术,代孕者通过自然生殖方式受孕,会破坏婚姻家庭关系,引发严重的伦理道德问题。

(二)人类辅助生殖技术的基本内涵

人类辅助生殖技术,又称人工辅助生殖技术,是与自然生殖相对而称的概念,是指利用现代医学技术,采用人工手段替代自然生殖过程的一部或全部的生殖技术。人类辅助生殖技术是现代医学治疗不孕不育的重要手段,是对传统自然生殖方式的重要补充,主要包括有性生殖技术、无性生殖技术及

---

[1] 代孕合同在法律性质上属于委托合同,详见本书第四章:有限开放模式下代孕的法律规制,第四节:代孕合同内容规制。

其衍生技术与方法，如代孕，胚胎与配子（即精子、卵子）的冷冻、存储和移植技术，治疗性克隆等。[1]

有性生殖，是指经过两性生殖细胞的结合，成为受精卵，再由受精卵发育成为新个体的生殖方式，包括人工体内授精和人工体外授精。人工体内授精，是指用人工方式将精液注入女性体内，以取代性交途径使其妊娠的生殖技术。依据精子来源的不同，人工体内授精可以分为同源人工授精和异源人工授精。同源人工授精（Artificial Insemination from Husband，AIH），是指使用受孕女性配偶的精子实施的人工授精。同源人工授精的适应症多为：男性少精、弱精、精液液化异常、性功能障碍、生殖器畸形等不育；女性宫颈黏液分泌异常、生殖道畸形、心理因素导致不能性交以及免疫性不育等。异源人工授精（Artificial Insemination from Donor，AID），是指使用第三人捐赠的精子实施的人工授精。异源人工授精的适应症多为：男性无精，严重少精、弱精或精子畸形，输精管绝育术后复通失败，男方及其家族有不宜生育的严重遗传性疾病等。人工体内授精无须麻醉，较为简单，一般妇产科医师都能执行，不会涉及医疗保健风险，属于一般医疗行为。人工体外授精（In Vitro Fertilization，IVF），是指从女性体内取出卵子，在器皿内培养后，加入经技术处理的精子，待卵子受精后，继续培养到形成早期胚胎时，再转移到子宫内着床进而发育成胎儿直至分娩的生殖技术。[2]因人工体外授精术的最早阶段发生在试管内，因此人工体外授精术也常被称为试管婴儿技术。人工体外授精的适应症多为：女性输卵管性不孕，如双侧输卵管阻塞或切除，严重的盆腔粘连等；子宫内膜异位症或排卵障碍等。男性无精、重度少精、弱精或子畸形，反复人工授精失败的患者，原因不明的不孕患者等。在人工体外授精中，女性往往须服用药物刺激卵子成长，取卵时须服用止痛药或使用麻醉

---

[1] 我国《人类辅助生殖技术管理办法》（2001年）第24条第1款规定："本办法所称人类辅助生殖技术是指运用医学技术和方法对配子、合子、胚胎进行人工操作，以达到受孕目的的技术，分为人工授精和体外受精-胚胎移植技术及其各种衍生技术。"人类无性生殖目前被绝大多数国家（地区）禁止，我国现行立法中的人类辅助生殖技术也仅限于有性生殖。

[2] 我国《人类辅助生殖技术管理办法》（2001年）第24条第2款也作了类似规定："人工授精是指用人工方式将精液注入女性体内以取代性交途径使其妊娠的一种方法。根据精液来源不同，分为丈夫精液人工授精和供精人工授精。体外受精-胚胎移植技术及其各种衍生技术是指从女性体内取出卵子，在器皿内培养后，加入经技术处理的精子，待卵子受精后，继续培养，到形成早早期胚胎时，再转移到子宫内着床，发育成胎儿直至分娩的技术。"

剂，医疗行为具有一定程度的侵袭性。

无性生殖，是指不经过两性生殖细胞的结合，仅用单一体细胞培养产生后代的生殖技术。无性生殖技术不需要男女交配，不需要精子和卵子的结合，只需从母体上提取单一细胞，用人工方法将其培养成胚胎，再将胚胎植入女性体内就可以孕育出新的个体。如克隆人技术（clone），即在被复制的人身上任意部位取出一个体细胞，以人工方式将细胞核内的基因与一个已经剥去基因的卵细胞相结合，在实验室培育成胚胎后，再移植到女性子宫内，即可孕育生产出一个与被复制人一模一样的人。基于珍视生命、维护人类尊严的国际共识，各国多通过立法禁止克隆人技术。[1]

早在1785年，意大利生物学家斯帕兰扎尼（Abbe Lazarro Spallanzani）就对动物进行过人工授精。1799年，英国外科医生约翰·亨特（John Hunter）成功进行了首例人类同源人工授精。19世纪末，罗伯特·迪金森（Robert L. Dickinson）最早开展了异源人工授精试验。1978年7月25日，世界上首个试管婴儿路易斯·布朗（Louise Brown）在英国奥尔德姆市医院诞生，标志着人类在胚胎学上取得重大突破。[2]路易斯·布朗的母亲因输卵管堵塞长期不孕，经手术治疗仍未治愈。英国产科医生斯特普托（Steptoe）和生理学家爱德华兹（Edowrds）合作研究，决定让她尝试采用试管婴儿技术生育后代，并取得成功。1984年，在特朗森（Trounson）和摩尔（Mohr）冷冻胚胎技术的指导下，世界上首例冷冻胚胎婴儿出生于澳大利亚墨尔本。试管婴儿和冷冻胚胎技术使人类可以自由地选择生育时间和生育地点，发展极为迅速。1997年2月22日，英国胚胎学家伊恩·维尔穆特（Ian Wilmut）和他的同事向世人宣布世界上第一只通过无性生殖的克隆羊诞生。在理论上，利用同样方法克隆

---

[1] 如《荷兰胚胎法》第24条、《意大利医学辅助生殖法》第13.3条、《比利时试管胚胎研究法》第6条、《冰岛人工授精法》第2条、《葡萄牙关于医疗辅助生殖法》第7条、《日本克隆人及其他相关技术规制法》第3条、《韩国生物伦理与安全法》第11条、《新加坡禁止克隆人及相关行为法》第5条、《巴西生物安全法》第6条、《加拿大人工辅助生殖及相关研究法》第5条、《英国人类克隆法》第1条等。参见孟为壮："全球视野下克隆人技术的法律规制"，载《福建师范大学学报（哲学社会科学版）》2019年第4期。

[2] 1980年6月23日，澳大利亚首例试管婴儿诞生。1981年12月28日，美国首例试管婴儿诞生。1982年1月20日，希腊首例试管婴儿诞生。1982年2月24日，法国首例试管婴儿诞生。1982年9月22日，以色列首例试管婴儿诞生。1982年9月27日，瑞典首例试管婴儿诞生。1983年5月20日，新加坡首例试管婴儿诞生。1988年3月10日，我国大陆地区首例试管婴儿诞生。

人类完全可以实现。克隆技术的成功，突破了有性生殖的繁殖规律，被人们称为历史性事件、科学的创举，甚至有人认为克隆技术可以同原子弹的问世相提并论。……人类辅助生殖技术正以匪夷所思的惊人速度迅猛发展，为不孕症患者带来生育的希望。

代孕是一种典型的人类辅助生殖技术，须依赖体外授精、胚胎移植或人工体内授精等技术完成。若卵子来源于委托妻，则须借助于体外授精术和胚胎移植术。委托妻须先摄取适当促排卵药物，当卵细胞成熟时，通过外科手术取出，移植到培养器皿与精子结合。精卵受精后，再将受精卵植入代孕者子宫。若卵子来源于代孕者，则医师仅须对代孕者实施人工体内授精术即可使之受孕，无须依赖体外授精术与胚胎移植术。与器官移植会发生排异反应不同，子宫并不关心胚胎的来源，只要子宫本身无功能障碍，就可以接受胚胎植入，怀孕生产。对于先天无子宫、子宫畸形、子宫发育不全等丧失生育能力，或者子宫功能虽然正常但因罹患严重心脏病、高血压、高血糖、红斑狼疮或肾衰竭等不宜怀孕的女性，代孕便成为其延续后代的有效方式和唯一途径。代孕生殖技术自出现至今，行之有年，在医学上虽已日臻完善，但在伦理、道德和法律上却衍生诸多问题，聚讼盈庭，争议不断。与其他人类辅助生殖技术相比，代孕生殖技术进一步复杂化了生殖过程，不仅割裂了性与生殖，而且进一步割裂了血缘、生产与养育，使母亲身份一分为三——卵子提供者（基因母亲）、代孕者（分娩母亲）与委托妻（养育母亲），影响着我们对待生命与婚姻家庭的态度。代孕生殖技术在给无数不孕家庭带来希望和幸福的同时，也不断冲击着传统家庭结构和婚姻关系，对传统伦理道德和现有法律制度提出了严峻挑战。

二、代孕生殖技术的出现与发展

代孕生殖技术肇始于20世纪70年代末。1978年，美国《时代》（Time）杂志首次使用"孕母"的字眼，指称替另一对夫妻怀孕生产并由这对夫妻养育子女的女性。1985年，美国俄亥俄州克利夫兰的沃尔夫·乌提安（Wolf Utian）博士和里昂·希恩（Leon Sheehan）博士在《新英格兰医学杂志》上报告了首个成功代孕的案例，他们使一个无子宫的女性成功拥有了与自己具有相同血缘的子女。随后，代孕生殖技术在美国俄亥俄州、密歇根州、肯塔基州、加利福尼亚州陆续萌发，并逐渐演变为全美、全球现象。[1]美国、英国、澳大利亚、俄罗斯等国还先后成立了代孕者协会以及数量众多的代孕中介组织。

在现实生活中，囿于立法的滞后和失调，代孕生殖技术被人们不加节制地利用，出现如下代孕现象亟须立法予以规制：

第一，违背伦常辈分的亲属间代孕。当委托夫妻与代孕者存在亲属关系时，当事人之间的信任关系常较为牢固，代孕合同的履行就更为便捷和顺利。世界各地出现了诸多亲属间代孕的实例，如兄弟姐妹之间的互助代孕等。但也出现了母亲为子女代孕、女儿为父母代孕的乱象，引发亲等关系的混乱。1992年，美国人贾斯汀（Justin）为不孕的儿媳代孕。1995年，美国人苏珊（Susan）的母亲为自幼无子宫的苏珊代孕。1997年，美国洛杉矶席格夫妻（Mr. and Mrs. Siegel）曾收养一名男婴，希望再收养一个与养子同血缘的子女。男婴的亲生父母捐出精卵后，席格夫妻将受精卵植入席格前婚所生女儿体内，最终代孕生下男婴的同血缘妹妹。[2]

第二，男同性恋者委托代孕。随着同性婚姻合法化国家（地区）的逐渐增多，越来越多的男同性恋者通过代孕技术延续自己的血脉。据英国《每日邮报》报道，2005年在英国认可同性之间民事伴侣关系合法之后，著名歌手埃尔顿·约翰（Elton John）与同性伴侣大卫·费尼什（David Furnish）举行了婚礼。2010年，两人通过代孕生下长子。2013年，又通过代孕生下次子。生下两名儿子的代孕者是美国加州的同一女性。[3]我国虽然不承认同性婚姻的合法性，但男同性恋者通过代孕技术延续血脉的需求依然强烈。《2015年中国同性社群大数据白皮书》显示，我国共有同性恋者近7000万人，"男同"比"女同"的生育需求更为强烈，有30%左右的受访者表示愿意考虑寻求海外代孕服务，40%的"男同"考虑接受这一服务。[4]

第三，变性者委托代孕。变性手术虽然可以改变患者的性功能，但从生

---

[1] 有人甚至从《圣经》旧约创世纪篇中找到代孕的影子：亚伯拉罕（Abrahan）的妻子萨拉（Sarah）无法生育，由其侍女代为生育。
[2] 参见杨佳君：“论代理孕母所生子女之法律地位”，成功大学2003年硕士学位论文，第5页。
[3] 参见谢小晚：“埃尔顿·约翰再得一子　自曝找同一孕母”，载《武汉晚报》2013年1月29日。
[4] "Blued"是我国最大的"同志"社交软件，主要用户是"男同"，其基于App端和各第三方机构数据发布了该报告。参见"Blued发布中国男同大数据报告"，载https://xw.qq.com/xian/20160112017101 00，2023年4月3日访问。

理学及解剖学角度来看，不可能改变他们的生殖功能。在目前的医疗技术条件下，男变女的变性者不可能怀孕生产，女变男的变性者也不可能产生精子。男变女的变性者由于自身没有卵巢和子宫，只能通过捐卵代孕的方式生育后代。2019年，英国一对双方都是变性人的夫妻通过代孕技术为人父母。[1]

第四，代孕者多次提供代孕，出现代孕商业化、职业化倾向。基于利他、获利等动机，代孕者常常多次、先后为不同委托夫妻提供代孕。世界纪录学会官方网站称，英国人霍尔洛克（Horlock）2009年初获称"世界最高产母亲"。她于13年中生育了12名子女，其中有一对双胞胎，两对三胞胎。霍尔洛克坦言："当我第一次做代孕母亲时，就预感到会做第二次……我喜欢这么做。"每次代孕她可以获得2.5万至3万美元的报酬，她同时承认代孕经历并不"完美"，除每次怀孕都要经历试管授精术以及晨吐、恶心、身体不适等妊娠反应外，还会因剖宫产等致使身体留下疤痕。[2]

第五，同一代孕者同时为两对以上委托夫妻提供代孕。为减少妊娠次数，代孕者同时将两对以上委托夫妻的受精胚胎植入子宫并怀孕生产，同时分娩的双胞胎（或多胞胎）其亲权却分属于不同的委托夫妻，引发亲属关系混乱。1997年，意大利一名代孕者同时接受两对委托夫妻的委托，并将两对委托夫妻的受精卵同时植入体内，顺利产下父母各异的一对双胞胎。[3]

第六，多名代孕者同时为同一委托人提供代孕。为了提高代孕成功率，或者为了满足委托夫妻的特殊需要，多名代孕者同时为同一委托人代孕多名子女的新闻频繁见诸报端。因试管婴儿成功率一般在30%至40%，很多地下代孕机构推出定制套餐，委托夫妻可以一次选择多个代孕者同时受孕。2008年，记者在暗访吕某峰广州代孕机构时，有代孕者透露，一委托人选择两名代孕者同时代孕，均成功受孕并生产，委托人同时获得两名代孕子女。[4] 广

---

[1] 参见"英国一对双方都是变性人的夫妻将为人父母：孩子用了丈夫的卵子"，载 https://new.qq.com/omn/20191214/20191214A08UXE00.html，2023年4月28日访问。类似案例参见朱清建："越南富二代娶变性人歌手为妻，借嫂子卵子泰国代孕生娃"，载 https://www.163.com/dy/article/E-8IAKG2B0521BUG4.html，2023年6月21日访问。

[2] 参见乔颖："最'高产'代孕母亲待产第13胎"，载《西安晚报》2012年9月11日。

[3] 参见杨佳君："论代理孕母所生子女之法律地位"，成功大学2003年硕士学位论文，第6页。

[4] 参见"媒体暗访广州代孕妈妈 交钱可生孩子有人拉皮条"，载《信息时报》2008年10月9日。

8

州番禺一对L性富商夫妻久婚不孕，于2010年采取"2+3+3"形式——委托妻植入三枚胚胎，两位代孕者分别植入三枚和两枚胚胎——成功生育"八胞胎"，成为滥用代孕生殖技术的典型案例。[1]另据日本放送协会（NHK）2014年8月12日报道，日本男子重田光时委托不同泰国女性实施代孕，育有至少9名代孕子女。[2]

第七，利用人类死后生殖细胞实施代孕。子女去世，父母祈盼含饴弄孙，延续香火，便利用子女遗留的受精胚胎或配子实施代孕。2014年，轰动全国的江苏宜兴冷冻胚胎继承案即为适例。沈某某、邵某某之子沈某与儿媳刘某因自然生育存在困难，2012年在南京市鼓楼医院生殖医学中心采用人类辅助生殖技术繁育后代，并留下4枚冷冻胚胎。但在进行胚胎移植手术前，夫妻二人发生车祸，不幸双双罹难。死者双方父母经过二审获得了4枚冷冻胚胎的监管权和处置权。[3]2017年12月9日，四位老人委托一名老挝代孕者在广州顺利产下一名男婴。另据英国《每日邮报》报道，2014年英国一富豪的26岁独子死于一场摩托车车祸。两天后（精子在自然人死亡后可以存活72小时），富豪夫妻从儿子遗体上提取了精子。为了规避英国严格的法律管控，富豪夫妻将精子冷冻，运送到美国并通过代孕技术生下一名婴儿，得以接续富豪的香火和巨额财产。在正式的法律文件中，富豪夫妻登记为婴儿法律上的父母。[4]

第八，通过性交实施代孕。代孕本为人类辅助生殖技术的一种，不涉及两性结合。但我国却出现了"性交代孕""同居代孕"等不法行为。"个体户"代孕者在网络上发布"同居代孕"信息，委托人与代孕者见面达成合意后，直接通过性行为受孕。如果成功受孕，委托人将安置代孕者养胎，并于子女出生后完成准生证、产后休养等一系列后续工作。如果未成功受孕，委托人也需要按照约定支付一定佣金。[5]

---

[1] 参见贺燕："广州富商代孕超生八胞胎"，载《南方都市报》2012年12月14日。

[2] 参见"日本一年轻男子在泰国托人代孕其育有9名婴幼儿"，载http://www.chinanews.com/，2023年8月13日访问。

[3] 参见沈某南等诉刘某法等监管权和处置权纠纷案，江苏省无锡市中级人民法院[2014]锡民终字第01235号民事判决书。

[4] 参见安逖："英国富豪从儿子尸体上提取精子，人工代孕定制孙子继承财产"，载http://www.sohu.com/a/253166787_420076，2023年9月17日访问。

[5] 参见刘洋："19岁女子标价'性交代孕'30万元"，载《北京青年报》2015年4月13日。

9

委托夫妻虽然可以通过代孕生殖技术达到延续后代、传承血脉的目的，但代孕生殖技术如不加以规制和监管，易遭滥用，诱发亲子关系混乱、亲属辈分错乱、代孕子女和弱势代孕者保护缺失等紊乱人伦秩序、破坏婚姻家庭关系、辱没人性尊严等问题。

三、代孕生殖技术的基本类型

从医疗技术的可能性和既存社会现象来看，代孕生殖依据不同标准可以划分为不同类型。需要强调的是，此处所言的代孕生殖技术的基本类型，仅从医疗技术的可能性和社会现象而言，并非从制度的合法性、正当性和应然性立论。亦即代孕生殖技术可能存在这些类型，但法律须基于其基本价值对现存的代孕生殖技术进行评判和取舍，从而确定法律上得以承认的代孕类型。[1]

（一）全血缘代孕、半血缘代孕与无血缘代孕

依据生殖细胞来源的不同，可以将代孕生殖分为全血缘代孕、半血缘代孕和无血缘代孕。亦即仅因子宫不孕，常发生全血缘代孕。当子宫不孕与无精、无卵等不孕相结合时，会产生半血缘代孕与无血缘代孕。

全血缘代孕，又称完全代孕（full surrogate）、妊娠代孕（gestational surrogate）、"借腹"代孕、传统型代孕，是指委托夫之精子与委托妻之卵子于体外授精后，将受精卵植入代孕者体内进行的代孕。全血缘代孕所生子女与委托夫妻具有完全血缘关系，多发生于委托妻卵巢功能正常，能够提供卵子，但无子宫，子宫病变不能怀孕，或患有其他疾病不宜怀孕时。

半血缘代孕，包括捐精代孕与捐卵代孕，所生子女仅与委托夫或委托妻一方具有遗传上的血缘关系。捐精代孕，是指经委托夫妻同意，委托妻之卵子与精子捐赠者的精子于体外授精后，将受精卵植入代孕者体内进行的代孕。捐精代孕所生子女仅与委托妻具有血缘关系，与委托夫不具有血缘关系，多发生于委托夫无精且委托妻子宫不育或不宜怀孕时。在捐精代孕中，依据精子来源的不同，又可分为第三人捐精代孕和代孕者配偶捐精代孕。在第三人捐精代孕中，代孕子女与委托妻和第三捐精人具有遗传上的血缘关系。在代

---

[1] 代孕类型的法律规制，详见本书第四章：有限开放模式下代孕的法律规制，第二节：代孕类型规制。

孕者配偶捐精代孕中，代孕子女与委托妻和代孕者配偶具有遗传上的血缘关系。捐卵代孕，是指经委托夫妻同意，委托夫之精子与卵子捐赠者的卵子于体外授精后，将受精卵植入代孕者体内进行的代孕。捐卵代孕所生子女仅与委托夫具有血缘关系，与委托妻不具有血缘关系，多发生于委托妻无卵且子宫不育或不宜怀孕时。在捐卵代孕中，依据卵子来源的不同，又可分为第三人捐卵代孕和代孕者捐卵代孕。在第三人捐卵代孕中，代孕子女与委托夫和第三捐卵人具有遗传上的血缘关系。代孕者捐卵代孕，又称部分代孕（partial surrogate）、基因型代孕（genetic surrogate）、局部代孕、"借卵借腹"代孕，是指经委托夫妻同意，委托夫之精子与代孕者的卵子于体外授精后，将受精卵植入代孕者体内进行的代孕。在代孕者捐卵代孕中，代孕子女与委托夫和代孕者具有遗传上的血缘关系。

无血缘代孕，是指经委托夫妻同意，第三人捐赠的精子与第三人捐赠的卵子于体外授精后，将受精卵植入代孕者体内进行的代孕。在无血缘代孕中，代孕子女与委托夫妻都不具有遗传上的血缘关系，多发生于委托夫无精、委托妻无卵，且委托妻子宫不育或不宜怀孕时。（见表1-1 代孕生殖技术的基本类型）

表1-1 代孕生殖技术的基本类型

代孕类型			精子来源	卵子来源
全血缘代孕			委托夫之精子	委托妻之卵子
半血缘代孕	捐精代孕	第三人捐精代孕	第三人之精子	委托妻之卵子
		代孕者配偶捐精代孕	代孕者配偶之精子	委托妻之卵子
	捐卵代孕	第三人捐卵代孕	委托夫之精子	第三人之卵子
		代孕者捐卵代孕	委托夫之精子	代孕者之卵子
无血缘代孕			第三人之精子	第三人之卵子

全血缘代孕须通过腹腔取卵、体外授精、胚胎移植等复杂的医疗程序，医疗费用高，程序复杂，但可以确保委托夫妻拥有与自己具有相同血缘的代孕子女。

在半血缘代孕中，就经济成本而言，代孕者捐卵代孕比第三人捐卵代孕更为经济便捷。这是因为，卵子若来源于第三捐赠人，也须经腹腔取卵、体外授精、胚胎移植后，再由代孕者怀孕生产。卵子若来源于代孕者，则无须通过腹腔取卵、体外授精与胚胎移植，仅须医师对代孕者实施简单的人工体内授精术即可使之受孕怀胎，医疗过程较为简易，医疗费用相对低廉。因此，从经济角度考虑，委托夫妻如欲使用捐赠的卵子，一般会倾向于选择代孕者捐赠的卵子。但由于在代孕者捐卵代孕中，代孕者与代孕子女具有遗传上的血缘关系，代孕者经历十月怀胎，极易与腹中自己的胎儿产生情愫而事后反悔，生产代孕子女后拒不交付，滋生亲权纠纷。而且依照分娩说或者血缘说，均可认定代孕者为代孕子女的母亲，委托夫妻取得代孕子女亲权的目的常会面临落空的风险。同样，在代孕者配偶捐精代孕中，代孕者配偶与代孕子女具有遗传上的血缘关系，代孕者也极易事后反悔，滋生亲权纠纷。因此，各国（地区）对代孕者捐卵代孕及代孕者配偶捐精代孕多做了更为严格的限制性规定，甚至完全否定其合法性。

在无血缘代孕中，委托夫妻与代孕子女均无血缘关系，实际上与收养无异，一般不为委托夫妻所采，也难为法律所认许。

（二）无偿代孕与有偿代孕

依据代孕者是否从代孕行为中获得金钱对价，可以将代孕分为无偿代孕与有偿代孕。

无偿代孕，是指代孕者不以获取报酬为目的，自愿为他人提供代孕劳务而未获取金钱对价的代孕。有偿代孕，是指代孕者为委托夫妻提供有偿的代孕劳务，委托夫妻依据合同约定向代孕者提供报酬的代孕。

须注意的是，有偿代孕不同于商业代孕。商业代孕，是指以营利为目的，以有偿代孕为业的经营性代孕。商业代孕是有偿代孕的极端表现形式，倘若代孕者仅偶尔提供有偿代孕，并不一定构成商业代孕。商业代孕多由营利性代孕机构组织实施，其提供的有偿代孕服务具有反复性、计划性、经营性和职业性特征。在商业代孕中，代孕者从代孕行为中获得报酬，极易引发出卖子宫、出卖生育能力、富人盘剥穷人、贩卖儿童等问题，绝大多数国家（地区）对商业代孕持严厉禁止、严格限制的立场。[1]

（三）治疗性代孕与非治疗性代孕

依据代孕生殖的原因是否基于医疗需要，可以将代孕生殖分为治疗性代

---

[1] 本书认为，代孕生殖应秉持无偿原则，详见本书第四章：有限开放模式下代孕的法律规制，第一节：基本原则规制。

孕与非治疗性代孕。

治疗性代孕，是指代孕生殖技术须基于医疗需要方得使用。代孕生殖技术是针对不孕症患者，为不孕夫妻能够拥有自己的子嗣在不得已的情况下实施的必要的医疗行为，医疗需要以外的其他目的均不构成实施代孕技术的正当事由。一般而言，治疗性代孕的适应症主要表现为委托妻无子宫、子宫病变不能怀孕以及身体机能异常不宜怀孕等。

非治疗性代孕，是指非基于医疗需要而进行的代孕。如委托妻本身具有自然生殖能力，但出于担心怀孕生产会影响其工作，担心怀孕生产会致其身材走样，或者害怕生产分娩阵痛等原因而实施的代孕。非治疗性代孕存在侵害代孕者正当权益、不当转嫁生育风险、助长剥削与对立等隐患，被各国立法严厉禁止。

第二节　我国代孕现状

只有全面了解我国代孕现状，准确把握我国代孕的现存问题与困境所在，才能深入探求其成因，找出因应之策。

一、我国代孕立法现状

（一）《人类辅助生殖技术管理办法》等行政规章禁止代孕

为避免代孕生殖技术对伦理道德与法律秩序造成冲击，我国原卫生部于2001年2月颁布的《人类辅助生殖技术管理办法》明确禁止医疗机构和医务人员实施代孕。该法第3条规定："人类辅助生殖技术的应用应当在医疗机构中进行，以医疗为目的，并符合国家计划生育政策、伦理原则和有关法律规定。禁止以任何形式买卖配子、合子、胚胎。医疗机构和医务人员不得实施任何形式的代孕技术。"第12条还规定："人类辅助生殖技术必须在经过批准并进行登记的医疗机构中实施。未经卫生行政部门批准，任何单位和个人不得实施人类辅助生殖技术。"并在第22条规定了违法开展人类辅助生殖技术的医疗机构应当承担的行政责任和刑事责任："开展人类辅助生殖技术的医疗机构违反本办法，有下列行为之一的，由省、自治区、直辖市人民政府卫生行政部门给予警告、3万元以下罚款，并给予有关责任人行政处分；构成犯罪的，依法追究刑事责任：（一）买卖配子、合子、胚胎的；（二）实施代孕技术的；（三）使用不具有《人类精子库批准证书》机构提供的精子的；（四）擅自进行性别选择的；（五）实施人类辅助生殖技术档案不健全的；（六）经指定技术评估机构检查技术质量不合格的；（七）其他违反本办法规定的行为。"《人类辅助生殖技术管理办法》第3条严厉禁止"医疗机构和医务人员"实施任何形式的代孕技术。一些学者据此认为，第3条仅禁止"医疗机构和医务人员"实施代孕，并未禁止"医疗机构和医务人员"以外的单位和个人实施代孕。[1]笔者认为不然，代孕生殖技术为人类辅助生殖技术，依照《人类辅助生殖技术管理办法》第12条"人类辅助生殖技术必须在经过批准并进行登记的医疗机构中实施。未经卫生行政部门批准，任何单位和个人不得实施人类辅助生殖技术"之规定，非"医疗机构和医务人员"根本就不能实施任何形式的人类辅助生殖技术，当然也不能实施代孕生殖技术。可见，我国《人类辅助生殖技术管理办法》对代孕生殖采严厉禁止的立场，无论是否为"医疗机构和医务人员"，均不得实施代孕技术。

2001年12月，卫生部颁布的《实施人类辅助生殖技术的伦理原则》（已失效，下同）也认为代孕技术因违反社会公益原则而被禁止："四、维护社会公益的原则　医务人员不得对单身妇女实施辅助生殖技术。医务人员不得实施非医学需要的性别选择。医务人员不得实施代孕技术。一个供精者的精子最多只能提供给5名妇女受孕。"2003年6月，卫生部颁布的《人类辅助生殖技术规范》进一步重申了禁止代孕的基本立场："三、实施技术人员的行为准则：（一）必须严格遵守国家人口和计划生育法律法规；（二）必须严格遵守知情同意、知情选择的自愿原则；（三）必须尊重患者隐私权；（四）禁止无医学指征的性别选择；（五）禁止实施代孕技术；（六）禁止实施胚胎赠送；（七）禁止实施以治疗不育为目的的人卵胞浆移植及核移植技术；（八）禁止人类与异种配子的杂交；禁止人类体内移植异种配子、合子和胚胎；禁止异种体内移植人类配子、合子和胚胎；（九）禁止以生殖为目的对人类配子、合子和胚胎进行基因操作；（十）禁止实施近亲间的精子和卵子结合；（十一）在同一治疗周期中，配子和合子必须来自同一男性和同一女性；（十二）禁止在

---

[1] 参见刘长秋："有限开放代孕之法理批判与我国代孕规制的法律选择"，载《法治研究》2016年第3期；王籍慧："质疑有限开放代孕生育权说——基于权利证成的视角"，载《学术交流》2018年第6期。

患者不知情和不自愿的情况下，将配子、合子和胚胎转送他人或进行科学研究；（十三）禁止给不符合国家人口和计划生育法规和条例规定的夫妇和单身妇女实施人类辅助生殖技术；（十四）禁止开展人类嵌合体胚胎试验研究；（十五）禁止克隆人。"

须提及的是，《人类辅助生殖技术管理办法》《实施人类辅助生殖技术的伦理原则》和《人类辅助生殖技术规范》仅为部门规章、部门规范性文件，其颁布目的是规范医疗机构以及医务人员的医疗行为，并不涉及民事合同关系的调整与亲子关系的认定。依据 2009 年最高人民法院《关于裁判文书引用法律、法规等规范性法律文件的规定》（法释［2009］14 号）第 4 条"民事裁判文书应当引用法律、法律解释或者司法解释。对于应当适用的行政法规、地方性法规或者自治条例和单行条例，可以直接引用"之规定，《人类辅助生殖技术管理办法》等部门规章不得作为民事裁判文书的裁判依据。而且我国《立法法》第 11 条规定："下列事项只能制定法律：（一）国家主权的事项；（二）各级人民代表大会、人民政府、监察委员会、人民法院和人民检察院的产生、组织和职权；（三）民族区域自治制度、特别行政区制度、基层群众自治制度；（四）犯罪和刑罚；（五）对公民政治权利的剥夺、限制人身自由的强制措施和处罚；（六）税种的设立、税率的确定和税收征收管理等税收基本制度；（七）对非国有财产的征收、征用；（八）民事基本制度；（九）基本经济制度以及财政、海关、金融和外贸的基本制度；（十）诉讼制度和仲裁基本制度；（十一）必须由全国人民代表大会及其常务委员会制定法律的其他事项。"依此，民事基本制度只能通过制定法律加以规定。人类辅助生殖技术所涉及的亲子关系是婚姻家庭法的重要组成部分，属于民事基本制度，理应由法律加以规范。

仍须注意的是，在代孕生殖技术引发的合同纠纷中，当事人及人民法院往往援引《人类辅助生殖技术管理办法》第 3 条认定代孕合同无效。其论证思路为：《人类辅助生殖技术管理办法》第 3 条属于法律强制性规定，当事人订立代孕合同、实施代孕技术违反该规定，故代孕合同因违反法律强制性规定而被认定为无效。但《人类辅助生殖技术管理办法》第 3 条是否属于强制性规定，能否将其作为代孕合同法律效力的认定依据进而调整代孕合同纠纷，殊值商榷。我国民法通过转介条款认定违反强制性规定的法律行为无效，借以实现公法与私法规范体系的价值衔接。《民法通则》（现已失效，下同）第

58条第5项规定:"违反法律或者社会公共利益的"行为无效。《民法通则》颁布后,因司法实务中出现只要违反法律规定就认定行为无效的泛化倾向,并且随着民法理论的发展和保障交易安全需要的进一步增强,学界认识到应当对因违反法律规定导致法律行为无效的情形进行适当限制。《合同法》(现已失效,下同)第52条第5项便修改为"违反法律、行政法规的强制性规定"的合同无效。明确规定导致合同无效的"法律"并非采广义说,泛指一切法律规范,而仅限于"法律、行政法规"。又由于在现阶段,我国地方性法规、行政规章中的强制性规范较多,且受地方利益与行业利益的驱使,有些强制性规范的制度设计欠缺充分论证,带有鲜明的地方保护与行业保护色彩,危害社会经济秩序,束缚经济健康发展。1999年最高人民法院《关于适用〈中华人民共和国合同法〉若干问题的解释(一)》(现已失效,下同)为防止对私法自治造成过度干涉,第4条遂将《合同法》第52条第5项的"违反法律、行政法规的强制性规定"进一步细化为:"合同法实施以后,人民法院确认合同无效,应当以全国人大及其常委会制定的法律和国务院制定的行政法规为依据,不得以地方性法规、行政规章为依据。"该条不仅强调"法律"仅限于全国人大及其常委会制定的法律,"行政法规"仅指国务院制定的行政法规,还明确将地方性法规和行政规章排除在外。将强制性规定的外延严格限定于法律、行政法规,可以压缩法律行为无效的事由,有利于保护私法自治、鼓励交易,排除行政机关对私法自治的不当干预,为绝大多数国家立法所采。[1]2009年最高人民法院《关于适用〈中华人民共和国合同法〉若干问题的解释(二)》(现已失效,下同)第14条将"强制性规定"的外延进一步明确为:"合同法第五十二条第(五)项规定的'强制性规定',是指效力性强制性规定。"2009年最高人民法院印发《关于当前形势下审理民商事合同纠纷案件若干问题的指导意见》(法发[2009]40号)第15条进一步提出了"管理性强制性规定"的概念。"管理性强制性规定"系"非效力性强制性规定"的同义概念,民商事合同违反管理性强制性规定的,人民法院应当

---

[1] 如在《日本民法典》制定初期,大审院早期判例也极力区分国家议会制定的法律和地方政府制定的"命令",违反法律中禁止性规定的法律行为无效,但却不能仅以违反"命令"特别是"府县(警察)令"为由否定行为之效力。参见[日]美部达吉:"行政法规に违反する法律行为の効力",载《国家学会雑誌》1925年第4号,转引自孙鹏:"论违反强制性规定行为之效力——兼析《中华人民共和国合同法》第52条第5项的理解与适用",载《法商研究》2006年第5期。

根据具体情形认定合同效力，并非一律认定为无效。这一立法精神被2017年《民法总则》（现已失效，下同）、2019年最高人民法院《关于印发〈全国法院民商事审判工作会议纪要〉的通知》（法发〔2019〕254号，以下简称《九民纪要》）[1]及《民法典》继受。《民法典》第153条第1款就规定："违反法律、行政法规的强制性规定的民事法律行为无效。但是，该强制性规定不导致该民事法律行为无效的除外。"由此可见，导致法律行为无效的"强制性规定"仅限于效力性强制性规定，且其外延严格限定为法律、行政法规，不包括地方性法规与行政规章。《人类辅助生殖技术管理办法》是卫生部2001年颁布的旨在规范医疗机构、医务人员医疗行为的行政规章，并非法律、行政法规；且该行政规章属于管理性法律规范，并非效力性强制性规定，因此不应以此为据认定代孕合同无效进而调整代孕合同纠纷。

综上所述，我国对代孕生殖技术严厉禁止的立场已非常明确，但目前市面上已悄然出现诸多"黑中介""黑诊所"非法开展代孕生殖和精卵买卖等人类辅助生殖业务，由代孕生殖引发的亲子关系纠纷、代孕合同纠纷也频繁见诸报端。《人类辅助生殖技术管理办法》《实施人类辅助生殖技术的伦理原则》和《人类辅助生殖技术规范》仅简单表明禁止代孕技术的立场，无法也不能为代孕子女亲子关系的认定及代孕合同纠纷的解决提供法律依据。

（二）《人口与计划生育法》未予规定

2001年12月29日，《人口与计划生育法》于第九届全国人民代表大会常务

---

[1]《九民纪要》第30条【强制性规定的识别】规定："合同法施行后，针对一些人民法院动辄以违反法律、行政法规的强制性规定为由认定合同无效，不当扩大无效合同范围的情形，合同法司法解释（二）第14条将《合同法》第52条第5项规定的'强制性规定'明确限于'效力性强制性规定'。此后，《最高人民法院关于当前形势下审理民商事合同纠纷案件若干问题的指导意见》进一步提出了'管理性强制性规定'的概念，指出违反管理性强制性规定的，人民法院应当根据具体情形认定合同效力。随着这一概念的提出，审判实践中又出现了另一种倾向，有的人民法院认为凡是行政管理性质的强制性规定都属于'管理性强制性规定'，不影响合同效力。这种望文生义的认定方法，应予纠正。人民法院在审理合同纠纷案件时，要依据《民法总则》第153条第1款和合同法司法解释（二）第14条的规定慎重判断'强制性规定'的性质，特别是要在考量强制性规定所保护的法益类型、违法行为的法律后果以及交易安全保护等因素的基础上认定其性质，并在裁判文书中充分说明理由。下列强制性规定，应当认定为'效力性强制性规定'：强制性规定涉及金融安全、市场秩序、国家宏观政策等公序良俗的；交易标的禁止买卖的，如禁止人体器官、毒品、枪支等买卖；违反特许经营规定的，如场外配资合同；交易方式严重违法的，如违反招投标等竞争性缔约方式订立的合同；交易场所违法的，如在批准的交易场所之外进行期货交易。关于经营范围、交易时间、交易数量等行政管理性质的强制性规定，一般应当认定为'管理性强制性规定'。"

委员会第二十五次会议通过。该法第18条第1款规定:"国家稳定现行生育政策,鼓励公民晚婚晚育,提倡一对夫妻生育一个子女;……"2012年末,我国劳动力人口出现首次下降。2013年党的十八届三中全会决定启动实施"单独二孩"政策。

"单独二孩"政策实施效果未达预期。2015年10月29日,党的十八届五中全会公报提出:"促进人口均衡发展,坚持计划生育的基本国策,完善人口发展战略,全面实施一对夫妇可生育两个孩子政策,积极开展应对人口老龄化行动。"开始实施"全面二孩"政策。为落实该政策,2015年年底全国人大修正《人口与计划生育法》。"禁止代孕"条款曾写进《人口与计划生育法修正案(草案)》,第35条草拟为:"禁止买卖精子、卵子、受精卵和胚胎,禁止以任何形式实施代孕。"该草案还规定:"未经批准实施人类辅助生殖技术的;买卖精子、卵子、受精卵和胚胎的;实施代孕的,由计划生育行政部门或者卫生行政部门依据职权责令改正,给予警告,没收违法所得;违法所得一万元以上的,处违法所得二倍以上六倍以下的罚款;没有违法所得或者违法所得不足一万元的,处一万元以上三万元以下的罚款;情节严重的,由原发证机关吊销执业证书;构成犯罪的,依法追究刑事责任。"国家卫计委[1]希望通过此举将禁止代孕上升到法律层面,这也被外界视为国家层面将对代孕生殖技术实行全面管控的标志。

然而,2015年12月27日第十二届全国人民代表大会常务委员会第十八次会议通过《关于修改〈中华人民共和国人口与计划生育法〉的决定》,《人口与计划生育法》的正式文本删除了草案中的"禁止代孕"条款。"禁止代孕"条款的删除,是否彰显了国家立法机关对代孕生殖态度的缓和,为日后开放代孕技术埋下伏笔?甚至是否意味着法无明文禁止即可为,代孕生殖在我国已获合法化?据悉,"禁止代孕"条款的删除与人大代表对该条款的疑虑、异议和反对密切相关。全国人大代表孙晓梅建议慎重考虑"禁止代孕"。

---

[1] 我国卫生健康主管部门经历了多次更替。2008年,依照第十一届全国人民代表大会第一次会议批准的国务院机构改革方案和《国务院关于机构设置的通知》(国发〔2008〕11号,已失效),设立卫生部。2013年,国务院将卫生部的职责、人口计生委的计划生育管理和服务职责整合,组建国家卫生和计划生育委员会(简称"卫计委")。2018年,第十三届全国人大第一次会议决定将国家卫生和计划生育委员会的职责整合,组建中华人民共和国国家卫生健康委员会(简称"卫健委");将国家卫生和计划生育委员会的新型农村合作医疗职责整合,组建中华人民共和国国家医疗保障局;不再保留国家卫生和计划生育委员会。

她从调研中了解到，失独家庭、有生育障碍的家庭对低成本的生育技术有很大需求。为了提高我国人口素质，让所有家庭都能拥有健康的孩子，应慎重对待代孕问题。是否禁止代孕，应当进行详细的专家论证，广泛征求社会和民众意见。由于此次修改可能一次性通过，不再有征询公众意见环节，不宜武断禁止代孕。孙晓梅代表还建议应当在广泛征求民众意见的基础上，专门制定人类辅助生育的法律规范，对代孕的概念、合法条件、违法情形、监督机构与法律责任等作出详细规定。朱发忠代表对此表示赞同，他认为我国育龄夫妻中，不孕不育夫妻占比高达10%至15%，生育困难者有代孕的需求。政府应该在打击黑代孕的同时，帮助老百姓解决生育难题。周天鸿代表认为，允许代孕实际上是对不孕夫妻生育权的尊重。生育权是基本人权之一，生育方式选择权是生育权的基本内容。从生育权来讲，不应当剥夺不孕夫妻通过代孕技术获得子女的权利。卫生部2001年发布明确禁止代孕的《人类辅助生殖技术管理办法》至今，已过去二十余年，关于代孕的医疗技术、伦理和法规都已经发生了变化，一些国家和地区已允许代孕，如美国有26个州允许代孕。我国《人口与计划生育法》的修订也要反映时代的进步，如果断然禁止代孕，地下代孕会不断发展，甚至有人会到允许代孕的国家实施代孕。严以新代表也提出，禁止代孕的条款涉及很多法律问题，不应当由全国人大一个决议就完全禁止。如果禁止代孕，应当作出充分的说明，而且究竟是禁止还是要规范，是在这部法律还是其他法律上提出，都值得商榷。[1]有学者因此认为，"禁止代孕"条款的删除，是一次人民群众坚持立法意见的胜利，立法决策反映了人民群众的心声。[2]中国法学会婚姻家庭法学研究会副会长李明舜对此也表示："一部法律的制定是对已经达成共识的问题作出明文规定，而对于有争议的问题可以暂不涉及，这不仅可以提高法律出台的效率，也是不让有争议的问题过于草率地写入法律，以免产生更大的负面影响。"[3]可见，对于代孕我国依然存在严重分歧，代孕生殖技术能否合法化，我国立法走向

---

〔1〕 参见刘茸："计生法修改：委员建议拿掉'禁止代孕'条款"，载http://npc.people.com.cn/n1/2015/1223/c14576-27967873.html，2023年6月10日访问；刘长秋："代孕立法规制的基点与路径——兼论《人口与计划生育法》为何删除'禁止代孕条款'"，载《浙江学刊》2020年第3期。

〔2〕 参见杨立新："适当放开代孕禁止与满足合法代孕正当要求——对'全国首例人体冷冻胚胎权属纠纷案'后续法律问题的探讨"，载《法律适用》2016年第7期。

〔3〕 蒲晓磊、朱琳："专家谈代孕争议：应原则上禁止，对治疗无效患者适当放开代孕"，载ht-tp://m.thepaper.cn/quickApp_jump.jsp?contid=1623145，2023年6月10日访问。

仍不明朗。

2021年6月26日，中共中央、国务院发布《关于优化生育政策促进人口长期均衡发展的决定》，明确指出："（八）依法实施三孩生育政策。修改《中华人民共和国人口与计划生育法》，提倡适龄婚育、优生优育，实施三孩生育政策。各省（自治区、直辖市）综合考虑本地区人口发展形势、工作基础和政策实施风险，做好政策衔接，依法组织实施。"2021年8月20日，第十三届全国人民代表大会常务委员会第三十次会议通过《关于修改〈中华人民共和国人口与计划生育法〉的决定》，将第18条第1款修改为："国家提倡适龄婚育、优生优育。一对夫妻可以生育三个子女。"可见，从"单独二孩""全面二孩"，再到"一对夫妻可以生育三个子女"，我国生育政策不断优化并逐步放宽，生育权正逐步回归个人和家庭。但此次修改依然没有涉及代孕问题。

综上所述，关于代孕生殖能否合法化，我国《人口与计划生育法》从立法到修法均未作规定。

（三）《民法典》颁行前婚姻家庭法尚存空白

1950年《婚姻法》（现已失效，下同）颁布，1954年、1962年和1979年我国三次《民法典》编纂均采纳了苏联将婚姻家庭法与民法典并行立法的分别立法模式。这种分别立法模式强调婚姻家庭法的社会性而消减其私法性，使婚姻家庭法以社会法的面貌向脱离私法轨道的方向发展。[1]

母亲和父亲本是婚姻家庭法的基本概念，但关于母亲、父亲的基本内涵和认定标准，我国《婚姻法》却未作规定。1985年《继承法》（现已失效，下同）第10条作了间接规定："遗产按照下列顺序继承：第一顺序：配偶、子女、父母。第二顺序：兄弟姐妹、祖父母、外祖父母。继承开始后，由第一顺序继承人继承，第二顺序继承人不继承。没有第一顺序继承人继承的，由第二顺序继承人继承。本法所说的子女，包括婚生子女、非婚生子女、养子女和有扶养关系的继子女。本法所说的父母，包括生父母、养父母和有扶养关系的继父母。本法所说的兄弟姐妹，包括同父母的兄弟姐妹、同父异母或者同母异父的兄弟姐妹、养兄弟姐妹、有扶养关系的继兄弟姐妹。"可见，

---

[1] 参见杨立新："民法典婚姻家庭编完善我国亲属制度的成果与司法操作"，载《清华法学》2020年第3期。

在我国，父母包括生父母、养父母和有扶养关系的继父母。所谓"生父母"，按文意理解即为生身父母。由此可推知，我国亲子关系的认定以自然血亲为主，拟制血亲为辅。生父母，即属自然血亲。养父母和有扶养关系的继父母，即属拟制血亲。在自然血亲中，以分娩说作为母亲身份认定的基本标准。

1991年7月8日，最高人民法院《关于夫妻离婚后人工授精所生子女的法律地位如何确定的复函》（现已失效）明确表示："在夫妻关系存续期间，双方一致同意进行人工授精，所生子女应视为夫妻双方的婚生子女，父母子女之间权利义务关系适用《婚姻法》的有关规定。"依此，人工授精所生子女仍以分娩说作为母亲身份的认定标准。最高人民法院虽然未对"人工授精"的基本内涵和具体表现形式作出明确规定，但嗣后地方法院在裁判文书的说理部分往往将复函中的"人工授精"界定为符合现行法律规定、被现行立法允许的人工授精，从而将代孕生殖排除在外。如上海市第一中级人民法院在陈某诉罗某某等监护权纠纷案的二审民事判决书中就写道："本院认为，该函所针对的是以合法的人工生殖方式所生育子女的法律地位之认定，而代孕行为本身不具有合法性，故不符合类推适用之情形。"[1]

2001年12月，卫生部颁布的《实施人类辅助生殖技术的伦理原则》进一步明确人类辅助生殖技术中的亲子关系认定规则："二、维护供受双方和后代利益的原则 捐赠精子、卵子、胚胎者对出生的后代既没有任何权利，也不承担任何义务。遵照我国抚养-教育的原则，受方夫妇作为孩子的父母，承担孩子的抚养和教育。通过辅助生殖技术出生的孩子享有同正常出生的孩子同样的权利和义务。如果父母要离婚，在裁定对孩子的监护权时，不受影响。"亦即在精卵捐赠和胚胎捐赠生殖中，同样采行分娩说认定母亲身份，即精子、卵子、胚胎捐赠者对所生子女并无亲权，受方夫妻为所生子女的法定父母。至此，无论自然生殖还是人类辅助生殖，我国均秉持分娩说，保持了母亲身份认定基准在体系上的一致。《实施人类辅助生殖技术的伦理原则》还规定："三、互盲和保密的原则：凡是利用捐赠精子、卵子、胚胎实施的辅助生殖技术，捐赠者与受方夫妇、出生的后代须保持互盲，参与操作的医务人员与捐赠者也须保持互盲。医疗机构和医务人员须对捐赠者和受者的有关信息保密。"严格的互盲和保密制度使得精卵捐赠者和胚胎捐赠者无法干扰受

---

[1] 参见上海市第一中级人民法院［2015］沪一中少民终字第56号民事判决书。

方夫妻与所生子女的日常生活，进一步消除了在精卵捐赠和胚胎捐赠生殖中采行分娩说对亲子关系和婚姻家庭关系可能造成的冲击。但非常遗憾的是，《实施人类辅助生殖技术的伦理原则》仅规范了人类辅助生殖技术中精卵捐赠生殖和胚胎捐赠生殖所涉及的亲子关系，由于其禁止开展代孕生殖技术，对代孕子女的亲子关系未作规范。

2011年最高人民法院《关于适用〈中华人民共和国婚姻法〉若干问题的解释（三）》第2条规定：“夫妻一方向人民法院起诉请求确认亲子关系不存在，并已提供必要证据予以证明，另一方没有相反证据又拒绝做亲子鉴定的，人民法院可以推定请求确认亲子关系不存在一方的主张成立。当事人一方起诉请求确认亲子关系，并提供必要证据予以证明，另一方没有相反证据又拒绝做亲子鉴定的，人民法院可以推定请求确认亲子关系一方的主张成立。”我国婚姻家庭法在坚持分娩说的同时，也将维持家庭完整、确保血统连贯真实作为基本宗旨，倘若分娩说的推演结果与血统真实原则发生分离，法律便为当事人提供了相应的纠正补救机制。我国《婚姻法》并未规定婚生子女否认制度及非婚生子女认领制度，该条作了粗略补充，但该条侧重于程序性规定，并未立足于实体法的具体规则设计。而且该条能否适用于代孕生殖，委托夫妻能否提起代孕子女亲权确认之诉，仍不明确。

可见，在《民法典》颁行前，我国婚姻家庭法中的亲子关系因出生事实或法律拟制而生，依此形成自然血亲的亲子关系和拟制血亲的亲子关系两种类型。在自然血亲亲子关系中，无论自然生殖还是借助于人类辅助生殖技术进行的生殖，母亲的身份认定均遵循古罗马法"产妇恒为所生婴儿之母"的原则（Master semper certa est），采"分娩说"的认定基准。父亲的身份认定，传统民法理论多继受古罗马法的"婚姻示父"规则，[1]认为父亲身份取决于生母分娩时的婚姻关系，以婚生推定方式加以确定。[2]子女，包括婚生子女与非婚生子女。婚生子女，是指由婚姻关系受胎所生的子女。非婚生子女，

---

〔1〕 参见最高人民法院民法典贯彻实施工作领导小组主编：《中华人民共和国民法典婚姻家庭编继承编理解与适用》，人民法院出版社2020年版，第221页。

〔2〕 《德国民法典》第1592条即规定："下列各款之人为子女之父亲：1.子女出生时，与生母有婚姻关系者。2.因任意认领而生父子关系者。3.依第一千六百条之四规定，或家事与非讼事件过程法第一百八十二条第一款规定中由法院确认其具有父子关系者。"类似立法参见《法国民法典》第312条、《瑞士民法典》第252条、《奥地利普通民法典》第138条、《葡萄牙民法典》第1796条、《西班牙民法典》第108条、《日本民法典》第772条等。

是指非由婚姻关系受胎所生的子女。非婚生子女享有与婚生子女同等的权利。拟制血亲亲子关系，则是指通过收养形成的父母子女关系以及事实上形成抚养关系的继父母与继子女之间的父母子女关系。

众所周知，孩子出生须经历受精、怀胎、分娩的过程，依照传统自然生殖方式，提供卵子、子宫分娩与养育多出自同一母体，从分娩事实可直接判断血缘的一致性，母亲身份认定采分娩说并无不当。然而人类辅助生殖技术割裂了性与生殖，割裂了分娩与血缘，母亲角色被不断拆解分化。卵子捐赠生殖使基因血脉与分娩事实发生分离，卵子提供者（即基因母亲）与分娩母亲（同为养育母亲）分属二人。全血缘代孕使分娩母亲（即代孕者）与基因母亲（即委托妻，同为养育母亲）分属二人，第三人捐卵代孕则进一步使母亲身份一分为三，卵子捐赠者是基因母亲，代孕者是分娩母亲，委托妻是养育母亲，亲子关系认定更为复杂。[1]我国现行立法虽然禁止代孕，但地下代孕时常发生，若委托夫妻与代孕者就代孕子女发生亲权纠纷诉至法院，法院不能以法无明文规定为由拒绝审判。此时若适用我国婚姻家庭法所恪守的分娩说，便显得捉襟见肘，不合时宜。依分娩说，应当认定代孕者为代孕子女的法定母亲。代孕者分娩时有配偶的，推定其配偶为法定父亲。因此，代孕子女为代孕者及其配偶的婚生子女。委托夫妻只能通过收养程序获得代孕子女的亲权。显而易见，由分娩说推演的逻辑结果与代孕合同当事人的缔约本意、代孕生殖技术的功能价值背道而驰。倘若代孕者配偶提起婚生子女否认之诉，或委托夫妻提起非婚生子女确认之诉，亲子关系应当如何认定，我国立法不能提供适当的解决之道，势必造成代孕子女在两对父母之间徘徊、拉锯，影响其健康成长。不仅如此，"现代婚姻家庭立法的重心已由婚姻中心主义转向亲子中心主义。在这场被称为'家庭法的二次革命'中，父母子女关系的永续性与婚姻关系的流动性形成鲜明的对比，亲子关系法逐渐位移到舞台中央。"[2]我国《婚姻法》侧重对婚姻关系的调整，不仅在法律名称上使用"婚姻法"而非"婚姻家庭法"的称谓，而且在内容设计上也忽视对以亲子关系为核心的家庭关系的规范与调整。

综上所述，《民法典》颁行前我国婚姻家庭法不能回应现代社会的现实需

---

[1] 同样，收养制度也分化了母亲角色，使生母（即基因母亲）与养母（即养育母亲）分属二人。
[2] 徐涤宇："婚姻家庭法的入典再造：理念与细节"，载《中国法律评论》2019年第1期。

求,不仅对母亲、父亲身份的认定标准以及婚生子女否认制度、非婚生子女准正和认领制度等未作明确具体规定,对人类辅助生殖技术下亲子关系的认定亦未作专门调整和详细规范。而亲子关系的认定不仅对当事人利益影响甚巨,更是确定监护、抚养、赡养与继承关系的前提,对婚姻家庭关系、社会人伦秩序具有深远影响。在亲子关系中心主义的现代婚姻家庭法视域下,在人类辅助生殖技术广泛应用的背景下,我们不仅应当构建囊括自然生殖与人类辅助生殖为一体的体系化的亲子关系规则体系,还应当重新检视分娩说的合理性、正当性与局限性,尊重并慎重考量当事人实施人类辅助生殖技术的目的对亲子关系认定产生的影响。

(四)《民法典》颁行前《合同法》尚付阙如

代孕合同与一般财产合同相比,存在明显差异。委托夫妻和代孕者在代孕合同中约定,代孕者仅代委托夫妻怀孕生产,待子女出生后交付给委托夫妻,由委托夫妻取得代孕子女的亲权。故代孕合同不仅仅为债权合同,还兼具身份合同的法律属性。但我国《合同法》第2条明确规定:"本法所称合同是平等主体的自然人、法人、其他组织之间设立、变更、终止民事权利义务关系的协议。婚姻、收养、监护等有关身份关系的协议,适用其他法律的规定。"亦即《合同法》已将身份合同排除在适用范围之外,无法为代孕合同的调整提供法律依据。

婚姻家庭法与合同法对代孕合同均未作相应规范与调整,只能将民法总则法律行为制度中对身份行为的相关规定作为规范依据。[1]但非常遗憾的是,2017年我国《民法总则》第六章"民事法律行为",也以财产行为作为基本规范对象,对身份行为几乎未作规范与调整。

而且代孕合同涉及胎儿孕育,攸关代孕者与代孕子女的生命健康,代孕合同的订立、履行、终止与违约责任等自然不同于一般债权合同。代孕生殖所涉及的以下合同问题值得我们深思并提供应对之策:代孕合同除遵循契约自由原则外,仍须公序良俗原则的检视,代孕合同是否违反公序良俗原则?当事人能否通过订立合同对父母子女关系进行约定?代孕合同是否具有合法

---

[1] 身份行为与财产行为虽同为法律行为,但内容迥异。近代民法法典化国家的法律行为制度多将财产行为作为规范模型进行详细规定,仅对身份行为进行碎片化调整。身份行为应当完成自身的体系构建,然而目前我国无论立法层面还是研究层面对身份行为的规范与研究都较为滞后。参见田韶华:"民法典编纂中身份行为的体系化建构",载《法学》2018年第5期。

性与可执行性？代孕合同的法律属性为何，是买卖合同、保管合同、租赁合同、雇用合同、承揽合同，还是委托合同？代孕合同的当事人除委托夫妻与代孕者外，代孕子女与代孕者配偶的法律地位应如何确定？委托夫妻与代孕者的资格又应当作何限制？代孕者在妊娠期间应当承担哪些注意义务，违约责任应当如何确定？委托夫妻能否以代孕者违反注意义务为由，拒绝受领先天残障的代孕子女？委托夫妻与代孕者能否行使合同任意解除权终止代孕契约？委托夫妻实施代孕生殖后，倘若婚姻关系不成立、无效、被撤销，或者离婚，抑或委托夫妻一方或双方死亡，将对代孕子女的亲子关系产生何种影响？……

（五）《民法典》未作正面回应

2018年8月，《民法典 婚姻家庭编（草案一次审议稿）》提请全国人大审议。在第四编"婚姻家庭"的第三章"家庭关系"的第二节"父母子女关系和其他近亲属关系"中，通过第843~850条规范了父母子女关系。2019年6月，《民法典 婚姻家庭编（草案二次审议稿）》提请全国人大审议。在第三章"家庭关系"的第二节"父母子女关系和其他近亲属关系"中，通过第843~850条规范了父母子女关系。与一次审议稿相比，二次审议稿仅做了个别字词表述的改动，未做实质性修改。2020年5月28日，《民法典》颁布。在第五编"婚姻家庭"的第三章"家庭关系"的第二节"父母子女关系和其他近亲属关系"中，通过第1067~1073条规范了父母子女关系。与二次审议稿相比，因人格权独立成编，《民法典》除了删掉子女姓氏的选取规则外，仅做了标点符号、个别字词表述的修改，未做实质性变动。

《民法典》婚姻家庭编中父母子女关系的相关规定具有如下亮点：其一，将婚姻家庭编纳入《民法典》，标志着苏联分别立法模式在我国的终结，明确了婚姻家庭法作为民法组成部分的地位，使婚姻家庭法正式回归民法。第五编编名修正为"婚姻家庭"，并以第三章第1055~1075条专章规范了家庭关系，纠正了之前侧重婚姻关系忽视家庭关系的偏颇。其二，增加了对亲属、近亲属、家庭成员等基本概念的界定，统一了亲属关系的范围与种类。《民法典》第1045条规定："亲属包括配偶、血亲和姻亲。配偶、父母、子女、兄弟姐妹、祖父母、外祖父母、孙子女、外孙子女为近亲属。配偶、父母、子女和其他共同生活的近亲属为家庭成员。"其三，《民法典》删掉了《婚姻法》中计划生育、晚婚晚育的相关内容，不仅表明《民法典》为适应我国人口形势的发展变化对生育政策进行了积极调整,而且意味着婚姻家庭法不再以"计划生育"的形式对自然人的生育权进行限制,使生育权重归于个人和家庭。我国《婚姻法》第2条规定:"实行婚姻自由、一夫一妻、男女平等的婚姻制度。保护妇女、儿童和老人的合法权益。实行计划生育。"《民法典》第1041条第2款删掉了该条中的"实行计划生育"。《婚姻法》第6条规定:"结婚年龄,男不得早于二十二周岁,女不得早于二十周岁。晚婚晚育应予鼓励。"《民法典》第1047条删掉了该条中的"晚婚晚育应予鼓励"。《婚姻法》第16条规定:"夫妻双方都有实行计划生育的义务。"被《民法典》全文删除。其四,明确规定了婚生子女否认制度和非婚生子女认领制度,进一步完善了亲子关系认定规则,这在一定程度上促进了亲子关系规则的体系化和逻辑化。《民法典》第1073条规定:"对亲子关系有异议且有正当理由的,父或者母可以向人民法院提起诉讼,请求确认或者否认亲子关系。对亲子关系有异议且有正当理由的,成年子女可以向人民法院提起诉讼,请求确认亲子关系。"

然而,笔者认为《民法典》中父母子女关系的相关规定仍存如下缺憾:其一,缺乏亲子关系规则的基础性、一般性规定。《民法典》通篇仍未对母亲、父亲的基本内涵进行明确界定,没有母亲、父亲身份认定的一般性规则,虽然补充了婚生子女否认制度和非婚生子女认领制度作为亲子关系认定的矫正机制,但缺乏对亲子关系认定的前提性、基础性规范。其二,未实现亲子关系规则的体系化、现代化。《民法典》对亲子关系认定的基础性规范、婚生子女推定、非婚生子女准正等制度存在疏漏;婚生子女否认制度和非婚生子女认领制度在具体内容设计上较为粗略;现代婚姻家庭立法的重心不仅已由婚姻中心主义转向亲子中心主义,在亲子关系中,也由父母本位转变为子女本位,《民法典》未能彰显亲子关系作为亲属关系核心,乃至婚姻家庭法中心的重要地位。笔者认为,亲子关系规则体系至少应当包括以下内容:亲子关系的认定、亲子关系的内容(权利义务)、亲子关系的终止。其中亲子关系认定是亲子关系内容与终止的前提,尤为重要。亲子关系的认定,应当包括自然血亲亲子关系的认定与拟制血亲亲子关系的认定。其中自然血亲亲子关系的认定应囊括以母亲身份认定、婚生子女推定为基础,以婚生子女否认、非婚生子女认领与准正为补充的规则体系。其三,无视人类辅助生殖技术中亲子关系的认定。《民法典》对人类辅助生殖技术中的亲子关系认定只字未提。

在权利意识逐渐高涨、人类辅助生殖技术广泛应用的今天，民事立法应当与时俱进，有必要对这些新问题、新挑战作出有效应对，不能视而不见，将本属于立法的任务推给司法。有学者坦言，我国《民法典》婚姻家庭编体现了中国传统、中国价值、中国经验，有多项亮点和创新发展，但仍未克服《婚姻法》整体上较为笼统、缺乏操作性之问题，尚不足以充分应对工授精、代孕生子等纷繁复杂的实际情形，同时对亲子关系的充实、人工生殖子女地位的确认等问题，有待在进行更广泛的社会调研、更深入的理论研究以及对民情民意的充分研判之后，通过制定单行法规、立法解释、司法解释以及地方性法规等形式，与时俱进地作出更为明确、具体，更具可操作性的相关规定。[1]

其四，缺乏对其他相关法律规范的梳理和整合。我国对于人类辅助生殖子女亲子关系的私法调整，仅在最高人民法院《关于夫妻离婚后人工授精所生子女的法律地位如何确定的复函》、卫生部《实施人类辅助生殖技术的伦理原则》等文件中有零星规定，但法源效力等级低，内容散乱粗陋，未成体系。《民法典》婚姻家庭编未做必要的吸收、整合、修改与完善。

值得注意的是，《民法典》第464条规定："合同是民事主体之间设立、变更、终止民事法律关系的协议。婚姻、收养、监护等有关身份关系的协议，适用有关该身份关系的法律规定；没有规定的，可以根据其性质参照适用本编规定。"[2]《民法典》的这一规定一改之前《合同法》将身份合同排除在合同编之外的立场，明确身份合同可以根据其性质参照适用合同编的相关规定，承认了私法自治原则在婚姻家庭领域的适用，不仅从形式上摆脱了苏联的分别立法模式，更从实质上摆脱了苏联将婚姻家庭法视为社会法的影响，实现了婚姻家庭法的私法化。为兼具身份合同属性的代孕合同之法律适用指明了

---

[1] 参见龙翼飞、冯宇雷："论亲子关系确认制度的适用困境与解决方式"，载《法律适用》2022年第1期；夏吟兰："婚姻家庭编的创新和发展"，载《中国法学》2020年第4期；杨立新："民法典婚姻家庭编完善我国亲属制度的成果与司法操作"，载《清华法学》2020年第3期等。

[2]《民法典》沿袭了民法典合同编草案一次审议稿、二次审议稿的基本内容。《民法典 合同编（草案一次审议稿）》第255条规定："本编所称合同是自然人、法人、非法人组织之间设立、变更、终止民事法律关系的协议。婚姻、收养、监护等有关身份关系的协议，适用其他编和其他法律的规定；没有规定的，可以根据其性质参照适用本编规定。"《民法典 合同编（草案二次审议稿）》第255条规定："本编所称合同是民事主体之间设立、变更、终止民事法律关系的协议。婚姻、收养、监护等有关身份关系的协议，适用其他编或者其他法律的规定；没有规定的，可以根据其性质参照适用本编规定。"

方向。

《民法典》第1009条还规定："从事与人体基因、人体胚胎等有关的医学和科研活动，应当遵守法律、行政法规和国家有关规定，不得危害人体健康，不得违背伦理道德，不得损害公共利益。"该条仅为从事与人体基因、人体胚胎等有关的医学和科研活动划定了基本底线，并未正面回应代孕生殖等人类辅助生殖技术的具体规制问题。

21世纪是走向权利的世纪，是弘扬人格尊严和价值的世纪，我国《民法典》是民族精神、时代精神的立法表达。[1]婚姻家庭立法的科学性不依赖于采取建构主义的方式，而是需要从社会现实出发，支撑制度形成的依据，面向解决生活当中的实际问题，使规范具有实用性和可操作性。[2]《民法典》及其司法解释应充分反映21世纪的时代需要和时代特征，积极回应社会关切，对代孕等人类辅助生殖技术涉及的合同关系、亲子认定等新问题提供解决路径。

二、我国代孕司法现状

目前，我国立法禁止代孕，但对代孕亲子关系、代孕合同关系又不进行具体的规范与调整，使得代孕当事人难以诉诸法律获得救济。由代孕引发的子女争夺大战、合同效力确认纠纷及财产返还纠纷屡屡上演。在立案登记制的背景下，司法机关更陷入不得不立，立案后又无法可依的尴尬境地。法官于法无据，容易肆意造法，诱发同案异判的乱象。不仅如此，我国严禁代孕的立场诱发大量跨国代孕，衍生外国判决在我国承认与执行等国际法问题。整体而言，我国代孕司法现状主要表现为：

（一）简单裁定不予受理，有违立案登记制

我国现行立法对代孕关系未做调整，部分法院对代孕纠纷无所适从，苦于法无据，便直接裁定不予受理，这样造成侵害当事人诉权，有违立案登记制。

---

[1] 参见王利明："民法典的时代特征和编纂步骤"，载《清华法学》2014年第6期；张维炜、王博勋："让民法典成为民族精神、时代精神的立法表达——访全国人大常委会法工委主任李适时"，载《中国人大》2016年第13期。

[2] 李拥军、雷蕾："论我国婚姻家庭关系的伦理价值与立法表达——以《民法典（婚姻家庭编）》制定为背景"，载《政法论丛》2019年第2期。

2015年我国实行立案登记制，党的十八届四中全会明确提出："改革法院案件受理制度，变立案审查制为立案登记制，对人民法院依法应该受理的案件，做到有案必立、有诉必理，保障当事人诉权。"最高人民法院《关于人民法院登记立案若干问题的规定》（法释〔2015〕8号）第1条也明确规定："人民法院对依法应该受理的一审民事起诉、行政起诉和刑事自诉，实行立案登记制。"在实行立案登记制之前，依据立案审查制，各地法院往往通过各种规则对案件进行筛查，将部分敏感案件、疑难案件挡在法院门外。立案登记制则要求对人民法院依法应当受理的案件，做到有案必立、有诉必理，保障当事人诉权。立案条件相对放宽，各类敏感、复杂、疑难案件陆续进入司法程序，代孕纠纷即为其中之一。但非常遗憾的是，仍有部分法院以不属于人民法院民事诉讼的受理范围或者没有诉讼管辖权为由，简单裁定对代孕纠纷不予受理，这不利于及时定分止争，消解矛盾，维护当事人诉权，与立案登记制的初衷背道而驰。

2019年，在李某润诉何某均服务合同纠纷案中，广东省广州市南沙区人民法院以合同履行义务一方所在地在乌克兰，南沙区人民法院对案件没有管辖权为由，裁定不予受理。[1]2017年，在林某霞诉刘某合同纠纷案中，林某霞与刘某经协商达成口头代孕协议。林某霞通过转账方式先后四次向刘某支付代孕费用共计155 000元，并履行了向刘某提供胚胎等协助义务。胚胎移植虽然成功，但后来代孕失败。林某霞请求刘某返还其已支付的代孕费用155 000元，并赔偿相应损失，双方发生纠纷，诉至法院。广东省深圳市宝安区人民法院受理后认为，该案不属于人民法院受理民事诉讼的范围。依据我国《民事诉讼法》（2017年）第119条[2]的规定，裁定不予受理。[3]林某霞不服一审裁定，提起上诉。广东省深圳市中级人民法院对此予以纠正。深

---

[1] 参见广东省广州市南沙区人民法院〔2019〕粤0115民初5110号民事裁定书。
[2] 我国《民事诉讼法》（2017年）第119条规定："起诉必须符合下列条件：（一）原告是与本案有直接利害关系的公民、法人和其他组织；（二）有明确的被告；（三）有具体的诉讼请求和事实、理由；（四）属于人民法院受理民事诉讼的范围和受诉人民法院管辖。"该条被《民事诉讼法》（2023年）第122条原文保留。
[3] 参见广东省深圳市宝安区人民法院〔2017〕粤0306民初27640号民事裁定书。类似案件参见徐某宁诉欧阳某香抚养权纠纷案，广东省清远市清城区人民法院〔2014〕清城法立民初字第7号民事裁定书；陆某洪诉周某英民间借贷纠纷案，贵州省铜仁市中级人民法院〔2018〕黔06民终762号民事裁定书等。

圳市中级人民法院经审理认为，上诉人为证明其与被上诉人签订代孕协议的事实，提供了微信聊天记录。记录显示，上诉人与被上诉人对代孕事宜进行协商，上诉人与案件有直接利害关系。案件符合民事案件的受理条件，对于上诉人与被上诉人之间是否存在合同关系，合同是否合法有效等问题，一审法院应当针对上诉人的请求进行审理。故依照《民事诉讼法》（2017年）第119条、第170条第1款第2项、第171条之规定，[1]裁定：撤销一审民事裁定；指令深圳市宝安区人民法院进行审理。[2]

（二）代孕合同法律效力认定存在差异

在审理代孕合同法律效力确认纠纷时，有的法院认为，代孕合同系双方当事人真实的意思表示，并不违反法律禁止性规定，应属有效。[3]绝大部分法院则认为代孕合同无效，但对合同无效的认定依据却存在差异。有的法院援引《民法总则》第8条、第153条第2款，或者援引《合同法》第7条、第52条第4项，认为代孕合同因违反公序良俗原则、损害社会公共利益而无效。[4]有的法院援引《人类辅助生殖技术管理办法》第3条与《民法总则》第153条，认为代孕合同因违反法律强制性规定且违反公序良俗原则而无效。[5]有的法院援引《合同法》第52条第3项，认为代孕合同以合法形式掩

---

[1] 我国《民事诉讼法》（2017年）第170条规定："第二审人民法院对上诉案件，经过审理，按照下列情形，分别处理：（一）原判决、裁定认定事实清楚，适用法律正确的，以判决、裁定方式驳回上诉，维持原判决、裁定；（二）原判决、裁定认定事实错误或者适用法律错误的，以判决、裁定方式依法改判、撤销或者变更；（三）原判决认定基本事实不清的，裁定撤销原判决，发回原审人民法院重审，或者查清事实后改判；（四）原判决遗漏当事人或者违法缺席判决等严重违反法定程序的，裁定撤销原判决，发回原审人民法院重审。原审人民法院对发回重审的案件作出判决后，当事人提起上诉的，第二审人民法院不得再次发回重审。"第171条规定："第二审人民法院对不服第一审人民法院裁定的上诉案件的处理，一律使用裁定。"该两条被《民事诉讼法》（2023年）第177、178条原文保留。

[2] 参见林某霞诉刘某合同纠纷案，广东省深圳市中级人民法院[2018]粤03民终744号民事裁定书。

[3] 参见任文婧："湖南常德女子代孕引发夺子官司，法院判决代孕协议有效"，载《南方都市报》2010年8月18日。

[4] 参见刘某诉李某田、赵某刚合同纠纷案，河南省临颍县人民法院[2015]临民二初字第923号民事判决书；孙某山诉江苏某贝健康管理咨询有限公司服务合同纠纷案，江苏省徐州市云龙区人民法院[2020]苏0303民初2877号民事判决书；邱某发诉范某勤不当得利纠纷案，四川省长宁县人民法院[2020]川1524民初1718号民事判决书等。

[5] 参见郑某庆诉徐某、严某丽不当得利纠纷案，江西省上饶县人民法院[2018]赣1121民初3180号民事判决书等。

盖非法目的而无效。[1]有的法院援引《合同法》第52条第2项，认为代孕合同当事人恶意串通，损害国家、集体或者第三人利益，认定代孕合同无效。[2]有的法院交叉援引多项法律依据，认定代孕合同无效。[3]判决书的说理部分多较为简略，常简单表述为因代孕合同提供代孕生殖服务，违背我国公序良俗原则、违反法律强制性规定或损害社会公共利益，应属无效。至于如何界定公序良俗与社会公共利益，为何代孕合同违反公序良俗、损害社会公共利益，如何界定效力性强制性规定，《人类辅助生殖技术管理办法》第3条是否属于效力性强制性规定，几乎没有判决书予以深入分析和详细论证。以下简述对代孕合同法律效力认定截然相反的两例案件，以示司法判决尚存差异：

1. 代孕合同有效案

因妻子不能生育，年过五旬的外籍华人胡某与妻子选择代孕生殖。2008年5月，胡某夫妻与湖南省常德市鼎城区一名30岁未婚女性柳某签订了代孕协议。协议内容主要包括：柳某属于爱心代孕；胡某夫妻承担柳某代孕期间的一切费用；胡某夫妻向柳某支付代孕费用10万元；孩子出生后，归胡某夫妻抚养，柳某放弃抚养权。代孕协议签订后，双方当事人在一家医院完成胚胎移植手术，该受精胚胎由第三人捐赠的卵子与胡某的精子受精形成。术后，代孕者柳某成功怀孕，并于2009年3月产下一男婴。产后柳某拒绝交付代孕子女，胡某夫妻提起诉讼。

胡某夫妻认为，代孕者柳某并非代孕子女的母亲，胡某夫妻才是代孕子女法定父母。理由主要为：其一，柳某仅为代孕者，并未提供卵子，其与代孕子女不具有生物学上的母子关系。胚胎精子系胡某提供，胡某是代孕子女生物学上的父亲，理应由胡某取得亲权。其二，胡某已与柳某事前约定，待孩子出生后柳某放弃抚养权，柳某反悔则构成违约。其三，与柳某相比，胡

---

[1] 参见刘某英诉谢某霞、四川某家健康管理咨询有限公司合同纠纷案，四川省成都市锦江区人民法院［2019］川0104民初5965号民事判决书等。

[2] 参见张某诉美某海外医疗旅游集团有限公司、陈某成合同纠纷案，广东自由贸易区南沙片区人民法院［2019］粤0191民初2187号民事判决书等。

[3] 参见王某琴诉美某国际医疗投资发展有限公司、王某服务合同纠纷案，上海市普陀区人民法院［2017］沪0107民初25187号民事判决书；徐某等诉李某合同纠纷案，北京市朝阳区人民法院［2018］京0105民初2575号民事判决书；刘某诉林某霞合同纠纷案，广东省深圳市中级人民法院［2019］粤03民终6372号民事判决书等。

某具有更充裕的经济实力,能够保障子女获得更好的成长和教育环境。柳某辩称,原告所诉虽然属实,但原告仅支付了书面协议约定的相关费用,口头承诺的补偿费并未支付。在胡某未将补偿费用全部支付前,不会放弃孩子的抚养权。

湖南省常德市鼎城区人民法院经审理认为,胡某夫妻与柳某签订的代孕协议系双方当事人的真实意思表示,协议内容不违反法律禁止性规定,对双方当事人均具有法律约束力。胡某经亲子鉴定为孩子的生物学父亲,柳某经亲子鉴定不是孩子的生物学母亲。故胡某要求确认其与非婚生子的亲子关系,非婚生子的监护权归胡某夫妻的诉讼请求,法院予以支持。判决:代孕子女归胡某夫妻监护、抚养。[1]

2. 代孕合同无效案

深圳西某某国际商务咨询有限公司(以下简称"西某某公司")是在深圳注册成立的有限责任公司,其经营范围包括商务信息咨询、健康养生管理咨询、经济信息咨询、房地产信息咨询、财务咨询、投资咨询、投资管理、文化活动策划、家政服务、房地产经纪、物业管理、旅行信息咨询、教育信息咨询等。2017年3月,原告孙某和被告西某某公司签订《美国自体移植(含PGD)合同》。

合同约定:其一,双方职责为:①孙某提供办证所需资料,包括但不限于护照、身份证、结婚证、财产证明等资料,以便西某某公司为孙某准备完善资料以供赴美签证所用。②孙某必须严格执行美国洛杉矶医疗中心生殖专家的治疗方案,期间不得委托其他相同或者相似机构进行IVF(体外受精)相关治疗,若违反,由此造成的后果由孙某自行承担。③如果孙某选择在国内完成前期促排卵及监测排卵,必须按照西某某公司安排的时间到指定医院完成验血、查性激素、B超等检查项目,相关费用由孙某承担。④一旦进入取卵周期,孙某不得对委托内容作出修改。孙某因个人原因中途取消治疗方案的,所交费用不予退款。⑤西某某公司承诺提供美国洛杉矶医疗中心最全面、最专业的医疗服务及咨询服务。⑥西某某公司提供全程咨询服务,并协助孙某办理签证。⑦西某某公司为孙某提供一对一面签注意事项培训、入境

---

[1] 参见任文婧:"湖南常德女子代孕引发夺子官司,法院判决代孕协议有效",载《南方都市报》2010年8月18日。

事项培训，并协助准备入境所需材料。其二，合同金额及服务内容为：西某某公司提供美国自体移植一条龙服务20万元。具体服务内容如下：签订合同后一次性支付服务费5万元，提供前期服务；签证通过后支付第二笔费用10万元，提供入境、订机票、邮寄药物等服务，挑选代孕者，提供中期服务；代孕者孕6个月后支付剩余费用5万元，月子中心预留房间和月嫂。双方对于前期服务约定以下内容：①免费办理美国签证，赠送两人两次往返经济舱机票，协助孙某订购国际往返机票，协助孙某预订酒店/民宿。②协助孙某预约中国医院检查，协助孙某入境。③与孙某确定医院，并与指定的美国医院医生联系，发送孙某诊疗体检报告，协调远程预诊（一次），协调药品寄送。④与院方协调确定孙某的具体诊疗计划，制定在美国期间具体行程时间规划。⑤医院就诊全程服务（协助孙某完成院方促排、移植、验孕等各治疗环节，提供陪同、协调、翻译等服务）。⑥代孕公司服务（协调筛选、会见代孕者，代孕者背景调查，律师协调，购买保险），协调精子、卵子购买，境外留精服务。双方对于中期服务约定如下内容：①自代孕者验孕成功到生产过程中代孕者的产检跟踪，胎儿健康信息跟踪，实地探访，信息反馈。②建立代孕者与准父母之间的远程联系，确保双方在代孕者怀孕过程中的良性沟通。③代孕者入院生产陪同、接生陪同。④陪同准父母及孩子做亲子鉴定。双方对于后期服务约定如下内容：①孩子出生后，协助鉴定。②入驻月子中心一个月，安排月嫂一对一24小时贴身照顾。③办理孩子出入院手续，生产第二天翻译，填写孩子文件。新生儿证件办理服务（出生纸，社会安全号码，护照三级认证，旅行证）。④满月送机回国。其三，合同终止与解除事项包括：如孙某的签证被拒签，西某某公司将在3个工作日内全额退款，本合同终止；如孙某被美国海关原机遣返无法入境，西某某公司将扣除5000元，剩余费用5个工作日内退还孙某，本合同终止；孙某因其他个人原因终止合同，费用不予退还。

合同签订后，孙某于2017年3月向西某某公司支付服务费52 208元，其中50 000元用于订购案涉服务套餐，2208元为签证工本费。2017年4月，孙某向西某某公司转账支付服务费10万元。后因合同履行发生纠纷，孙某主张合同是西某某公司以欺诈方式订立的，违反《合同法》第52条第1项之规定，且《美国自体移植（含PGD）合同》主旨是提供代孕服务，涉嫌侵犯人格权，违反社会公共利益以及公序良俗，主张合同无效，诉至广东省深圳市深圳前海合作区人民法院。

一审法院经审理认为，我国《民法总则》第8条规定："民事主体从事民事活动，不得违反法律，不得违背公序良俗。"第153条第2款规定："违背公序良俗的民事法律行为无效。"《合同法》第7条规定："当事人订立、履行合同，应当遵守法律、行政法规，尊重社会公德，不得扰乱社会经济秩序，损害社会公共利益。"卫生部颁布的《人类辅助生殖技术管理办法》第3条规定："人类辅助生殖技术的应用应当在医疗机构中进行，以医疗为目的，并符合国家计划生育政策、伦理原则和有关法律规定。禁止以任何形式买卖配子、合子、胚胎。医疗机构和医务人员不得实施任何形式的代孕技术。"在我国，代孕行为涉及代孕者的生命、身体、健康等多种重大物质性人格利益，也涉及代孕者和委托代孕的父母之间关于代孕所生子女的亲属关系、抚养问题以及履行代孕合同过程中产生的多种风险。我国相关立法已明确规定不允许医疗机构和医务人员从事任何形式的代孕技术，也不允许在市场上以任何形式买卖配子、合子、胚胎。在市场交易中，应严禁代孕行为商业化，并杜绝相关机构因从事代孕有关的服务而从中谋取商业利益。从事代孕有关的行为与我国传统伦理道德以及公序良俗原则明显违背。在我国司法实践中，因代孕者和委托代孕的父母之间签署的代孕合同，以及以谋取商业利润为目的的代孕居间服务合同均因违反我国现行立法规定以及公序良俗原则被认定为无效。《合同法》第56条规定："无效的合同或者被撤销的合同自始没有法律约束力。……"第58条规定："合同无效或者被撤销后，因该合同取得的财产，应当予以返还；不能返还或者没有必要返还的，应当折价补偿。有过错的一方应当赔偿对方因此所受到的损失，双方都有过错的，应当各自承担相应的责任。"西某某公司超越其经营范围违法提供前往美国代孕的中介服务，对合同无效存在重大过错，其因该合同取得的财产应当向孙某返还，且不应从履行案涉《美国自体移植（含PGD）合同》中获取利益。孙某作为完全民事行为能力人，明知案涉合同存在违反我国法律规定和公序良俗原则的情形，依旧签订案涉合同，亦存在过错。应结合双方当事人在签订案涉合同过程中的过错程度，以及履行该合同的实际情况认定返还范围。结合西某某公司实际已为孙某提供案涉代孕服务的事实，酌定西某某公司已为孙某支出合理成本费用5万元，西某某公司应向孙某返还其余的案涉服务费用10万元。判决：确认孙某和西某某公司签订的案涉《美国自体移植（含PGD）合同》自始无效；

西某某公司应于判决发生法律效力之日起5日内向孙某返还服务费10万元。

西某某公司不服一审判决，提起上诉。广东省深圳市中级人民法院经审理认为，一审事实认定清楚，适用法律正确，判决：驳回上诉，维持原判。[1]

（三）代孕合同确认无效后返还责任存在差异

代孕合同被认定无效时，委托夫妻往往已向代孕机构、代孕者支付了代孕费用、代孕报酬，对于代孕合同被确认无效后，已经支付的代孕费用、代孕报酬应否返还，应当如何返还等问题，我国法院的相关判决可谓大相径庭，各异其趣。主要存在以下裁判模式：

1. 全部返还模式

该模式认为，代孕合同被确认无效后，代孕机构、代孕者已取得的代孕费用、代孕报酬等，应向委托夫妻全部返还。一些法院依据《合同法》第58条"合同无效或者被撤销后，因该合同取得的财产，应当予以返还；不能返还或者没有必要返还的，应当折价补偿"之规定，判决委托夫妻已支付的代孕费用、代孕报酬等，代孕机构、代孕者均应全部返还。[2]

2. 部分返还模式

该模式认为，代孕合同被确认无效后，代孕机构、代孕者已取得的代孕费用、代孕报酬等，仅须部分返还。关于应按何种标准进行部分返还，又存在如下两种观点：①按照双方过错程度予以返还。一些法院依据《合同法》第58条"有过错的一方应当赔偿对方因此所受到的损失，双方都有过错的，应当各自承担相应的责任"之规定，判决依据委托夫妻与代孕机构、代孕者各自的过错程度分担损失。但关于过错程度的认定，也存在明显差异。有的法院认为，代孕机构、代孕者存在重大过错，委托夫妻仅存在轻微过错。[3]有的法院认为，委托夫妻是需求方，应承担主要责任，代孕机构仅介绍代孕

---

[1] 参见孙某诉西某某公司服务合同纠纷案，广东省深圳市深圳前海合作区人民法院［2017］粤0391民初1893号民事判决书；西某某公司诉孙某服务合同纠纷案，广东省深圳市中级人民法院［2018］粤03民终9212号民事判决书。

[2] 参见邢某鸿、顾某等诉梁涛等合同纠纷案，湖北省武汉市江夏区人民法院［2017］鄂0115民初3409号民事判决书；靳某栋诉杨正沛、广州某医院有限责任公司合同纠纷案，广东省广州市天河区人民法院［2018］0106民初12551号民事判决书；董某元诉柯某华确认合同无效纠纷案，福建省连城县人民法院［2020］闽0825民初1457号民事判决书等。

[3] 参见尹某忠诉欧某志合同纠纷案，广东省广州市天河区人民法院［2019］粤0106民初22644号民事判决书。

妇女并办理相关手续，应承担次要责任。[1]有的法院认为，双方过错程度相当，各承担一半责任。[2]②扣除合理费用后返还剩余金额。部分法院认为，代孕机构、代孕者为履行代孕合同已支付的必要合理费用，如精卵捐献费用、体检费、体外授精与胚胎移植手术费等费用无需返还，仅须返还扣除合理费用后的剩余金额。[3]

3. 无须返还模式

该模式认为，代孕合同被确认无效后，代孕机构、代孕者已取得的代孕费用、代孕报酬等，无须返还。关于无须返还的依据，又可分为以下三种观点：①争议解决方法条款单独有效。部分法院依据《合同法》第57条"合同无效、被撤销或者终止的，不影响合同中独立存在的有关解决争议方法的条款的效力"之规定，认为代孕合同无效，但代孕合同中争议解决方法的条款仍然有效。代孕合同当事人应当履行该条款，不存在因合同无效而相互返还代孕费用及返还所生代孕子女的问题。[4]②因构成不法原因给付，给付人无权请求返还。有的法院认为，代孕合同因违反公序良俗原则而无效，当事人进行的给付属于不法原因给付，不应当受到法律保护，给付人无权要求返还。[5]我国现行立法并未明确规定不法原因给付返还规则。大陆法系传统民法理论认为，不法原因给付，原则上给付人不得要求受领人返还。若不法原

---

[1] 参见罗某伟诉钟某好确认合同无效纠纷案，广东省清远市中级人民法院［2017］粤18民终2766号民事判决书。

[2] 参见刘某诉李某田、赵某刚合同纠纷案，河南省临颍县人民法院［2015］临民二初字第923号民事判决书；刘某英诉谢缓霞、四川某家健康管理咨询有限公司合同纠纷案，四川省成都市锦江区人民法院［2019］川0104民初5965号民事判决书；陈某萍诉王某霞民间借贷纠纷案，河南省新密市人民法院［2020］豫0183民初908号民事判决书；毛某慧诉四川某家健康管理咨询有限公司、谢某霞合同纠纷案，四川省成都市锦江区人民法院［2020］川0104民初89号民事判决书；孙某山诉江苏某某健康管理咨询有限公司服务合同纠纷案，江苏省徐州市云龙区人民法院［2020］苏0303民初2877号民事判决书等。

[3] 参见西某某公司诉孙某服务合同纠纷案，广东省深圳市中级人民法院［2018］粤03民终9212号民事判决书；张某诉美某海外医疗旅游集团有限公司、陈某成合同纠纷案，广东自由贸易区南沙片区人民法院［2019］粤0191民初2187号民事判决书；刘某诉四川莲某健康管理咨询有限公司服务合同纠纷案，四川自由贸易试验区人民法院［2020］川0193民初7424号民事判决书等。

[4] 参见欧阳某娟、周某军等诉刘某玲等合同纠纷案，湖南省资兴市人民法院［2020］湘1081民初90号民事判决书。

[5] 参见王某开诉罗某服务合同纠纷案，广东省广州市花都区人民法院［2019］粤0114民初7612号民事判决书；金某宝诉宗某君、班某妹合同纠纷案，江苏省宜兴市人民法院［2020］苏0282民初1005号民事判决书。

因仅存在于受领一方时，为公平起见，给付人始有权请求受领人返还已为给付。[1]③合同已履行完毕，且合同标的不宜返还。有的法院认为，代孕合同虽属无效，但合同已履行完毕，且代孕机构向委托夫妻交付的代孕子女，其生命价值无法依法律规定进行"予以返还"或"折价补偿"，因此无须返还。[2]

4. 予以收缴模式

该模式认为，代孕合同被确认无效后，代孕机构、代孕者已取得的代孕费用、代孕报酬等，应予以收缴，收归国有。有的法院认为，代孕合同因违反公序良俗原则而无效，当事人进行的给付属于不法原因给付，给付人无权要求返还，而且倘若发生双方返还的后果，不利于惩戒和遏制违背公序良俗的代孕行为，因此代孕合同中当事人的给付均应予以收缴。[3]受苏联民法典的影响，相当一部分社会主义国家采取收缴方式规范不法原因给付的返还。这些国家认为，任何人如果违反强行法或公序良俗而为给付，侵害国家和社会利益的，不应保有该给付，而应上缴国库或收归慈善团体。[4]有学者认为，我国《民法通则》第61条第2款、最高人民法院《关于贯彻执行〈中华人民共和国民法通则〉若干问题的意见（试行）》（现已失效，下同）第131条及《合同法》第59条[5]即体现了我国对于不法原因给付采行的收缴处理方

---

[1] 《德国民法典》第817条规定："给付之目的，因受领人之受领而违反法律禁止规定或善良风俗者，受领人负返还之义务。给付人对此违反亦应负责者，不得请求返还。"《法国民法典》第1965条、《日本民法典》第708条等亦有类似规定。

[2] 参见金某宝诉宗某君、班某妹合同纠纷案，江苏省宜兴市人民法院［2020］苏0282民初1005号民事判决书。

[3] 参见冉某辉诉田某国委托合同纠纷案，山东省泰安市中级人民法院［2020］鲁09民终3550号民事判决书等。

[4] 《俄罗斯联邦民法典》第169条第3款规定："在这种法律行为的双方均存在故意的情况下，如果双方均履行了法律行为，则双方依照该法律行为所获的全部所得均应予追缴，收归俄罗斯联邦所有；而在一方已履行时，则向另一方追缴其全部所得和另一方作为补偿应付给履行方的全部对价作为俄罗斯联邦收入。"《波兰民法典》第412条、《匈牙利民法典》第361条等亦有类似规定。

[5] 我国《民法通则》第61条第2款规定："双方恶意串通，实施民事行为损害国家的、集体的或者第三人的利益的，应当追缴双方取得的财产，收归国家、集体所有或者返还第三人。"最高人民法院《关于贯彻执行〈中华人民共和国民法通则〉若干问题的意见（试行）》第131条规定："返还的不当利益，应当包括原物和原物所生的孳息。利用不当得利所取得的其他利益，扣除劳务管理费用后，应当予以收缴。"《合同法》第59条规定："当事人恶意串通，损害国家、集体或者第三人利益的，因此取得的财产收归国家所有或者返还集体、第三人。"现《民法典》对此并未保留。非常遗憾的是，《民法典》第三编"合同"第三分编"准合同"第二十九章"不当得利"亦未对不法原因给付的返还规则进行明确规定。

式。[1]

(四) 代孕子女亲子关系认定存在差异

在全血缘代孕中，绝大多数法院基于分娩说，认为代孕者是代孕子女的母亲。委托夫因提供精子，是代孕子女生物学上的父亲，也应是其法律上的父亲，代孕子女属于委托夫的非婚生子女。由于我国禁止代孕，代孕者提供代孕后往往不知所踪。法院多基于儿童最佳利益原则，认定代孕子女由委托夫妻共同抚养。[2]在捐卵代孕中，代孕子女亲子关系的认定存在明显差异。以下简要介绍我国代孕子女亲子认定存在显著差异的三例案件：

1. 全国首例代孕子女监护权纠纷

该案为捐卵代孕，法院最终认定委托夫为代孕子女的父亲，代孕者为代孕子女的母亲，委托妻为与代孕子女形成抚养关系的继母。因委托夫死亡，代孕者不知所踪，代孕子女由委托妻抚养。基本案情为：

罗某与陈某于2007年4月28日登记结婚，双方均系再婚。婚后，罗某与陈某通过购买他人卵子，并由罗某提供精子，通过体外授精联合胚胎移植技术，出资委托其他女性代孕。×年×月×日代孕者生育一对异卵双胞胎罗A（男）、罗B（女），陈某办理了代孕子女的出生医学证明，登记生父为罗某、生母为陈某，并据此办理了户籍登记。两名子女出生后随罗某、陈某共同生活。2014年2月7日，罗某因病抢救无效死亡。嗣后，陈某携罗A、罗B共同生活。2014年12月29日，罗某的父母罗某某、谢某某提起监护权之诉。罗某某、谢某某认为，罗某为罗A、罗B的生物学父亲，陈某并非生物学母亲；罗某与陈某以非法代孕方式生育子女违反国家现行法律法规，陈某与罗A、罗B之间未形成法律规定的拟制血亲关系；罗某某、谢某某系罗某的父母，即罗A、罗B的祖父母，在罗某去世而生母不明的情况下，应由罗某某、谢某某作为法定监护人抚养两名子女。

上海市闵行区人民法院经审理认为，案件的争议焦点如下：其一，陈某与罗A、罗B之间是否存在自然血亲关系？在案件审理过程中，一审法院委托司法鉴定科学技术研究所司法鉴定中心对罗某某、谢某某与罗A、罗B之

---

[1] 参见李永军、李伟平："论不法原因给付的制度构造"，载《政治与法律》2016年第10期。
[2] 参见欧阳某娟、周某军等诉刘某玲等合同纠纷案，湖南省资兴市人民法院[2020]湘1081民初90号民事判决书。

间是否存在祖孙亲缘关系进行鉴定，鉴定意见为：依据现有资料和 DNA 分析结果，不排除罗某某、谢某某与罗 A、罗 B 之间存在祖孙亲缘关系。一审法院委托司法鉴定科学技术研究所司法鉴定中心对陈某与罗 A、罗 B 之间有无亲生血缘关系进行鉴定，鉴定意见为：依据现有资料和 DNA 分析结果，排除陈某为罗 A、罗 B 的生物学母亲。根据两份司法鉴定意见，排除陈某为罗 A、罗 B 的生物学母亲，故陈某与罗 A、罗 B 之间不存在自然血亲关系。其二，罗 A、罗 B 是否可以视为陈某与罗某的婚生子女？最高人民法院 1991 年 7 月 8 日《关于夫妻离婚后人工授精所生子女的法律地位如何确定的复函》明确规定："在夫妻关系存续期间，双方一致同意进行人工授精，所生子女应视为夫妻双方的婚生子女，父母子女之间的权利义务关系适用《婚姻法》的有关规定。"该函所指向的受孕方式为合法的人工授精，孕母为婚姻关系存续期间的妻子本人。卫生部于 2001 年 8 月 1 日施行的《人类辅助生殖技术管理办法》第 3 条明确规定：严禁以任何形式买卖配子、合子和胚胎；医疗机构和医务人员不得实施任何形式的代孕技术等。本案中，罗某与陈某在婚姻关系存续期间通过买卖卵子、委托第三方代孕的方式生育罗 A、罗 B，不符合上述司法解释的情形，故不适用上述相关规定。陈某既非卵子提供者而形成生物学上的母亲，又非分娩之孕母，故罗 A、罗 B 并非陈某的婚生子女。其三，陈某与罗 A、罗 B 之间是否存在拟制血亲关系？陈某与罗 A、罗 B 之间因欠缺法定必备要件不成立合法的收养关系。代孕生殖中，"基因母亲""孕生母亲""养育母亲"各异，"养育母亲"是否构成拟制血亲，我国法律并无规定，亦不符合现行法律规定的拟制血亲条件。代孕行为本身不具合法性，难以认定因此种行为获得对孩子的抚养机会后，双方可以形成拟制血亲关系，故陈某与罗 A、罗 B 之间不存在拟制血亲关系。综上，一审法院认定，陈某与罗 A、罗 B 之间既不存在自然血亲关系，亦不存在拟制血亲关系，陈某辩称其为罗 A、罗 B 的法定监护人之理由，不予采信。在罗 A、罗 B 的生父罗某死亡、生母不明的情况下，为充分保护未成年人的合法权益，罗某某、谢某某作为祖父母要求抚养罗 A、罗 B，并作为其法定监护人的诉请，合法有据。判决：罗 A、罗 B 由罗某某、谢某某监护；陈某于判决生效之日将罗 A、罗 B 交由罗某某、谢某某抚养。

陈某不服一审判决，上诉至上海市第一中级人民法院。上海市第一中级人民法院经审理认为，本案核心争议为代孕所生子女的法律地位及其监护权之确定。对此问题，目前我国法律虽无明确规定，但法院基于不得拒绝裁判之原则，对于当事人提起的诉讼不可回避，仍得依据民法等法律的基本原则及其内在精神，结合社会道德和伦理作出裁判。上海市第一中级人民法院认为：其一，关于代孕所生子女法律地位的认定。对于代孕，世界各国立法不同，即使在允许代孕的国家，其开放程度亦有不同，我国目前尚属禁止，如卫生部2001年颁布《人类辅助生殖技术管理办法》第3条的禁止规定。私权领域虽有"法无禁止即可为"之原则，却并不代表私权主体的任何权利义务都可以通过民事协议来处分，代孕行为涉及婚姻家庭关系、伦理道德等人类社会之基本问题，不同于一般民事行为，故不适用契约自由原则。尽管代孕行为在我国尚不合法，但由于潜在的社会需求，且人工生殖技术已发展至可实现代孕的程度，代孕情况在现实中依然存在。我国《婚姻法》对于亲子关系的认定未作出具体规定，司法实践中，对于生母的认定，根据出生事实遵循"分娩者为母"原则；对于生父的认定，则根据血缘关系而作确定。代孕背离了"分娩者为母"的原则，故不为我国法律所认可。本案中作为代孕所生子女的罗A、罗B，其法律上的亲生母亲应根据"分娩者为母"原则认定为代孕者；关于生父的认定，罗某与两名子女之间具有血缘关系，故法律上的亲生父亲应为罗某。由于罗某与代孕者之间不具有合法的婚姻关系，故所生子女当属罗某的非婚生子女。罗A、罗B的出生医学证明及户籍登记已记载罗某、陈某为父母，且亦被罗某、陈某实际抚养，表明罗某作为生父已作出实际的自愿认领行为。罗某某、谢某某系罗某的父母，故为罗A、罗B的祖父母。其二，关于陈某与罗A、罗B之间是否成立拟制血亲关系。我国法律规定的拟制血亲关系包括养父母子女关系和有抚养关系的继父母子女关系。（1）是否形成事实收养关系。我国《收养法》对收养应履行的法定手续作出了明确规定，本案中陈某与代孕所生的两名子女之间显然欠缺收养成立的法定条件。如按事实收养关系认定，实际上是认可了代孕所生子女的亲权由代孕者转移至抚养母亲，这将产生对代孕行为予以默认的不良效果，与我国目前对代孕行为的积极禁止立场不相符合，而且会对我国现行的计划生育政策造成一定冲击。故陈某与罗A、罗B之间不成立事实收养关系。（2）是否形成有抚养关系的继父母子女关系。继父母子女关系，通常理解是指生父或生母一方死亡，另一方带子女再婚，或生父母离婚，抚养子女的一方再婚，由此形成的前婚子女与再婚配偶之间的关系。有抚养关系的继父母子女关系的成立应当具备两个条件：一是主观意愿，即非生父母一方具有将配偶一方的未成年子女视为自己子女的主观意愿，双方以父母子女身份相待；二是事实行为，即非生父母一方对配偶一方的未成年子女有抚养教育之事实行为。本案中，罗A、罗B是陈某与罗某结婚后，由罗某与其他女性以代孕方式生育之子女，属于缔结婚姻关系后夫妻一方的非婚生子女。两名子女出生后，一直随罗某、陈某夫妇共同生活近三年之久，罗某去世后又随陈某共同生活达两年，迄今为止陈某与罗A、罗B共同生活已有五年。期间，陈某已完全将两名子女视为自己的子女，并履行了作为一名母亲对孩子的抚养、保护、教育、照顾等诸项义务，故应认定双方之间已形成有抚养关系的继父母子女关系，其权利义务关系应当适用父母子女关系的有关规定。该拟制血亲的继父母子女关系一旦形成，并不因夫妻中生父母一方的死亡而解除，故罗某的死亡并不能使陈某与罗A、罗B之间已存在的有抚养关系的继父母子女关系自然终止。须阐明的是，将陈某与两名子女认定为有抚养关系的继父母子女关系，并不表明法院对非法代孕行为予以认可。首先，之所以作出这一认定，是基于陈某抚养了其配偶罗某的非婚生子女这一事实行为，至于该非婚生子女是否为代孕所生对此并无影响。如果否定代孕行为并进而否定代孕所生子女的身份及法律地位，则罗某亦不能成为两名子女的生父，这显然不符合民法的基本原则。其次，本案审理的并非代孕协议纠纷，而是代孕所生子女的监护权纠纷，故法院所面临的首要任务是如何保护未成年子女的合法权益，而非仅着眼于对代孕行为合法与否进行司法裁判。就本案而言，无论对非法代孕行为如何否定与谴责，代孕所生子女当属无辜，其合法权益理应得到法律保护。因此，不管是婚生子女还是非婚生子女，是自然生育子女抑或是以人工生殖方式包括代孕方式所生子女，均应给予一体同等保护。其三，关于罗A、罗B的监护权归属。联合国《儿童权利公约》第3条确立了儿童最大利益原则，我国作为该公约的起草参与国和缔约国，亦应在立法和司法中体现这一原则，法院在确定子女监护权归属时，理应尽可能最大化地保护子女利益。就本案而言，无论是从双方的监护能力，还是从子女对生活环境及情感的需求，以及家庭结构完整性对子女的影响等各方面考虑，将监护权判归陈某更符合儿童最大利益原则。因此，陈某与罗A、罗B之间已形成有抚养关系的继父母子女关系，其权利义务适用《婚姻法》关于父母子女关系的规定。罗某某、谢某某作为祖父母，监护顺序在陈某之后，其提起的监护权主张不符合法律规定的条件。同时,从儿童最大利益原则考虑,由陈某取得监护权亦更有利于罗A、罗B的健康成长。判决:罗A、罗B的监护权归于陈某。[1]

2. 杭州异卵双胞胎代孕案

该案代孕子女为异卵双胞胎,一胎为全血缘代孕所生,一胎为捐卵代孕所生。对于捐卵代孕所生子女,法院最终认定委托夫为代孕子女的父亲,代孕者为代孕子女的母亲。委托妻即使与捐卵代孕子女共同生活三年,因其不存在血缘关系而直接否定委托妻与捐卵代孕子女之间的亲子关系。基本案情为:

原告孙某与被告来A的法定代理人来某于×年×月×日登记结婚,婚姻关系存续期间,双方协商一致雇人代孕。2008年8月,代孕者生下双胞胎来A、来B,由孙某与来某共同抚养。2011年7月,孙某与来某协议离婚,来A由来某抚养,来B由孙某抚养。2015年4月,孙某诉至法院,要求确认孙某与来A之间不存在亲子关系。

浙江省杭州市拱墅区人民法院在审理期间查明,2008年8月22日,被告来A在北京市仁和医院出生,系剖宫产出生,产妇登记姓名为"孙某",产妇体格检查血型为"O型"。2015年4月6日,浙江省中医院出具诊断证明书,诊断孙某腹部无剖宫产切口疤痕。2015年4月7日,浙江省新华医院出具诊断证明书,诊断孙某血型为"A型"。庭审期间,来某拒绝进行司法鉴定,并承认来A与孙某之间不存在血缘关系,来A据以出生的卵子并非来源于孙某。

法院经审理认为,最高人民法院《关于适用〈中华人民共和国婚姻法〉若干问题的解释(三)》第2条第1款规定:"夫妻一方向人民法院起诉请求确认亲子关系不存在,并已提供必要证据予以证明,另一方没有相反证据又拒绝做亲子鉴定的,人民法院可以推定请求确认亲子关系不存在一方的主张成立。"原告孙某请求确认其与被告来A之间不存在亲子关系,并提供了北京市仁和医院病历、北京市仁和医院新生儿病历、浙江省新华医院诊断证明书、浙江省中医院诊断证明书予以证明。被告来A的法定代理人来某拒绝进行司法鉴定,并承认来A与孙某之间不存在血缘关系,来A据以出生的卵子并非

---

[1] 参见罗某耕等诉陈莺监护权纠纷案,上海市闵行区人民法院[2015]闵少民初字第2号民事判决书;陈某诉罗某耕等监护权纠纷案,上海市第一中级人民法院[2015]沪一中少民终字第56号民事判决书。

来源于孙某。故推定原告孙某与被告来 A 之间不存在亲子关系。来某辩称，被告来 A 系来某与孙某双方协商一致雇人试管代孕所生，即使被告来 A 与原告孙某之间没有血缘关系，原告孙某与被告来 A 应当依据协议内容存在法定亲子关系，被告来 A 应视为原告孙某的婚生子女。法院对此认为，我国《人类辅助生殖技术管理办法》第 3 条禁止代孕，孙某与来某雇人代孕产子违反伦理道德，应被法律所禁止。因此，对被告来 A 的法定代理人来某的上述辩称不予支持。判决：代孕者为来 A 的母亲，委托妻孙某与被告来 A 之间不存在亲子关系。[1]

3. 代孕者反悔引发亲权纠纷

该案为捐卵代孕，代孕者生产后反悔，主张代孕子女的抚养权。法院最终基于儿童最佳利益原则，认定代孕子女由委托人抚养，代孕者并无抚养权。基本案情如下：

2016 年 3 月，原告赵 A 与被告赵 B 在互联网上认识，赵 B 表示希望赵 A 帮其生育子女。双方商议后，赵 A 同意为赵 B 生育子女，由赵 B 支付相应费用。之后，二人通过针管注射的方式使赵 A 怀孕，并于 2016 年 12 月 4 日在上海生育一子赵 C。期间，赵 B 先后向赵 A 支付 25 万元，并向赵 A 出具了一张 10 万元的借条。2017 年 1 月 6 日，赵 C 申报户口时，赵 A 明确表示赵 C 户口报在赵 B 处，并由赵 B 抚养。之后，赵 A 反悔并主张赵 C 的抚养权。双方发生纠纷，诉至法院。

上海市静安区人民法院受理该案，经审理认为原被告关于代孕的约定不符合法律规定，属当然无效。赵 A、赵 B 不存在婚姻关系，赵 C 为非婚生子女。赵 C 虽是非婚生子女，但应与婚生子女享有同等的权利。法院在确定子女抚养权归属时，应当考量父母双方的监护能力，从有利于保护子女利益的前提下予以考虑。综合本案实际情况，赵 C 虽然未满两周岁，但与赵 B 共同生活至今。并且赵 A 并未提供相关证据证明赵 C 随赵 B 共同生活对赵 C 健康成长会产生不利影响。况且赵 A 最初出于经济利益生育子女，且双方事先约定所生子女由赵 B 抚养，赵 A 事后反悔，违反民法诚信原则。判决：赵 B 享有赵 C 的抚养权。赵 A 不服一审判决，提起上诉。上海市第二中级人民法院

---

[1] 参见孙某诉来 A 婚姻家庭纠纷案，浙江省杭州市拱墅区人民法院 [2015] 杭拱民初字第 666 号民事判决书。

经审理认为，一审判决认定事实清楚，适用法律正确，维持原判。[1]

可见，在我国司法审判中，对于代孕子女亲子关系的认定，部分法院认为，委托夫为代孕子女的父亲，代孕者为代孕子女的母亲，委托妻可为与代孕子女形成抚养关系的继母。部分法院认为，委托夫为代孕子女的父亲，委托妻与捐卵代孕子女并无亲子关系，对委托妻与捐卵代孕子女是否共同生活、是否形成抚养关系不做考量。还有部分法院认为，委托夫为代孕子女的父亲，代孕者并非代孕子女的母亲。代孕子女的亲子认定存在较大差异。

（五）跨国代孕激增，诱发跨国代孕纠纷

由于我国禁止代孕，部分委托夫妻遂赴美国、泰国、老挝、哈萨克斯坦等国寻求境外代孕。但各国关于代孕是否合法、是否允许有偿代孕、亲子关系认定标准、代孕者是否享有探视权以及儿童权利保护等问题的规定并不相同，极易诱发跨国代孕纠纷，出现代孕子女亲子关系不明、国籍认定存疑、域外判决在国内能否承认与执行等一系列问题。[2]

2020年，江苏省宜兴市人民法院审理的金某宝诉宗某君、班某妹合同纠纷案即为适例。基本案情如下：委托夫妻金某宝夫妇已生育一女，其女已年满30周岁。夫妇二人希望再生一个儿子继承家产，但妻子身体状况不宜生育。某代孕机构法定代表人宗某君向其承诺提供包生儿子的代孕服务。2017年3月22日，金某宝（甲方）与宗某君（乙方）签订《全委托代孕包生（男孩）合作协议书》，其约定："……2.甲乙双方在完全自愿的基础上达成代孕协议。甲方委托乙方完成甲方代孕需求。协议期间，任何一方不得在对方未发生违约的状态下终止协议约定内容。3.供卵者为甲方选定同意的志愿者，代孕者与捐卵者不为同一人。4.至本协议规定的精、卵供应方的一个婴儿（男性）出生，甲方缴纳给乙方的总金额为76万元整。此金额包括本协议涉及与代孕相关的所有费用，甲方无须再另行缴纳（包括代孕者介绍费，医

---

[1] 参见赵A诉赵B抚养关系纠纷案，上海市静安区人民法院[2017]沪0106民初12377号民事判决；赵A诉赵B抚养关系纠纷案，上海市第二中级人民法院[2017]沪02民终7243号民事判决书。

[2] 相关案例参见陈某诉赵某姣合同纠纷案，北京市第二中级人民法院[2019]京02民终13918号民事判决书；刘某诉四川莲某健康管理咨询有限公司服务合同纠纷案，四川自由贸易试验区人民法院[2020]川0193民初7424号民事判决书；夏某诉优某医疗健康咨询（深圳）有限公司、高某娜合同纠纷案，广东省深圳前海合作区人民法院[2020]粤0391民初1886号民事判决书等。

院介绍费,试管婴儿手术费,给付代孕者的补偿金、工资、房租、保姆费、生活费、营养费)……"2017年9月24日,双方就付款标准、退款事由等签订《补充协议》,约定:"乙方宗某君保证按合作协议所生男孩没有重大疾病,包括××、××、××、××、××等医学认定的遗传疾病;如有,乙方负责全额退款。"协议签订后,宗某君先后安排金某宝、供卵者、代孕者至泰国进行相关辅助生殖手术。2017年3月23日至2018年8月28日期间,金某宝先后向宗某君支付费用共计71万元。其中2018年2月26日金某宝支付10万元费用后,宗某君的妻子班某妹出具收条1张,载明:"今收到金某宝试管婴儿服务费壹拾万元整,小写:¥100 000元(招商银行本票)。依据《全委托代孕包生(男孩)合作协议书》内容精神,本人郑重承诺如下:为金某宝代孕所生男孩必须是健康婴儿,除了不能有重大疾病外,类似肾积水超标、新生儿肺炎等均不得发生。如5年内有以上病情发生,即使通过医疗治愈的,均视为本人违约;本人无条件全额退款并赔偿100万元。另外,新生儿出生证(金某宝与其配偶张某的)不得收取任何费用。"

2018年3月21日,代孕者分娩一名男婴,后该男婴经诊断确诊患有肾积水、先天性心脏病。宗某君通过不正当途径为该男婴办理了出生医学证明,载明:母亲信息无,父亲为金某宝。因代孕子女患有先天性疾病,双方就合同履行问题多次交涉未果。金某宝向法院提起诉讼,主张合同无效,请求宗某君退还71万元。宗某君、班某妹辩称:本案属于涉外民事案件,应当适用泰国法律;合同已履行完毕,被告实际支出费用超出70余万元,无款项返还。江苏省宜兴市人民法院经审理认为,本案原被告双方均为中国公民,合作协议在中国签订,并且主要行为均在中国履行,合同结果发生在中国,应当适用我国法律。案涉合作协议有悖于当今社会所普遍认可的伦理道德,违背公序良俗,应属无效。合作协议虽属无效,但已履行完毕,宗某君向金某宝交付了男婴,而金某宝也支付了相应"对价",男婴系一鲜活生命,且与本案原告有父子关系,故不能依《合同法》第58条规定适用"予以返还"。同时,该男婴也非可流通的物品,无法用价值衡量,故也不能依据该条规定适用"折价补偿"。但金某宝在签订合作协议时对其是否具有合法性应当有充分的认识,基于违反公序良俗的原因而为的给付,属于不法给付,不应受到法律保护,给付人无权要求返还。金某宝在接受对方履行后再诉请要求返还款项,也违背诚实信用原则。综上,金某宝无权要求宗某君返还其已支付的71

万元。判决：确认金某宝与宗某君于2017年3月22日签订的《全委托代孕包生（男孩）合作协议书》无效；驳回金某宝的其他诉讼请求。[1]

域外跨国代孕引发的法律冲突问题，也应引起我国足够重视。2008年，印度发生代孕者生下代孕子女因无法办理出生登记，成为"人球"一案，引发全球关注。日本爱媛县一位单身男性医师在2007年到印度成功找到卵子捐赠者和代孕者，在实施代孕生殖手术前，该男子回到日本与一女子结婚。婚后，其配偶同意代孕事宜，并允许继续实施代孕。2008年7月25日，代孕者产下一女，但委托夫妻却于该子女出生前离婚，并向代孕者表示不会接受该女婴。代孕者在产下女婴后也自行离去，不知所踪。卵子捐赠者因匿名亦不知身份。根据印度法律，女婴因出生自动取得印度国籍，日本委托夫若想接回女婴，必须办理收养手续。但印度法律同时规定，无婚姻关系的单身男性不得办理收养手续。日本外务省也表示，女婴在印度出生，日本民法遵循分娩者为母的原则，无法将女婴视为日本人。该女婴便因无法办理出生登记，成为各方相互推诿的"人球"。[2]实际上，海牙国际私法会议从2010年起就开始关注跨国代孕引发的法律冲突问题。2010年4月，总务委员会邀请常设局向其提交一份有关该问题的报告。2011年3月，常设局完成了报告。2012年3月，常设局根据总务委员会的要求又提交了一份更为详尽的初步报告。该报告对代孕问题进行了详实的比较法研究，并提出了国际私法上的应对方案，包括统一相关领域的国际私法规则并在各国之间建立合作框架等。[3]

（六）与代孕相关的其他疑难热议案件

我国现行立法对人类辅助生殖技术所涉亲子关系的法律规定存在严重滞后与不足，与代孕相关的其他纠纷亦未能得到妥适调整，引发学界热议。

1. 江苏宜兴冷冻胚胎监管权和处置权纠纷

原告沈某某、邵某某之子沈某与儿媳刘某因自然生育存在困难，于2012年在南京市鼓楼医院生殖医学中心采用人类辅助生育技术繁育后代。夫妇二

---

[1] 参见金某宝诉宗某君、班某妹合同纠纷案，江苏省宜兴市人民法院［2020］苏0282民初1005号民事判决书。

[2] 参见黄丁全：《医疗　法律与生命伦理》（下），法律出版社2015年版，第1109~1110页。

[3] 参见杜涛："国际私法国际前沿年度报告（2013-2014）"，载《国际法研究》2015年第1期。

人在鼓楼医院留下 4 枚冷冻胚胎，并与院方商定拟于 2013 年 3 月 25 日进行胚胎移植手术。不幸的是，2013 年 3 月 20 日，沈某与刘某夫妻二人在一起交通事故中双双罹难。保存在鼓楼医院的 4 枚冷冻胚胎成为双方父母延续香火的唯一希望。为了取回冷冻胚胎，2013 年 11 月，死者沈某的父母沈某某、邵某某依据《民法通则》《继承法》的相关规定，以刘某父母刘某某、胡某某为被告、以南京市鼓楼医院为第三人向法院提起诉讼，要求取得冷冻胚胎的继承权。

江苏省宜兴市人民法院一审认为，施行体外授精—胚胎移植手术过程中产生的受精胚胎为具有发展为生命潜能、含有未来生命特征的特殊之物，不能像一般之物一样任意转让或继承，故不能成为继承的标的。同时，夫妻双方对其权利的行使应受到限制，即必须符合社会伦理和道德，并且必须以生育为目的，不能买卖胚胎等。沈某与刘某夫妻均已死亡，通过手术达到生育的目的已无法实现，[1]故两人对手术过程中留下的冷冻胚胎所享有的受限制的权利不能被继承，判决：驳回沈某某、邵某某的诉讼请求。

沈某某、邵某某不服一审判决，提起上诉。江苏省无锡市中级人民法院经审理认为，施行体外授精—胚胎移植手术过程中产生的人类冷冻胚胎，具有潜在的生命特质，不仅含有沈某、刘某的 DNA 等遗传物质，而且含有双方父母、两个家族的遗传信息，双方父母与案涉胚胎亦具有生命伦理上的密切关联性。白发人送黑发人，乃人生至悲之事，更何况暮年遽丧独子、独女！沈某、刘某意外死亡，其父母承欢膝下、纵享天伦之乐不再，"失独"之痛，非常人所能体味。而沈某、刘某遗留下来的冷冻胚胎则成为双方家族血脉的唯一载体，承载着哀思寄托、精神慰藉、情感抚慰等人格利益。案涉胚胎由双方父母监管和处置，既合乎人伦，亦可适度减轻其丧子失女之痛楚。人类冷冻胚胎是介于人与物之间的过渡存在，具有孕育成生命的潜质，比非生命体具有更高的道德地位，应当受到特殊尊重与保护。在沈某、刘某意外死亡后，其父母不但是世界上唯一关心冷冻胚胎命运的主体，而且亦应当是冷冻

---

[1] 亦即一审法院认为，因委托夫妻均已死亡，其遗留的冷冻胚胎若想孕育成为人，只能借助于代孕生殖技术，而我国现行立法严禁止代孕，故当事人希望通过手术达到生育的目的已无法实现。但笔者认为，我国现行立法禁止代孕，并不意味着其他国家也禁止代孕。当事人有权将冷冻胚胎带至代孕合法化国家延续后代。以我国现行立法禁止代孕为由，否定当事人对冷冻胚胎的继承权，理由尚不充分。

胚胎之最近、最大和最密切倾向性利益的享有者，故沈某某、邵某某和刘某某、胡某某要求获得案涉胚胎的监管权和处置权合情、合理，且不违反法律禁止性规定，应予以支持。至于南京市鼓楼医院在诉讼中提出，根据原卫生部的相关规定，胚胎不能买卖、赠送和禁止实施代孕。法院认为，原卫生部的相关规定并未否定权利人对胚胎享有的相关权利，且这些规定是卫生行政管理部门对相关医疗机构和医务人员在从事人工生殖辅助技术时的管理规定，南京市鼓楼医院不得基于部门规章的行政管理规定对抗当事人基于私法所享有的正当权利。判决：撤销一审判决；4枚冷冻胚胎由上诉人沈某某、邵某某和被上诉人刘某某、胡某某共同监管和处置。[1]

四位老人虽然得到了案涉胚胎的监管权和处置权，但我国严禁代孕，案涉胚胎应如何处置，仍然悬而未决。判决生效后，胡某某的侄女、外甥女等亲属曾表示愿意为其代孕。但我国立法严禁代孕，四位老人在自己无法生育，亲属代孕又被法律禁止的情况下，只好求助于境外代孕机构。2016年柬埔寨、泰国、越南等东南亚国家陆续颁布了禁止商业代孕的法令，未颁布禁令的老挝成为世界各地不孕夫妻寻求代孕的新宠。[2]2016年6月，沈某某在我国一家代孕机构的协助下，与老挝一名代孕者签订了代孕合同。代孕者名为坤某，27岁，有一次生产经验，经术前检查未患有传染病、遗传病，子宫环境正常。坤某明确表示愿意放弃代孕子女的亲权。实施代孕的老挝医生从4枚胚胎中挑选了最具潜能的2枚移植到坤某体内，1枚胚胎成功着床，剩余2枚仍被冷冻。2017年，坤某办理了赴中国的旅游签证，并于12月9日在广州顺利产下一名男婴。[3]

该案表面上看是冷冻胚胎的法律属性与权利归属纠纷，但实际上当事人诉争冷冻胚胎的根本目的在于通过代孕孕育生命，亦即案件实质是代孕在我国能否合法化问题。江苏省无锡市中级人民法院虽然判决由四位老人获得冷冻胚胎的监管权和处置权，但冷冻胚胎确权后的权利走向及其实现方式等问

---

[1] 参见沈某某、邵某某诉刘某某、胡某某监管权和处置权纠纷案，江苏省宜兴市人民法院［2013］宜民初字第2729号民事判决书；沈某某、邵某某诉刘某某、胡某某监管权和处置权纠纷案，江苏省无锡市中级人民法院［2014］锡民终字第01235号民事判决书。

[2] 老挝嗣后也于2018年1月出台法令禁止商业代孕。

[3] 参见吴靖："去世小夫妻遗留受精胚胎 4老人寻求代孕最终产子"，载《新京报》2018年4月9日。

题依然悬而未决，学界讨论热烈，见仁见智。〔1〕

2. 全国首例同性伴侣抚养权纠纷

A与B原系同性伴侣关系。双方恋爱期间，经协商约定：通过人类辅助生殖技术生育子女，卵子由A提供，精子向第三人购买，将上述精、卵结合后的受精胚胎植入B体内，由B孕育分娩。2019年12月，B在厦门某医院生育一女C。C的出生医学证明上载明母亲为B，未记载父亲信息。C自2019年12月出生至2020年2月由A、B双方共同抚养。2020年2月，A与B感情破裂，B将C带离住处，并与C共同生活。A、B就子女抚养权问题发生纠纷，诉至法院。

福建省厦门市湖里区人民法院受理该案，在一审期间，A向法院申请对A与C之间是否存在血缘关系进行鉴定，遭到B的拒绝。B表示，双方已对C的出生方式进行确认，C尚且年幼并居住在外地，无法配合A进行亲子鉴定。厦门市湖里区人民法院认为，C系由B孕育分娩，C的出生医学证明载明B系其母亲。虽A与B均确认C系以A的卵子与购买的精子培育成受精卵后，由B孕育分娩。但在无明确法律规定的情况下，不能仅以双方确认或仅因C具有A的基因信息就认定C与A之间存在法律上的亲子关系。A主张在B不配合进行亲子鉴定的情况下，应适用最高人民法院《关于适用〈中华人民共和国婚姻法〉若干问题的解释（三）》第2条第1款的规定，推定A与C之间存在亲子关系。法院对此认为，A与B的同性伴侣关系不属于《婚姻法》所调整的范畴，不宜适用该司法解释的规定予以认定。故A诉求确认A与C之间存在亲子关系，于理不合且于法无据，法院不予支持。况且，C出生后一直由B照顾，现未满周岁仍需母乳喂养，法庭判决由B抚养符合法律规定，且有利于C的健康成长。综上，A并无证据证明A系C的母亲，无法证明A与C之间具有血缘关系，A要求C由A抚养，既无事实依据和法律依据，亦不

---

〔1〕 实际上，该案对冷冻胚胎是人、是物抑或是介于人物之间的第三种形态，未做正面回应，人类冷冻胚胎的法律属性与权利归属仍未得到明确认定与妥善解决。参见刘士国："中国胚胎诉讼第一案评析及立法建议"，载《当代法学》2016年第2期；孙良国："夫妻间冷冻胚胎处理难题的法律解决"，载《国家检察官学院学报》2015年第1期；吴坤、夏吟兰："论冷冻胚胎的法律性质及处置原则——以宜兴冷冻胚胎继承案为切入点"，载《法律适用（司法案例）》2017年第22期；冷传莉："'人格物'的司法困境与理论突围"，载《中国法学》2018年第5期；徐国栋："人工受孕体在当代意大利立法和判例中的地位"，载《华东政法大学学报》2015年第5期；李昊："冷冻胚胎的法律性质及其处置模式——以美国法为中心"，载《华东政法大学学报》2015年第5期；叶名怡："法国法上的人工胚胎"，载《华东政法大学学报》2015年第5期等。

利于保护未成年人的身心健康。判决：驳回 A 的诉讼请求。主审法官同时表示，A 与 B 作为同性伴侣，购买精子、通过人类辅助生殖技术孕育生命的行为既非我国法律所允许，亦违反我国社会一般性的伦理要求和公序良俗原则。[1]

在女性同性伴侣中，"A 卵 B 怀"的情形较为常见。[2] "A 卵 B 怀"，是指由女性同性伴侣中的一方提供卵子，与第三方的精子结合，形成受精胚胎后由同性伴侣中的另一方怀孕生育的方式。对于分娩母而言，其所孕育胚胎的精卵皆非出于自身，与代孕相同。我国法院一般对"A 卵 B 怀"纠纷采用与代孕纠纷相同的审理模式，依据分娩说认定分娩母为所生子女的母亲。我国《民法典》第 1041 条第 2 款规定："实行婚姻自由、一夫一妻、男女平等的婚姻制度。"第 1046 条规定："结婚应当男女双方完全自愿，禁止任何一方对另一方加以强迫，禁止任何组织或者个人加以干涉。"可见，《民法典》规定的婚姻关系主体只能是"男女双方"，我国目前不承认同性婚姻，也不认可同性伴侣对"A 卵 B 怀"所生子女的共同亲权。但该案判决不仅基于所生子女并非由基因母分娩而否定基因母的抚养权，也未赋予基因母进行亲子鉴定的资格与权利，这种极端落实分娩说进而排除基因母一切权利的做法是否妥当，殊值商榷。

第三节 我国代孕的现实问题

我国现行立法对代孕生殖技术采严厉禁止的立法态度，对代孕生殖衍生的法律关系却缺乏有效调整，在当前不孕不育率高发以及正规医疗机构不能提供代孕技术的情况下，不孕夫妻只得转求地下代孕机构。地下代孕、商业代孕泛滥盛行，尚无法律调控的代孕市场已颇具规模。

---

[1] 参见陈捷、湖法："全国首例同性伴侣争夺抚养权案宣判：孩子归'怀胎妈妈'"，载《海峡导报》2020 年 9 月 10 日。

[2] 2020 年 4 月，北京就发生了一起"A 卵 B 怀"同性伴侣争夺子女抚养权纠纷。大致案情是：女同 B（原告）与同性伴侣 A（被告）于 2016 年在美国洛杉矶登记结婚。婚后双方在美国接受胚胎移植各怀一胎，分别产下一子一女。美国医院的出生医学证明显示 A 是男孩的母亲，B 是女孩的母亲。其中，B 所孕胚胎的卵子为 A 提供，即"A 卵 B 怀"。产后不久双方带一对子女返回中国居住生活。2019 年，双方感情破裂，A 将两名子女带离此处。B 再也没有见过两名子女，向法院提起诉讼，争取两名子女的监护权和抚养权。类似案件参见浙江省舟山市定海区人民法院［2020］浙 0902 民初 738 号民事判决书。

第一章　我国代孕现状与现实问题

我国地下代孕规模之大，数量之多，现状之乱，令人咋舌。[1]自称"中国代孕之父"的吕某峰于2004年开始在网上以"志愿"形式开展代孕业务，业务范围遍布苏州、武汉、北京、广州等地。据其介绍，截至2008年8月18日，其代孕机构已成功签约1586例，成功怀孕生养1377例。[2]他还坦言，其手下的"代妈"有四五百人来自东南亚，也可外包管理。其代孕机构有适当的奖惩举报机制。自称"代孕神父"的梁某也宣称其代孕公司从最初的两三人逐步发展至一二百人。办事处遍及北京、上海、武汉、成都、广州、深圳。其代孕公司一年代孕产子近千例。[3]广州某某代孕产子公司在其网站宣称，该公司"依托国内知名三甲医院技术，项目临床医师都是国内行业知名教授"，已有非常多的成功案例，并郑重承诺："凡在本站代孕的客户包生男孩，代孕100%成功。"[4]2015年1月，央视曝光了广州多家代孕黑中介和黑诊所，代孕者不仅提供子宫，还可捐卵，费用从几十万元到上百万元不等，代孕生意相当火爆。[5]一些代孕公司甚至拥有自己的微博、微信、Q群等全套网络营销手段，不少代孕者更是通过社交网站随时发布消息，成为寻求代孕生意的"个体户"。广州某某全球孕育中心通过其网站明确表示，该公司"于2008年创建，总部设在广州，公司在广州、深圳、上海、长沙、曼谷均设立全资分支机构，公司全职工作人员达到200余人，已成功为1000余名客户达成求子心愿。"[6]代孕公司往往通过网络提供极为详尽的代孕流程和费用收取标准，代孕套餐种类繁多，包成功、包性别、包胎数、包国籍等项目一应

---

[1] 2013年，卫生部和总后勤部在全国联合开展人类辅助生殖技术管理专项整治行动，各省市纷纷响应。自2015年4月起至12月底，由国家卫生计生委办公厅、中宣部办公厅、中央综治办秘书室等在全国范围内开展打击代孕专项行动，违法违规发布辅助生殖技术信息或宣传代孕信息的机构被关停。但在整治行动之前，违规实施代孕技术的中介信息充斥网络，如中美泰国际代孕机构（http://vqrpyg.com/），上海A8代孕（http://jbrcxiz.com/ AA69），金飞代孕产子中介网（http://www.drmsj.com/），武汉鄂高代孕中介公司（http://daiyuneg.com/），AA69代孕网（http://60f0.com/）等。
[2] 参见"媒体暗访广州代孕妈妈　交钱可生孩子有人拉皮条"，载《信息时报》2008年10月9日。
[3] 参见盛梦露："代孕'神父'的送子生意：游走在灰色地带　自称道德工程"，载http://www.sohu.com/a/247136397_658673，2023年2月3日访问。
[4] 参见依依代孕产子公司网站http://www.abrsmpianolesson.com/guanyuwomen/#gongsi，2023年2月3日访问。
[5] 参见张璐："广州代孕中介：央视报道是他们的事已见怪不怪"，载《北京晨报》2015年1月21日。
[6] 参见360全球孕育中心网站http://daiyun.foxbbk.com/，2023年2月3日访问。

51

俱全（见表1-2 某某助孕网提供的代孕套餐），[1]从代孕者的选择、卵子的提取、体外授精手术，到代孕者孕期的照护、产检及分娩，提供一条龙服务，形成了完整的"黑色产业链"，部分地区甚至出现"跨区域、跨国集团化运营"。

表1-2 某某助孕网提供的代孕套餐

套餐名称及费用	针对客户群体	套餐内容	付款方式
普通经济实惠套餐45万元	1. 年轻、自信、想一次成功、敢承担风险的客户；2. 女方自身子宫条件或者身体条件不适合怀孕；3. 用患者自己的精子和卵子，愿意承担风险。	1. 本预算费用只是大概预算，不包括代孕所有相关开支；2. 不论何种原因，怀孕期间的所有风险均由客户承担。例如：流产、难产、死亡等；3. 本预算不含捐卵的费用，如需捐卵，将增加捐卵志愿者补偿及捐卵志愿者介绍费；4. 本预算只是一名代孕志愿者怀孕的费用，如请多名代孕志愿者怀孕，费用将会增加；5. 本预算是代孕志愿者怀孕单胎的费用，如代孕志愿者怀孕双胎，费用将会增加。	1. 签订爱心代孕协议，付定金2万元；2. 移植前打降调前日甲方需交乙方医院药费及押金4万元；3. 促排前日甲方需交乙方志愿者介绍费、医院介绍费共计4万元；4. 移植前日甲方需交乙方手术费5万元；5. 志愿者确认怀孕第1个月付款1.3万元；6. 志愿者确认怀孕第2个月付款1.3万元；7. 志愿者确认怀孕第3个月付款6.3万元；8. 志愿者确认怀孕第5个月付款5万元；9. 志愿者确认怀孕第7个月付款8万元；10. 剩余费用孩子出生后，抱孩子时付清。
普通零风险包成功套餐（不包性别）65万元	1. 用夫妻双方自己的精子、卵子，且女方年龄在35周岁以下，优质胚	1. 承诺两年内客户孩子出生。如违约，全额退还已付款项。客户只需要取卵取精及最后接小孩，其他事务均由代孕机构打理；2. 不论何种原因，怀孕期间	1. 签订爱心代孕协议，付定金2万元；2. 移植前打降调前日甲方需交乙方医院药费及押金4万元；3. 促排前日甲方需交乙方志

---

[1] 参见某某助孕网 http://www.poweriac.com/，2018年5月31日访问。

续表

套餐名称及费用	针对客户群体	套餐内容	付款方式
	胎达到6枚以上； 2. 适合平时工作较忙，期间不需要承担成功率和代妈风险； 3. 捐卵费用另算。	的所有风险均由代孕机构承担。例如：未怀孕、停育、流产、难产等； 3. 套餐费用包括所有代孕相关开支，客户无需再额外付费。 4. 额外收费项目：出生证明由代孕机构办理加收1万元；生产费超出5千元由客户支付；双胞胎加收5万元；剖腹产加收1万元。	愿者介绍费、医院介绍费共计4万元； 4. 移植前日甲方需交乙方手术费5万元； 5. 志愿者检查有胎心（1个月）付款5万元； 6. 志愿者确认怀孕第3个月付款10万元； 7. 志愿者确认怀孕第5个月付款10万元； 8. 志愿者确认怀孕第7个月付款10万元； 9. 志愿者分娩抱孩子时付尾款。
高级包成功套餐（不包性别）85万元	1. 用夫妻双方自己的精子、卵子，且女方年龄在35周岁以下，优质胚胎达到6枚以上； 2. 适合平时工作较忙，期间不需要承担成功率和代妈风险； 3. 捐卵费用另算。	1. 承诺两年内孩子出生。如违约，全额退还已付款项。客户只需要取卵、取精及最后接小孩，其他事务均由代孕机构打理； 2. 不论何种原因，怀孕期间的所有风险均由代孕机构承担。例如：未怀孕、停育、流产、难产等； 3. 套餐费用包括所有代孕相关开支，客户无需额外付费。 4. 豪华套餐可享受专人一对一服务，优质的代孕妈妈（年轻、健康、有素质），代孕妈妈住宿条件（豪华小区，一人一套房，保姆一对一照顾）； 5. 有风险由代孕机构承担，包含代孕、捐卵所产生的意外风险全部由代孕机构承担，客户不用承担任何责任，本套餐享受包出生证明、包生产费用。	1. 签订爱心代孕协议，付定金2万元； 2. 移植前打降调前日甲方需交乙方医院药费及押金4万元； 3. 促排前日甲方需交乙方志愿者介绍费、医院介绍费共计5万元； 4. 移植前日甲方需交乙方手术费5万元； 5. 志愿者检查有胎心（1个月）付款5万元； 6. 鉴定志愿者所怀胎儿为客户所选性别付款15万元； 7. 志愿者确认怀孕第5个月付款10万元； 8. 志愿者确认怀孕第7个月付款10万元； 9. 志愿者分娩抱孩子时付尾款。

续表

套餐名称及费用	针对客户群体	套餐内容	付款方式
普通包性别、包成功套餐 85万元	普通想选性别的客户	1. 承诺两年内孩子出生。如违约，全额退还已付款项。客户只需要取卵、取精及最后接小孩，其他事务均由代孕机构打理； 2. 不论何种原因，怀孕期间的所有风险均由代孕机构承担。例如：未怀孕、停育、流产、难产等； 3. 代孕妈妈住宿2人~3人一套房，一个阿姨照顾2个~3个孕妇； 4. 套餐费用包括所有代孕相关开支，客户无需额外付费； 5. 85万包男孩额外收费项目：出生证明由代孕机构办理加收1万元；生产费超出5000元，由客户支付；多一胎女孩加收5万元，多一胎男孩加收15万元；剖腹产加收1万元。	1. 签订爱心代孕协议，付定金2万元； 2. 移植前打降调前日甲方需交乙方医院药费及押金4万元； 3. 促排前日甲方需交乙方志愿者介绍费、医院介绍费共计5万元； 4. 移植前日甲方需交乙方手术费5万元； 5. 志愿者检查有胎心（1个月）付款5万； 6. 鉴定志愿者所怀胎儿为客户所选性别付款15万元； 7. 志愿者确认怀孕第5个月付款10万元； 8. 志愿者确认怀孕第7个月付款10万元； 9. 志愿者分娩抱孩子时付尾款。
高级包性别、包成功豪华套餐 120万元	追求高端的客户、规避风险的客户、实力雄厚的客户。	1. 承诺两年内孩子出生。如违约，全额退还已付款项。客户只需要取卵、取精及最后接小孩，其他事务均由代孕机构打理； 2. 不论何种原因，怀孕期间的所有风险均由代孕机构承担。例如：未怀孕、停育、流产、难产等； 3. 套餐费用包括所有代孕相关开支，客户无需额外付费； 4. 豪华套餐可享受专人一对一服务，优质的代孕妈妈（年轻、健康、有素质），代孕妈妈住宿条件（豪华小区，一人一套房，保姆一对一照顾）；	1. 签订爱心代孕协议，付定金5万元； 2. 移植前打降调前日甲方需交乙方医院药费及押金10万元； 3. 促排前日甲方需交乙方志愿者介绍费、医院介绍费共计10万元； 4. 移植前日甲方需交乙方手术费10万元； 5. 志愿者检查有胎心（1个月）付款10万元； 6. 鉴定志愿者所怀胎儿为客户所选性别付款30万元； 7. 志愿者分娩抱孩子时付款45万元。

续表

套餐名称及费用	针对客户群体	套餐内容	付款方式
		5. 所有风险代孕机构承担，包含代孕、捐卵所产生的意外风险全部由代孕机构承担，客户不用承担任何责任，本套餐享受包出生证明、包生产费用。	
至尊套餐200万元	详情请电话咨询或者微信咨询		

可见，某某助孕网提供的代孕服务，不仅可以同时委托多名代孕者同时怀孕，还可以违法选择胎儿性别。实施代孕的机构没有任何资质验证，仅允诺是"全广东唯一一家与医院生殖科同等标准要求的医院外实验室"，对其从业资质、医务人员、医疗环境等闭口不提。对于代孕子女亲子关系、代孕者生育风险、合同终止事由及违约责任承担等内容，该网站亦未涉及。

近年来，"广州番禺八胞胎代孕""代孕者千里寻子""夫妻开代孕中心诈骗数十万"等不良信息频繁见诸报端。[1]目前，我国地下代孕、商业代孕频繁出现，对传统伦理道德、婚姻家庭秩序和现行法律制度提出了严峻挑战。我国代孕生殖乱象频生，主要存在如下现实困境，亟待立法予以规范：

一、代孕者权益受损

目前，代孕者在我国无论生理健康、心理健康还是财产权益，均面临巨大风险，遭到不同程度的侵害。主要表现为：

第一，人身自由受限。代孕者成功受孕后，地下代孕机构往往要求代孕者只能在指定居所待产，被隔离在有人看守的宿舍，实施严格的行动监管，

---

[1] 参见贺燕："广州富商代孕超生八胞胎"，载《南方都市报》2012年12月14日；常亮："代孕妈妈千里寻子 悔恨拿人17万"，载《郑州晚报》2013年9月10日；于杰："夫妻开代孕中心诈骗数十万"，载《京华时报》2011年7月15日；毛黎强："记者暗访代孕公司 代孕女来自异地分8个等级"，载《新安晚报》2010年8月30日；周皓："生孩子挣10万 广州三'代孕妈妈'个个身价百万"，载《南方都市报》2009年3月4日；刘显仁、卢迎新："广州富商夫妻找来2名代孕妈妈3个子宫生下8胞胎"，载《广州日报》2011年12月19日；郑静："揭秘代孕团伙诈骗流程：以重金酬谢欲引人上套"，载《合肥晚报》2014年6月25日。

不能自由离开。不仅居住环境恶劣，行为受限，就连基本的身心健康也得不到保障。2008年媒体曾对吕某峰广州代孕机构代孕的集中居住处进行暗访，发现代孕者几人同住一室，怀孕期间行动受限，不能告诉家人身居何处，不能和家人见面。该代孕机构与代孕者订立的《爱心代孕合作协议》第22条约定："代孕人不得告诉任何人居住地的详细地址，不得带任何人进入居住地，不得擅自离开居住地。"[1]

第二，代孕者缺乏必要的资格审查，冒险代孕。目前，地下代孕机构招用的代孕者多具有以下特点：①年龄集中在18岁至30岁之间。在我国，女性法定婚龄为20周岁，却有一些在校学生帮人代孕，代孕者年龄呈年轻化趋势，不利于代孕者今后的正常生产。②未婚女性大量存在。未婚代孕者多抱着赚取高额报酬的目的提供代孕，不能完全理解委托夫妻生儿育女的迫切愿望，极易滋生纠纷。③部分代孕者并无生育经验。生育经验的缺乏使得代孕者无法理性应对各种孕产风险，不仅不利于优生，而且不当增加了代孕者的妊娠分娩风险。④代孕合同未经代孕者配偶同意。部分代孕者订立代孕合同并未经其配偶同意，容易诱发家庭矛盾。2008年媒体暗访吕某峰广州代孕机构时发现，其筛选代孕者的具体标准一般为：血检、阴道B超、白带常规。对代孕者的年龄、生育经验、心理健康状况、遗传性疾病、传染性疾病、是否有吸毒等严重不良嗜好等几乎不做检查，对是否经其配偶同意、代孕宣传中承诺的代孕者的学历情况等并不核实。[2]

第三，地下代孕机构缺乏相应医疗资质，代孕者健康受损。地下代孕机构不具有开展人类辅助生殖技术的医疗资质，没有完备的医疗设备，也不具备相应资格的专业技术人员。违法违规开展人类辅助生殖，不仅损害代孕者、精卵捐赠者的身体健康，还存在传播艾滋病、梅毒、淋病、乙肝等疾病的高危风险。广州市白云区人民法院2021年1月19日对外发布一起案例：一名年仅17岁的少女梁某，为获利，经朋友介绍以1.5万元的价格出卖卵子，并由中介邓某、赖某所在公司安排对其进行取卵手术。期间，邓某、赖某陪同梁某进行面试、体检、打促排卵针等，后梁某被带至一无名别墅进行取卵，手

---

[1] "媒体暗访广州代孕妈妈　交钱可生孩子有人拉皮条"，载《信息时报》2008年10月9日。
[2] 参见"媒体暗访广州代孕妈妈　交钱可生孩子有人拉皮条"，载《信息时报》2008年10月9日。

术失败造成梁某双侧卵巢破裂，损伤程度为重伤二级。[1]

第四，补偿费低廉。代孕机构招聘代孕者的广告都会标榜诱人的代孕薪酬，但实际上，代孕者获得的补偿只占代孕总费用极小的部分。代孕机构往往通过缩减孕期看护费、产后照护费等方式压缩成本。如果代孕者流产，不仅不能获得报酬，反而要向代孕机构和委托夫妻承担赔偿责任。如果代孕者难产死亡，往往只能获得较低赔偿，代孕者个人利益严重受损。吕某峰代孕机构与代孕者订立的《爱心代孕合作协议》第39条即约定："代孕方在协议期内死亡，甲方赔偿代孕方家属10万元。"[2]不仅如此，在一些代孕合同法律效力确认纠纷中，法院不仅认定代孕合同无效，还往往基于《合同法》第58条"合同无效或者被撤销后，因该合同取得的财产，应当予以返还；不能返还或者没有必要返还的，应当折价补偿"之规定，判决代孕者已受领的全部费用均应向委托夫妻返还。[3]代孕者不仅须承担妊娠分娩的不适与风险，而且无法就其所受损失获得相应赔偿。[4]

第五，贫困女性为获利充当代孕者，却遭诈骗。犯罪嫌疑人往往先高价悬赏代孕者，后以要求代孕者支付诚意金、定金、公证费、手续费等为由实施诈骗。（见表1-3 代孕者遭诈骗案）

表1-3 代孕者遭诈骗案

罪名	受理法院及案号	基本案情	判决结果
诈骗	江苏省常州市武进区人民法院［2015］武刑初字第1870号	被告人汤某甲虚构其夫无法生育想找人代孕，并承诺先支付定金、重金找人陪游培养感情并结婚等事实，骗取被害人的信任，以见面礼、交定金为由，骗得被害人许某乙等五人共计79 087元	有期徒刑3年，并处罚金2万元

---

［1］ 参见"广州17岁少女1.5万卖卵，术后卵巢受损达重伤二级"，载https://www.sohu.com/a/445591687_162758，2023年5月26日访问。

［2］ "媒体暗访广州代孕妈妈 交钱可生孩子有人拉皮条"，载《信息时报》2008年10月9日。

［3］ 参见李某林诉谭晓年合同纠纷案，湖南省双峰县人民法院［2019］湘1321民初5083号民事判决书等。

［4］ 参见刘某涛诉深圳市詹妮诗生物科技有限公司劳动争议纠纷案，广东省深圳市中级人民法院［2018］粤03民终22336号民事判决书等。

续表

罪名	受理法院及案号	基本案情	判决结果
诈骗	广东省深圳市罗湖区人民法院［2016］粤0303刑初2047号	被告人吴某、龚某通过社交软件谎称其夫无法生育，想找人代孕，允诺成功代孕后，给付200万元。先后以诚意金等名义骗取被害人陈某甲11 800元	有期徒刑1年，并处罚金5000元
诈骗	河南省漯河市源汇区人民法院［2014］源刑初字第10号	被告人易某全、黄某吉等购买手机群发器、近二百部手机，通过冒充香港富婆及其律师，以找人代孕须交诚意金、公证费、手续费为由骗取被害人钱某军等共计100 300元	有期徒刑5年，并处罚金5万元
诈骗	黑龙江省齐齐哈尔市建华区人民法院［2016］黑0203刑初245号	王某国等谎称找人代孕，以诚信金的名义骗取被害人杨某232 200元	有期徒刑6年零6个月，并处罚金20万元
诈骗	四川省广元市中级人民法院［2016］川08刑终14号	吴某星、邹某丽共谋以"富婆寻健康男士代孕，给予高额报酬"为由，进行电信诈骗，骗取他人钱财（未遂）	有期徒刑3年，并处罚金1000元

二、委托夫妻诉求无门，屡遭诈骗

由于代孕生殖在我国并未得到法律认可，求子心切的不孕夫妻转而寻求无序的地下代孕、商业代孕。委托夫妻利益受损，合法权益无法得到有效保护与救济。主要表现为：

第一，代孕合同不受法律保护，亲权无望。目前，我国法院多以违反公序良俗、违反法律强制性规定、损害社会公共利益为由，认定代孕合同无效。委托夫妻不仅不能通过代孕合同取得代孕子女的亲权，而且因其对合同无效存在过错，为履行代孕合同所支付的巨额费用往往也得不到返还。（见表1-4 代孕合同无效案）

表 1-4 代孕合同无效案

案由	受理法院及案号	基本案情	判决依据	判决结果
刘某诉李某田、赵某刚合同纠纷	河南省临颍县人民法院〔2015〕临民二初字第923号	2015年3月刘某（甲方）与李某田、赵某刚（乙方）在广州签订《标准代孕协议》，约定由甲方负责指定精子和卵子的供应方并支付相关费用，乙方提供且全权管理代孕者并获取相关费用、报酬。合同签订后，刘某分3次转账给李某田、赵某刚共计93 200元。刘某及其配偶多次往返广州，2015年3月刘某（甲方）与李某田、赵某刚（乙方）在广州签订《标准代孕协议》，约定由甲方负责指定精子和卵子的供应	《民法通则》第7条、[1]第58条、[2]《合同法》第7条、第52条、[3]	1. 李某田、赵某刚与刘某签订的《标准代孕协议》违背公序良俗，违反法律、行政法规的强制性规定，属无效合同

---

〔1〕《民法通则》第7条规定："民事活动应当尊重社会公德，不得损害社会公共利益，扰乱社会经济秩序。"《民法典》第8条规定："民事主体从事民事活动，不得违反法律，不得违背公序良俗。"

〔2〕《民法通则》第58条规定："下列民事行为无效：（一）无民事行为能力人实施的；（二）限制民事行为能力人依法不能独立实施的；（三）一方以欺诈、胁迫的手段或者乘人之危，使对方在违背真实意思的情况下所为的；（四）恶意串通，损害国家、集体或者第三人利益的；（五）违反法律或者社会公共利益的；（六）以合法形式掩盖非法目的的；无效的民事行为，从行为开始起就没有法律约束力。"《民法典》第153条规定："违反法律、行政法规的强制性规定的民事法律行为无效。但是，该强制性规定不导致该民事法律行为无效的除外。违背公序良俗的民事法律行为无效。"

〔3〕《合同法》第7条规定："当事人订立、履行合同，应当遵守法律、行政法规，尊重社会公德，不得扰乱社会经济秩序，损害社会公共利益。"第52条规定："有下列情形之一的，合同无效：（一）一方以欺诈、胁迫的手段订立合同，损害国家利益；（二）恶意串通，损害国家、集体或者第三人利益；（三）以合法形式掩盖非法目的；（四）损害社会公共利益；（五）违反法律、行政法规的强制性规定。"《民法典》第153条规定："违反法律、行政法规的强制性规定的民事法律行为无效。但是，该强制性规定不导致该民事法律行为无效的除外。违背公序良俗的民事法律行为无效。"第154条规定："行为人与相对人恶意串通，损害他人合法权益的民事法律行为无效。"

续表

案由	受理法院及案号	基本案情	判决依据	判决结果
		方并支付相关费用，乙方提供且全权管理代孕者并获取相关费用、报酬。合同签订后，刘某分3次转账给李某田、赵某刚共计93 200元。刘某及其配偶多次往返广州、贵阳，产生交通费6985.5元。李某田、赵某刚未履行合同，刘某多次要求李某田、赵某刚返还费用，未果，诉至法院	第58条等[1]	2. 根据《合同法》第58条，李某田、赵某刚因该协议取得的财产，应予以返还。代孕协议签订后，刘某通过中国工商银行先后3次向被告转款共计93 200元。被告李某田、赵某刚应当返还刘某已支付的费用93 200元。 3. 2015年3月26日至2015年10月13日期间，刘某与其配偶周某明为代孕事宜多次往返于广州、贵阳之间，产生交通费6985.5元，系刘某受到的实际损失。原告与被告对于"代孕"有违公序良俗、有损社会公共利益都应当明知，双方对该协议的签订具有同等过错。故对于原告的损失6985.5元，原被告

---

[1]《合同法》第58条规定："合同无效或者被撤销后，因该合同取得的财产，应当予以返还；不能返还或者没有必要返还的，应当折价补偿。有过错的一方应当赔偿对方因此所受到的损失，双方都有过错的，应当各自承担相应的责任。"《民法典》第157条规定："民事法律行为无效、被撤销或者确定不发生效力后，行为人因该行为取得的财产，应予以返还；不能返还或者没有必要返还的，应当折价补偿。有过错的一方应当赔偿对方由此所受到的损失；各方都有过错的，应当各自承担相应的责任。法律另有规定的，依照其规定。"

第一章 我国代孕现状与现实问题

案由	受理法院及案号	基本案情	判决依据	判决结果
				双方应各承担50%的责任[1]
王某红诉阮某华所有权纠纷	上海市第二中级人民法院[2016]沪02民终9572号	2015年5月,阮某华委托王某红帮其找人代孕生子,先后向王某红支付5万元,后该事项因故未继续,诉至法院	《合同法》第7条、第52条第(5)项、第56条[2]	民事活动应当尊重社会公德,不得损害社会公共利益,扰乱社会经济秩序。阮某华委托王某红为其联系代孕事宜,显然有悖公序良俗原则,委托合同无效
罗某伟诉钟某好合同纠纷	广东省清远市中级人民法院[2017]粤18民终2766号	2013年9月25日,原告罗某伟(甲方)与被告钟某好(乙方)签订代孕合同,主要内容为:1.甲方出资38万元,委托乙方办理试管婴儿代孕,乙方提供第三方女性以及整个代孕流程的安排,办理全部相关手续。2.婴儿须为男性,否则重做费用由乙方承担	《民法通则》第6条、[3]第7条、第108条、[4]《合同法》第58条,《人类辅助生殖技术管理办法》第3条[5]	代孕合同违反相关政策、伦理原则及《人类辅助生殖技术管理办法》,合同无效。关于责任承担:一审法院认为,从过错责任来说,罗某伟是需求方,钟某好介绍代孕妇女并办理相关手续,罗某伟应承担主要责任,即70%;

---

[1] 类似案件参见陈某萍诉王某霞民间借贷纠纷案,河南省新密市人民法院[2020]豫0183民初908号民事判决书。

[2] 《合同法》第56条规定:"无效的合同或者被撤销的合同自始没有法律约束力。合同部分无效,不影响其他部分效力的,其他部分仍然有效。"《民法典》第156条规定:"民事法律行为部分无效,不影响其他部分效力的,其他部分仍然有效。"

[3] 《民法通则》第6条规定:"民事活动必须遵守法律,法律没有规定的,应当遵守国家政策。"《民法典》第10条规定:"处理民事纠纷,应当依照法律;法律没有规定的,可以适用习惯,但是不得违背公序良俗。"

[4] 《民法通则》第108条规定:"债务应当清偿。暂时无力偿还的,经债权人同意或者人民法院裁决,可以由债务人分期偿还。有能力偿还拒不偿还的,由人民法院判决强制偿还。"该条被《民法典》删除。

[5] 《人类辅助生殖技术管理办法》第3条规定:"人类辅助生殖技术的应用应当在医疗机构中进行,以医疗为目的,并符合国家计划生育政策、伦理原则和有关法律规定。禁止以任何形式买卖配子、合子、胚胎。医疗机构和医务人员不得实施任何形式的代孕技术。"

续表

案由	受理法院及案号	基本案情	判决依据	判决结果
		3. 甲方分五期付款。在婴儿顺利出生后,DNA验证无误时,一次性付清余款,婴儿归甲方所有,代孕妇女和乙方不得提出异议。 4. 在代孕期间,代孕妇女不得以任何理由与任何人发生性行为,如通过DNA验证发现与甲方的遗传基因异样,甲方有权拒付余款并追讨之前的一切费用。代孕妇女在代孕期间不能喝酒、抽烟、过夜生活,确保婴儿健康。 5. 如代孕妇女在移植胚胎时失败,需再移植胚胎的,甲方须再支付移植胚胎的费用2万元,如代孕妇女移植胚胎成功后,由于代孕妇女的不慎或者其他原因,造成婴儿不能顺产,由乙方负责相关费用,与甲方无关。 6. 代孕妇女在医院分娩时,所产生的费用由甲方负责,其他与甲方无关。事后,原告分次向被告转账237 960.20元。被告找到三位代孕者丘某英、戚某华、韦某,支出医疗费、体检费、补偿费、生活补助费等共计167 166.53元。		钟某好承担次要责任,即30%。 二审法院认为,钟某好实际支出的代孕费并非用于钟某好个人支出,而是为履行代孕合同而实际支付的费用,因此该费用并不属于合同履行过程中造成的损失而需要根据过错程度由当事人分担的范围,故原审法院对该实际支出的费用根据过错程度由当事人分担不当。钟某好应返还给罗某伟的费用为237 960.20元 - 167 166.53元 = 70 793.67元

62

续表

案由	受理法院及案号	基本案情	判决依据	判决结果
邢某鸿、顾某等诉梁某等合同纠纷	湖北省武汉市江夏区人民法院[2017]鄂0115民初3409号	原告通过网络搜索到某某中泰公司,并通过微信面试确定了第三方供卵妹。原告通过微信转账给被告定金1万元。2017年4月1日,原告(甲方)与被告(乙方)签订《国内三代委托协议》,约定甲方提供精子并支付费用,乙方负责提供卵子及代孕者,并收取费用和报酬。原告先后向被告转账共计12万元。2017年4月19日,被告组织原告、卵妹到广州采精。双方关于配卵报告和尾款问题产生纠纷,诉至法院。	《人类辅助生殖技术管理办法》第3条、《合同法》第7条、第52条	某某中泰公司经营范围中没有提供代孕服务的内容,其进行代孕服务违反《人类辅助生殖技术管理办法》第3条的规定,系未经卫生行政部门批准的行为。根据《合同法》第7条、第52条,双方签订的《国内三代委托协议》为无效合同。[1]
深圳西某某公司诉孙某服务合同纠纷	广东省深圳市中级人民法院[2018]粤03民终9212号	2017年3月,孙某(甲方)和深圳西某某公司(乙方)签订《美国自体移植合同》。孙某于2017年3月向深圳西某某公司支付服务费52 208元,其中5万元用于订购案涉服务套餐,2208元为签证工本费。2017年	《民法总则》第8条、第153条,[2]《合同法》第7条、《人类辅助生殖技术管理办法》第3条	1. 代孕合同、代孕中介契约均因违反我国现行立法规定以及公序良俗原则被认定为无效合同。 2. 深圳西某某公司超越经营范围,违法从事前往美国代孕的案涉中介服务,对案

---

[1] 类似案件参见董某元诉柯某华确认合同无效纠纷案,福建省连城县人民法院[2020]闽0825民初1457号民事判决书;靳某栋诉杨正沛、广州现代医院有限责任公司合同纠纷案,广东省广州市天河区人民法院[2018]粤0106民初12551号民事判决书等。

[2] 《民法总则》第8条规定:"民事主体从事民事活动,不得违反法律,不得违背公序良俗。"第153条规定:"违反法律、行政法规的强制性规定的民事法律行为无效,但是该强制性规定不导致该民事法律行为无效的除外。违背公序良俗的民事法律行为无效。"该两条被《民法典》原文保留。

续表

案由	受理法院及案号	基本案情	判决依据	判决结果
				涉合同的无效存在重大过错。孙某作为完全民事行为能力人，明知案涉合同存在违反我国法律规定和公序良俗原则的情形，依旧签订案涉合同，亦存在过错。应结合双方当事人过错程度以及履行该合同的实际情况，认定孙某可诉请深圳西某某公司返还除深圳西某某公司为履行案涉合同支出的合理成本费用之外的其他案涉服务费用。酌定深圳西某某公司已经为孙某案涉的代孕服务花费合理的成本5万元，除去合理成本费用后，深圳西某某公司应向孙某返还其余的案涉服务费用10万元
刘某英诉四川某某健康管理咨询有限公司合同纠纷	四川省成都市锦江区人民法院[2019]川0104民初5965号	2018年4月20日，刘某英与四川某某健康管理咨询公司签订《医疗健康咨询及生育互助管理委托协议书》。刘某英向四川某某健康管理咨询公司先后支付代孕费用20万元	《合同法》第52条第3项[1]	1.当事人签订的《医疗健康咨询及生育互助管理委托协议书》目的非法，以合法形式掩盖非法目的的，故合同无效。

---

〔1〕《合同法》第52条规定："有下列情形之一的，合同无效：……（三）以合法形式掩盖非法目的；……"该第3项被《民法典》删除。

续表

案由	受理法院及案号	基本案情	判决依据	判决结果
				2. 刘某英与四川某某健康管理咨询公司签订《医疗健康咨询及生育互助管理委托协议书》之际，双方均知晓合同目的非法，对该协议的签订具有同等过错，应当各自承担50%的责任
金某宝诉宗某君、班某妹合同纠纷	江苏省宜兴市人民法院［2020］苏0282民初1005号	2017年3月22日，金某宝与宗某君签订《全委托代孕包生（男孩）合作协议书》。2017年3月23日至2018年8月28日期间，金某宝先后向宗某君支付费用共计71万元。2018年3月21日，代孕者分娩一名男婴，后该男婴经诊断患有肾积水、先天性心脏病。双方就合同履行问题多次交涉未果诉至法院	《民法总则》第8条、第153条第2款、第157条[1]	1. 金某宝与宗某君签订的《全委托代孕包生（男孩）合作协议》无效。2. 金某宝在签订《合作协议》时对其是否具有合法性应有充分的认识，基于违反公序良俗的原因而为的给付，属于不法给付，不应受到法律保护，给付人无权要求返还

第二，求子心切，屡遭诈骗。我国禁止代孕，委托夫妻求子心切，只能寻求毫无监管和规范的地下代孕，屡遭诈骗。犯罪嫌疑人往往通过伪造代孕者个人信息、伪造手术单据、伪造产检证明等方式，以支付检查费、代孕补偿金、代孕者生活费等名义对委托夫妻实施诈骗，涉案金额少则几万，多则

---

[1]《民法总则》第157条规定："民事法律行为无效、被撤销或者确定不发生效力后，行为人因该行为取得的财产，应当予以返还；不能返还或者没有必要返还的，应当折价补偿。有过错的一方应当赔偿对方由此所受到的损失；各方都有过错的，应当各自承担相应的责任。法律另有规定的，依照其规定。"该条被《民法典》原文保留。

数十万。[1]（见表1-5　委托夫妻遭诈骗案）

表1-5　委托夫妻遭诈骗案

罪名	受理法院及案号	基本案情	判决结果
诈骗	河北省沧州市中级人民法院［2011］运刑初字第137号	郭某以替刘某代孕生子为由，以生活费、房租等名义骗取被害人刘某21 900元	有期徒刑1年7个月，并处罚金5万元
诈骗	浙江省青田县人民法院［2014］丽青刑初字第273号	被告人陈某伙同他人虚构事实，以帮人代孕的方式骗取他人财物51 500元	有期徒刑1年4个月，并处罚金3万元
诈骗	上海市杨浦区人民法院［2015］杨刑初字第971号	被告人富某霞原为代孕公司工作人员，离职后仍以代孕公司名义分别与谢某某等被害人订立《添宝代孕中心代孕协议》，并谎称代孕者受孕成功，以检查费、代孕补偿金等名义骗取被害人共计40万余元	有期徒刑3年6个月，并处罚金1万元
诈骗	福建省晋江市人民法院［2015］晋刑初字第760号	被告人许某海伙同被告人郭某玲使用手机号码，以重金求子、代孕为由拨打全国各地电话实施诈骗。共拨打诈骗电话5181次，诈骗得手7次，涉案金额共计61 500元	有期徒刑3年，并处罚金1万元
诈骗	四川省成都高新技术产业开发区人民法院［2016］川0191刑初207号	被告人唐某以代孕费用、报酬的名义骗取被害人徐某20余万元	有期徒刑3年，缓刑5年，并处罚金5000元
诈骗	广西壮族自治区横县人民法院［2016］桂0127刑初62号	被告人李某伙同他人以帮助被害人班某代孕生子为由，骗取班某5780元	拘役5个月，并处罚金2000元

---

［1］ 类似案件参见周某诈骗罪案，浙江省三门县人民法院［2020］浙1022刑初83号刑事判决书等。

续表

罪名	受理法院及案号	基本案情	判决结果
诈骗	河南省新郑市人民法院［2017］豫0184刑初341号	被告人王某飞在网上结识被害人张某夫妇，后张某夫妇经王某飞介绍与某某医院投资管理有限公司签订合同，到泰国某某医院进行代孕。2015年5月泰国某某医院胚胎培育报告显示张某夫妇胚胎培育没有成功，王某飞故意向张某夫妇隐瞒结果，虚构为张某夫妇找母体代孕、生子、自己被绑架等事实，以索要托管费、生活费、赎金等为由，累计骗取张某夫妇现金639 000元	有期徒刑3年，缓刑4年，并处罚金3万元
诈骗	四川省绵阳市游仙区人民法院［2017］0704刑初160号	被告人廖某苹通过QQ群——中国代妈客户交流群，联系委托夫妻，并通过购买伪造的显示其怀孕的中国人民解放军第某某某医院、某某市人民医院、某某市妇幼保健院的B超检查报告单，诈骗132 000元	有期徒刑4年，并处罚金2万元

三、亲子认定无法可依，代孕子女保护缺失

代孕子女亲子关系是监护、抚养、赡养、遗产继承等法律关系的前提和基础。我国现行立法禁止代孕，但对代孕子女的亲子认定却未做规范。司法实务中，代孕子女亲子认定混乱，对代孕子女生命健康权监管缺失，严重影响代孕子女的健康成长。主要表现为：

第一，代孕者生产后，拒绝交付代孕子女。代孕者在怀孕期间极易对胎儿产生感情，并在生产后拒绝交付代孕子女，委托夫妻不得不诉至法院争夺亲权。代孕子女一出生便深陷两个家庭的亲权拉锯战，不利于其健康成长。

第二，因代孕子女存在先天残障等事由，委托夫妻与代孕者均拒绝认领代孕子女。代孕子女若存在先天残障，委托夫妻和代孕者往往均拒绝受领。代孕子女一出生便遭遗弃，权益严重受损。自称"中国代孕之父"的吕某峰就亲历如下案件：某代孕子女出生时只有4斤，委托夫妻担心孩子存在发育不良、发育迟缓等风险，拒绝受领。吕某峰按经验判断孩子健康没有问题，请保姆照看了3个月。委托夫妻给孩子体检确认没有健康问题后，才交付20万元尾款并领走孩子。吕某峰还坦言，被双方遗弃并放弃治疗的婴儿最终多

由医院"自行处理"。这些孩子被放在保温箱里，一般熬不过三天，没有葬礼，更没有家人探望。不仅如此，委托夫妻出于公司倒闭、患绝症、被双规等各种原因，有时甚至遗弃健康的孩子。[1]

第三，代孕子女命运多舛，或无正当理由被随意终止妊娠，或因遗弃被违法送养。在2018年江西省上饶县人民法院审理的郑某庆诉严某丽、徐某不当得利纠纷案中，郑某庆夫妇婚后已生育两个女儿，2016年又与代孕者严某丽及其配偶徐某签订代孕合同。2017年8月，严某丽在湖南某某生殖与遗传专科医院接受试管助孕，并移植2枚胚胎后成功受孕。郑某庆夫妇先后三次委托境外机构鉴定婴儿性别，在确定严某丽所怀的是双胞胎女儿后，就停止支付任何费用。代孕者严某丽无奈离开医院，不久自然流产。[2]吕某峰的代孕机构亦发生过如下案例：代孕者怀孕四个月时，委托夫突然罹患癌症。委托夫妻家境普通，代孕子女系通过捐卵受孕，并无委托妻的基因。委托夫妻和吕某峰沟通多次，在代孕者妊娠7个月时，决定放弃代孕，终止妊娠。代孕机构擅自决定继续妊娠，代孕子女出生后，代孕机构把孩子送给南京一户教师家庭。该家庭原为该代孕机构的意向客户，因没有经济能力实施代孕一直观望。[3]

四、代孕技术被滥用，医疗秩序遭破坏

我国严禁医疗机构和医务人员实施代孕，现有地下代孕机构均未通过任何资质审核，违规实施人类辅助生殖技术，严重扰乱了医疗秩序。

第一，地下代孕机构没有通过必要的资质审查，缺乏精湛的医疗技术和精良的医疗设备。2003年卫生部颁布的《人类辅助生殖技术规范》明确详细规定了实施体外授精、胚胎移植术的机构设置条件、在编人员要求、场所要求和设备条件。具体包括：①实施体外授精、胚胎移植技术机构的设置条件为：必须是持有《医疗机构执业许可证》的综合性医院、专科医院或持有

---

[1] 参见盛梦露："代孕'神父'的送子生意：游走在灰色地带 自称道德工程"，载 http://www.sohu.com/a/247136397_658673，2023年5月2日访问。

[2] 参见郑某庆诉徐亮、严某丽不当得利纠纷案，江西省上饶县人民法院［2018］赣1121民初3180号民事判决书。

[3] 参见盛梦露："代孕'神父'的送子生意：游走在灰色地带 自称道德工程"，载 http://www.sohu.com/a/247136397_658673，2023年5月2日访问。

《计划生育技术服务机构执业许可证》的省级以上（含省级）的计划生育技术服务机构；必须设有妇产科和男科临床并具有妇产科住院开腹手术的技术和条件；必须具备选择性减胎技术；必须具备胚胎冷冻、保存、复苏的技术和条件等。②在编人员条件为：机构设总负责人、临床负责人和实验室负责人，临床负责人与实验室负责人不得由同一人担任。生殖医学机构的在编专职技术人员不得少于12人，其中临床医师不得少于6人（包括男科执业医师1人），实验室专业技术人员不得少于3人，护理人员不得少于3人。上述人员须接受卫生部指定医疗机构进行生殖医学专业技术培训。③场所条件为：场所须包括候诊区、诊疗室、检查室、取精室、精液处理室、资料档案室、清洗室、缓冲区（包括更衣室）、超声室、胚胎培养室、取卵室、体外授精实验室、胚胎移植室及其他辅助场所；用于生殖医学医疗活动的总使用面积不小于260平方米；场所布局须合理，符合洁净要求，建筑和装修材料要求无毒，应避开对工作产生不良影响的化学源和放射源；工作场所须符合医院建筑安全要求和消防要求，保障水电供应。各工作间应具备空气消毒设施。④设备条件为：B超机2台（配置阴道探头和穿刺引导装置）；负压吸引器；妇科床；超净工作台3台；解剖显微镜；生物显微镜；倒置显微镜（含恒温平台）；精液分析设备；二氧化碳培养箱（至少3台）；二氧化碳浓度测定仪；恒温平台和恒温试管架；冰箱；离心机；实验室常规仪器，如pH计、渗透压计、天平、电热干燥箱等；配子和胚胎冷冻设备包括冷冻仪、液氮储存罐和液氮运输罐等。申报开展卵胞浆内单精子显微注射技术的机构，必须具备显微操作仪1台等。

但地下代孕机构无论在机构设置条件，还是在在编人员要求、场所要求和设备条件上，几乎均未达到《人类辅助生殖技术规范》的相关要求。自称"中国代孕之父"的吕某峰坦言，从他2004年开始从事代孕这一行至今，国内私人代孕市场发展迅速。据他估计"从业者有3万多人，鱼龙混杂"。人类辅助生殖技术是高精尖的医疗技术，配备全套医疗设备得六七百万元。但实际上，很多代孕机构"使用的是一些公立医院淘汰下来的设备，总价不会超过80万元"。代孕生殖技术的整个操作过程需要在无菌常温实验室进行，这要求医院必须装配有百级层流操作系统，以保证成功率。吕某峰透露，他在上海的设备就耗资上千万元，一套净化空气的层流设备不下数百万元。然而有些代孕机构"就买几台空气净化器放在房间里，成本不过千元"，手术成功率难以得到保证。"很多客户没有那么多钱，就会选择到便宜的机构去做，最后孩子没生出来，钱也打了水漂。"[1]没有医疗技术和专业设备支撑，很多代孕机构都只是昙花一现。另一代孕机构的董事长则表示，"这些倒闭了的机构有时直接换个名字就能重新开张捞钱"。[2]

第二，地下代孕机构为追求利益，控制成本，缺乏严格规范的病理检查。2003年卫生部颁布的《人类辅助生殖技术规范》要求对人类辅助生殖手术当事人进行严格的病理检查，有如下情况之一者，不得实施体外授精、胚胎移植及其衍生技术：①任何一方患有严重的精神疾患、泌尿生殖系统急性感染、性传播疾病；②患有《母婴保健法》规定的不宜生育的、目前无法进行胚胎植入前遗传学诊断的遗传性疾病；③任何一方具有吸毒等严重不良嗜好；④任何一方接触致畸量的射线、毒物、药品并处于作用期。

但地下代孕机构为谋求高额利润，提高代孕成功率，往往罔顾委托夫妻、代孕者和精卵捐赠者的身心健康，在取卵前大剂量打促排卵针、非法采集精子和卵子，不仅极易导致肿瘤的发生，还会造成继发性不育。不仅如此，地下代孕机构往往对当事人的既往病史不做采集，对当事人家族疾病史、遗传病、传染病等也不做筛查，精卵质量得不到有效保证，代孕者身心健康得不到充分保护，甚至存在传播艾滋病、梅毒、淋病、乙肝等疾病的高危风险。

第三，地下代孕机构违法获取、使用和销毁人类生殖细胞，辱没人类尊严。2003年卫生部颁布的《人类辅助生殖技术规范》要求，每周期移植胚胎总数不得超过3个，其中35岁以下妇女第一次助孕周期移植胚胎数不得超过2个；对赠卵者必须进行相关的健康检查；每位赠卵者最多只能使5名妇女妊娠；赠卵的临床随访率必须达100%；为了切实保障患者的利益，维护妇女和儿童健康权益，提高人口质量，严格防止人类辅助生殖技术产业化和商品化，以及确保该技术更加规范有序进行，任何生殖机构每年所实施的体外授精与胚胎移植及其衍生技术不得超过1000个取卵周期；对于多胎妊娠必须实施减胎术，避免双胎，严禁三胎和三胎以上的妊娠分娩等。2001年《实施人类辅

---

[1] 参见盛梦露："代孕'神父'的送子生意：游走在灰色地带 自称道德工程"，载http://www.sohu.com/a/247136397_658673，2023年4月6日访问。

[2] 陈俊丹："代孕暴利：'代妈'一胎赚20万 孩子每重1两加500"，载《中国新闻周刊》2017年2月17日。

助生殖技术的伦理原则》也规定：人类辅助生殖技术的实施，应遵循维护社会公益的原则：医务人员不得对单身妇女实施辅助生殖技术。医务人员不得实施非医学需要的性别选择。一个供精者的精子最多只能提供给 5 名妇女受孕。应遵循严防商品化的原则：医疗机构和医务人员对要求实施辅助生殖技术的夫妇，要严格掌握适应症，不能受经济利益驱动而应用于有可能自然生殖的夫妇。供精、供卵、供胚胎应以捐赠助人为目的，禁止买卖。但是，可以给予捐赠者必要的误工、交通和医疗补助。对实施辅助生殖术后剩余的胚胎，由胚胎所有者决定如何处理，但禁止买卖。

但实际上，地下代孕机构为减少人工生殖手术成本，提高代孕成功率，代孕生殖的实施呈现以下特点：①生殖细胞的获取多为有偿，而且未能实现互盲，随访制度几乎无一落实。②并未对生殖细胞提供者的姓名、出生年月日、身份证号码及其他实施人工生殖所需的相关资料建档、记录和保存。③生殖细胞提供者有配偶的，未征得其配偶同意。④生殖细胞的提取和使用毫无约束和保障，生殖细胞的保管和销毁无序且随意。⑤同一供体的生殖细胞提供给委托夫妻受孕生产后，并未遵循使用次数的限制，多被重复使用。⑥为提高受孕成功率，一次植入多个胚胎，形成多胎妊娠，不仅使代孕者面临较高妊娠风险，往往导致早产以及严重的胎儿健康问题。代孕机构即使减胎，也多未征求委托夫妻和代孕者的意见。⑦实施人工生殖手术前，并未向委托夫妻、代孕者、精卵捐赠者如实说明人工生殖手术的成功率、可能发生的并发症及潜在风险。⑧对委托夫妻的资格未做限定和审查，委托妻未罹患不孕症，即使育有多名子女也可以委托代孕。⑨对委托夫妻及代孕者的年龄、婚姻状况、是否育有子女、委托夫妻与代孕者之间是否存在亲属关系等不做审查。⑩协助委托夫妻违规选择胎儿性别、选择胎数、选择国籍。⑪并未限定代孕者的代孕次数等。

五、诱发违法犯罪和规避法律等不法行为

我国现行立法禁止代孕，委托夫妻、代孕机构常常通过假离婚、假结婚、伪造出生医学证明或户口簿等违法犯罪行为，使代孕子女取得合法地位。

2017 年，在广东省清远市中级人民法院审理的罗某伟诉钟某好合同纠纷案中，委托夫罗某伟为了规避法律规定，达到将代孕子女认定为婚生子女的目的，与代孕者通谋办理了假结婚。[1]2018年，在北京市朝阳区人民法院审理的宗某明诉陈某等确认合同无效纠纷案中，未经配偶宗某明的同意，委托夫陈某擅自与代孕者章某签订《合作协议》，约定代孕者章某通过自然方式受孕，替委托夫怀孕生子。委托夫陈某擅自处分夫妻共同财产作为代孕费用交付给代孕者章某。[2]

2017年，在湖南省衡阳市珠晖区人民法院审理的曾某某、徐某买卖国家机关证件罪一案中，被告人曾某某从事药品销售，其客户主要为孕妇群体，被告人徐某系代孕中介人员，二人在代孕类QQ群里相识，有业务来往。2015年雷某因其妻子孕育困难，通过互联网找到被告人徐某。徐某介绍代孕者为雷某代孕，并于2016年4月成功生下一名男婴。但在代孕期间，雷某的妻子意外怀孕，相隔一个月也生下一名男婴。因两个孩子的出生日期相近，无法同时办理户口登记。被告人曾某某在他人手中花费4000元购买了两张出生医学证明后，邮寄给被告人徐某，徐某通过支付宝转账的形式向被告人曾某某支付18500元，并将这两张出生医学证明邮寄给雷某。雷某向被告人徐某转账支付5万元。被告人曾某某犯买卖国家机关证件罪，被判处剥夺政治权利2年，并处罚金5万元。被告人徐某犯买卖国家机关证件罪，被判处剥夺政治权利2年，并处罚金3万元。[3]2014年，广州市荔湾区人民法院受理的傅某买卖国家机关证件罪一案亦同。被告人傅某向洪某林购买"张某晋"等新生儿的出生医学证明后，高价转卖给代孕中介"廖姐"等人，从中非法获利约8000元。被告人傅某犯买卖国家机关证件罪，被判处有期徒刑9个月。[4]

人类辅助生殖技术发展迅速，不仅改变了传统自然生育方式，而且对传统社会伦理道德和婚姻家庭关系带来冲击。我国现行立法断然禁止代孕，却对代孕关系不作调控和规范。断然禁止模式催生大量委托夫妻、代孕者从事地下代孕，对双方当事人和代孕子女更为不利，衍生更多的法律和社会问题。

---

[1] 参见罗某伟诉钟某好确认合同无效纠纷案，广东省清远市中级人民法院［2017］粤18民终2766号民事判决书。

[2] 参见宗某明诉陈某等确认合同无效纠纷案，北京市朝阳区人民法院［2018］京0105民初712号民事判决书。

[3] 参见曾某某、徐某买卖国家机关证件罪，湖南省衡阳市珠晖区人民法院［2017］湘0405刑初81号刑事审判决书。

[4] 参见傅某买卖国家机关证件罪，广东省广州市荔湾区人民法院［2014］穗荔法刑初字第649号刑事判决书。

在生物科技迅猛发展的今天，禁止与回避绝非良策。新问题出现使得既有法律制度调整失当时，应当重新检视现行立法的基本立场及制度设计的完备性。对政府来说，比较好的做法是管理这一行为，在不侵犯人们自由的前提下，把其潜在的伤害降到最低程度。[1]面对新兴的代孕生殖技术，我们应基于对民众基本权利的保护，积极应对，化暗为明，完善和健全婚姻家庭法、合同法的规范体系，规范当事人之间的法律关系，深入研究其法律规制机制，将代孕生殖技术纳入法治化轨道，将损害与纷争降至最低。

---

[1] 参见［美］罗德纳·蒙森:《干预与反思：医学伦理学基本问题》，林侠译，首都师范大学出版社2010年版，第1081页。

第二章 代孕制度的域外法概况

我国立法目前对代孕生殖持排拒、回避态度，但地下代孕、商业代孕频繁出现，代孕纠纷频繁见诸报端，参考域外国家（地区）的代孕立法经验，进而检视我国代孕法律制度，因应社会所需，回应社会关切，充分保障委托夫妻、代孕者和代孕子女的正当权益，实有必要。

第一节 域外代孕法律制度概述

自20世纪70年代起，伴随着人类辅助生殖技术的运用和日趋成熟，代孕生殖技术出现于人们的视野中，并由此引发代孕子女亲子关系认定、代孕合同适法性之争等社会热点话题。

目前已有几十个国家（地区）通过立法对代孕生殖进行规制，允许代孕的国家（地区）主要有英国、美国（部分州）、加拿大、新西兰、澳大利亚、比利时、希腊、荷兰、以色列、俄罗斯、乌克兰、印度、泰国等。立法明文规范和管理代孕生殖的国家（地区）主要有英国、美国（部分州）、加拿大、新西兰、澳大利亚、比利时、希腊、荷兰、巴西、以色列、俄罗斯、乌克兰、白俄罗斯、亚美尼亚、南非、印度、泰国等。仅通过原则性指引进行管理的国家（地区）主要有尼日利亚、委内瑞拉等国家。未立法，也不禁止的国家（地区）主要有孟加拉、喀麦隆、哥伦比亚、韩国等。不允许代孕的国家主要有德国、法国、奥地利、西班牙、瑞典、瑞士、突尼斯、阿尔巴尼亚、阿尔及利亚、土耳其、日本等。各国（地区）所持态度不尽相同，主要包括以下两种基本模式：

一、有限开放模式

有限开放模式，即承认代孕生殖的合法性，并辅之以严格的管制措施。英国、美国（部分州）、加拿大、新西兰、澳大利亚、比利时、希腊、荷兰、巴西、以色列、丹麦、匈牙利、格鲁吉亚、俄罗斯、乌克兰、白俄罗斯、南非、印度、泰国等采此模式。这些国家（地区）虽承认代孕的合法性，但绝大多数仅承认治疗性代孕和非商业性代孕，并对代孕生殖设置了严格的管控措施。

1984 年，英国人类授精及胚胎学调查委员会提出《沃诺克人类生殖与胚胎学报告》，对代孕采取完全禁止的立场。随后，英国发生了著名的跨国商业代孕婴儿科顿（Baby Cotton）案，促使英国政府出台立法对代孕进行规制。1985 年，英国出台《代孕安排法》，该法明文承认代孕，并对代孕的基本内涵、禁止商业代孕、禁止商业代孕广告及其处罚作了明确规定。1990 年，英国通过《人类授精与胚胎法》，对《代孕安排法》进行修正，并对代孕子女亲子关系认定、代孕合同的当事人及其资格、代孕生殖的监督机构等问题作出了补充规定。

1986 年，跨国商业代孕婴儿科顿案引发美国对代孕合法性的大讨论。1988 年，美国统一州法研讨制定委员会通过《人工辅助生殖子女法律地位统一法》。同年，美国律师公会草拟《代孕法范本草案》，但未获通过。2000 年、2002 年、2017 年，美国重新修订《统一亲子地位法》，该法明确承认了代孕的合法性，并对代孕协议的相关内容作了详细规范。目前，美国 50 个州中，有 27 个州明确规范代孕。23 个州并无代孕的相关立法，代孕在这些州未被允许亦未被禁止。在明确规范代孕的 27 个州中，23 个州的立法规定满足某些条件的代孕合同具有执行力。亚利桑那州、华盛顿特区、印第安纳州和密歇根州 4 个州明确禁止代孕。值得注意的是，纽约州曾明确禁止代孕，但在 2020 年 4 月却改旗易帜，通过投票决定代孕合法化，并于 2021 年 2 月生效。

二、完全禁止模式

目前明文禁止代孕的国家（地区）主要包括德国、法国、意大利、奥地利、西班牙、瑞士、芬兰、冰岛、美国亚利桑那州、哥伦比亚特区等。[1]德国1990年《胚胎保护法》认为代孕属于滥用人类辅助生殖技术，禁止代孕。法国1994年颁布《生命伦理法》，全面禁止代孕生殖。没有明文禁止但实质禁止的典型国家为日本。基于分娩母原则禁止代孕的国家包括瑞典、爱沙尼亚、挪威等。[2]其他禁止代孕的国家还包括巴基斯坦、沙特阿拉伯、埃及、约旦、新加坡、土耳其等。[3]这些国家禁止代孕的立法态度催生了地下代孕与跨国代孕的迅速扩张。

值得注意的是，欧洲大陆禁止代孕生殖的立场近年有所松动，出现认定代孕子女与委托夫妻具有亲子关系的诸多案例。如2014年12月10日，德国联邦最高法院（BGH）作出裁决，承认了美国加州法院一项关于代孕子女亲子关系的判决。在该案中，A和B是一对同性伴侣，拥有德国国籍，住所地在柏林。二人于2010年与一位美国加州妇女J达成代孕协议。根据协议，代孕子女唯一的法定父母是A和B。胚胎是由A的精子和一位匿名捐献者的卵子受精而成。J通过代孕技术成功生下一对双胞胎。2011年，A和B获得了一份加州法院的判决，认定A和B是双胞胎的父母。2011年6月，A和B携带子女回到柏林，要求当地主管机关进行出生登记，遭到拒绝。二人向地方法院提起诉讼，遭到驳回。最终德国联邦最高法院推翻了下级法院的判决，认为应当根据《家事程序法》第108条承认美国加州法院的判决，对美国加州法院判决的承认，并不违反该法第109条所规定的限制性条件，也不违反德国公共秩序。[4]不仅如此，欧洲人权法院也审理了几起涉及代孕子女亲权认定的案件，如"梅内松（Mennesson）诉法国案""拉巴西（Labassee）诉法国案"以及"坎帕内利（Campanelli）诉意大利案"等。前两起案件中，都涉及法国夫妻在美国通过代孕协议出生的子女，法国法院拒绝承认美国加

---

[1] 参见冰岛《人工生殖法》第6条、德国《胚胎保护法》第1条第7款、意大利《生殖医疗法》第12条第6款、瑞士《生殖医疗法》第4条、美国亚利桑那州《美国亚利桑那州法》第25之218条、《哥伦比亚特区州法》第16之402条等。

[2] 参见瑞典《亲属法》第7条、爱沙尼亚《人工授精·胚胎保护法》第24条、挪威《人类生物技术——医疗法》第18条等。

[3] 参见张燕玲："论代孕母的合法化基础"，载《河北法学》2006年第4期；齐湘泉、安朔："跨境代孕法律规制研究——兼议跨境代孕产生的亲子关系认定"，载《中国青年社会科学》2021年第5期；田宏杰："代孕治理的时代之问与应然选择"，载《中国应用法学》2021年第6期。

[4] 参见杜涛："国际私法国际前沿年度报告（2014-2015）"，载《国际法研究》2016年第2期。

州和明尼苏达州法院所做的关于该代孕子女身份的判决。欧洲人权法院认为法国法院的行为违反了《欧洲人权条约》第8条的规定。[1]目前，越来越多的国家从保护儿童利益的角度出发，承认代孕子女与委托夫妻之间存在亲子关系，奥地利也出现了类似判例。[2]

第二节 英国代孕法律制度

英国一向在人类辅助生殖技术领域扮演开拓者的角色，也是人类辅助生殖技术高度规范化的国家。1799年，英国外科医生约翰·亨特成功进行了首例人类同源人工授精。1978年7月25日，世界上第一位试管婴儿路易斯·布朗在英国奥尔德姆市医院诞生，人类辅助生殖技术进入一个新的里程碑。

一、1984年《沃诺克人类生殖与胚胎学报告》（The Warnock Report on Human Fertilisation & Embryology）

由于人类辅助生殖技术引发法律、伦理、道德、医学、宗教等争议，对传统婚姻家庭关系形成冲击，1982年7月英国政府成立了人类授精及胚胎学调查委员会，讨论是否对体外授精技术和胚胎学研究施以法律限制。委员会主席是剑桥大学教育学博士沃诺克（Warnock），成员共计16人，涉及医学、法学、社会学、心理学、神学、公共卫生等专业领域。

1984年7月，委员会提出沃诺克报告书（The Warnock Report）。委员会的基本立场是：所有生殖技术都需要规范及监督，必须在道德和法律的框架下执行。但为防止影响学术研究自由及科技发展，对生殖技术的规范与监督应适当为之，不宜过度干涉及限制。

由于代孕存在潜在危机，在伦理上难以被接受，因而报告书对代孕的建议为：其一，应通过立法，规定所有代孕生殖均为不法，亦不得请求法院强制执行。其二，应通过立法，对在英国境内以私人名义从事代孕，或寻求代孕的行为，课以刑责。《沃诺克人类生殖与胚胎学报告》对代孕的态度较为严格，1985年《代孕安排法》并未全盘接受。

---

[1] 参见杜涛："跨国代孕引发国际私法问题"，载《中国妇女报》2016年3月2日。
[2] Green-Wilson & Bishop [2014] FamCA 1031.

二、1985年《代孕安排法》(Surrogacy Arrangement Act)

1985年初，英国发生一起跨国商业代孕婴儿科顿案。一名英国妇女吉姆·科顿（Kim Cotton）通过美国一家商业代孕中介，为美国一对委托夫妻代孕生育，获得报酬6500美元。孩子出生后，美国夫妇拟通过收养方式将孩子带回美国，但依据英国1975年《儿童法》（Children Act），收养不得附代价，本案系属有偿，属于商业交易行为，被法律所禁止，引发争议。英国法官最后依据子女最佳利益原则，判决提供精子的美国夫妻适合承担孩子的监护与照顾义务，并允许其将代孕子女带出英国。该案在英国引发广泛热议，支持代孕合法化的人数众多。沃诺克委员会认识到，代孕合同不可能有效禁绝，但又不能鼓励或任其自由发展，因此建议英国政府禁止商业性代孕。英国政府遂改弦易张，1985年仓促制定了仅有5个条文的《代孕安排法》。

1985年7月16日，英国下议院通过并实行《代孕安排法》，这是世界上第一部规范代孕生殖的立法。该法共5条，第1条为定义及其他规定，第2条为禁止商业性代孕安排，第3条为禁止代孕广告宣传，第4条为处罚规则，第5条为本法名称及适用范围。内容主要包括三个方面：其一，对代孕者、代孕合同的基本内涵进行界定。其二，禁止以商业目的订立代孕合同。其三，禁止商业目的的代孕中介，禁止代孕广告宣传。具体内容为：

1. 对代孕者、代孕合同等核心概念进行界定

代孕者，[1]是指于怀孕前已订立代孕合同，并接受代孕合同，将所生子女及对子女的亲权移转给委托夫妻的女性。代孕合同，是指代孕者在怀孕前订立的，包括亲权移转之各项条件的契约。代孕者应充分了解代孕合同的各项内容，还应充分了解代孕期间其代孕行为应得的给付及利益。（第1条）

2. 禁止以商业目的订立代孕合同

该法禁止以商业目的订立代孕合同，代孕者不得请求任何报酬。第2条、第4条规定，禁止在英国境内出于商业目的从事如下行为：①提议或参与有关代孕安排的协商；②要约或承诺订立代孕合同；③促成代孕安排或代孕协商所为的资料搜集。如有违反，将承担刑事责任。

---

[1] 1985年英国《代孕安排法》使用的是"代孕母"即surrogate mother的概念。为保持行文表述的前后一致，本书将之替换为"代孕者"。

3. 禁止商业代孕中介与广告宣传

该法第 3 条、第 4 条规定，禁止报纸杂志、电子通信系统等媒体刊登委托夫妻征求代孕者或招揽代孕安排事项的广告。如有违反，将承担刑事责任。

与《沃诺克人类生殖与胚胎学报告》禁止代孕的立场截然不同，《代孕安排法》对代孕持允许的立场，但仅开放非商业性代孕。对商业代孕的简单禁止，使得部分代孕转为地下，无法完全实现政府管制的目的。而且代孕关系颇为复杂，代孕合同的法律效力、代孕合同当事人的资格及其权利义务关系、代孕合同的终止事由及法律后果、违约损害赔偿及代孕子女的亲子关系等问题，该法均未明确规定，不足以保障委托夫妻、代孕者及代孕子女的正当权益。

三、1990 年《人类授精与胚胎法》（Human Fertilisation and Embryology Act）

1990 年 11 月，英国政府通过《人类授精与胚胎法》。该法共 49 条，立法宗旨之一就是弥补《代孕安排法》的不足，厘清代孕合同的法律效力及代孕子女亲子关系，将利他的治疗性代孕上升为治疗不孕症的法定手段，依法保障不孕夫妻获得治疗和拥有子女的权利。[1]其中与代孕有关的法条主要为第 27~30 条和第 36 条。第 27~30 条规范了代孕子女的法律地位，第 36 条对 1985 年通过的《代孕安排法》作了进一步补充和修订。具体内容为：

（一）对 1985 年《代孕安排法》的修订

该法第 36 条对 1985 年通过的《代孕安排法》进行了修订，规定：依据《代孕安排法》所订立的代孕合同，不得强制执行。这就意味着代孕合同仅为代孕关系的证明，不具有法律效力，不能成为确定当事人权利义务关系的依据，依据代孕合同交付子女或者交付酬金均不能获得法律的支持和保护。

（二）代孕子女的法律地位

第 30 条规范了代孕子女的法律地位，包括以下内容：

1. 代孕的定义

该法规定，代孕行为，系由委托夫妻以外的女性，利用其卵子或他人卵子，经人工生殖手术后怀孕生产，生产后将所生子女及对该子女的亲权移转

---

[1] 参见黄丁全：《医疗 法律与生命伦理》（下），法律出版社 2015 年版，第 1099 页。

于他人。[第30条（1）（a）] 委托夫妻一方或双方的配子用于孕育胚胎。[第30条（1）（b）] 亦即该法认为，卵子可以来源于委托妻，又可以来源于代孕者，而且委托夫妻须至少一方与代孕子女具有血缘关系，可以看出，该法既承认全血缘代孕，又承认代孕者捐卵代孕等半血缘代孕，但不承认无血缘代孕。

2. 代孕子女的法定父母

代孕子女的法定母亲：任何正在或曾经怀有子女的妇女，若是因胚胎或精子和卵子被放置其体内而怀孕的，不论该妇女在胚胎或精子和卵子放置于其体内时是否身在英国境内，则除她以外，别无其他妇女被视为该子女的母亲。[第27条（1）（3）]

代孕子女的法定父亲：在以下情形，代孕者的配偶或男性伴侣被视为代孕子女的法定父亲：若在胚胎或精子和卵子被放置于妇女体内时，她是已婚的，并且所怀的胚胎并不是由该婚姻的另一方的精子产生的，则除非该子女依英格兰、威尔士、北爱尔兰和苏格兰的普通法被视为婚姻双方的合法子女，或除非该子女因收养而被视为养父母的子女，或除非能证明该婚姻的另一方不同意将胚胎或精子和卵子放置于该妇女体内或不同意她接受人工生殖手术，否则，该婚姻另一方被视为该子女的父亲。[第28条（2）（5）] 若无法凭第28条被视为该子女的父亲，而在该妇女与其男性伴侣共同接受人工生殖手术的过程中，胚胎或精子和卵子放置于该妇女体内，或接受人工生殖手术，并且所怀的胚胎并不是由她的男性伴侣的精子产生的，除非该子女依英格兰、威尔士、北爱尔兰和苏格兰的普通法被视为婚姻双方的合法子女，或除非该子女因收养而被视为养父母的子女，否则，她的男性伴侣被视为该子女的父亲。[第28条（3）（5）]

3. 法院颁布亲权命令（parental orders）

符合以下条件时，委托夫妻可以向法院申请颁布亲权命令，一旦获颁，表示法院承认代孕子女系委托夫妻法律上的婚生子女，委托夫妻即时取得该子女的亲权：①委托夫妻须在代孕子女出生后6个月内，向法院提出颁布亲权命令的申请；②委托夫妻申请时，子女须与委托夫妻共同居住，且委托夫妻之一方或双方须于英国境内设有住所；③法院颁布命令时，委托夫妻均应年满18周岁；④该子女的父亲（即该法第28条认定之父亲）与怀孕的妇女，于充分了解相关情事的基础上，自愿无条件同意法院的命令；⑤委托夫妻与代孕者协议向法院提出颁布亲权命令时，非委托夫妻与代孕者做成的协议，协议无效；契约当事人如有一方为无行为能力人，协议无效；代孕者在子女出生后对于是否保留亲权的考虑期如少于 6 个星期者，协议亦无效。(第 30 条)

也就是说，委托夫妻如若获得代孕子女的亲权，须以向法院申请颁布亲权命令、代孕合同有效且代孕者放弃亲权为前提条件。在代孕合同有效且代孕者亦未保留亲权的情形下，委托夫妻经申请获颁亲权命令后，方可成为代孕子女的父母，取得亲权。反之，若代孕合同无效，或代孕者保留代孕子女的亲权，则代孕者为代孕子女的母亲。代孕者若已婚，其配偶为代孕子女的父亲；代孕者若未婚，其男性伴侣为代孕子女的父亲。值得一提的是，代孕者在代孕子女出生后享有是否保留亲权的选择权，且该考虑期不得少于 6 周。

4. 报酬

亲权命令的颁布、代孕者交付代孕子女、代孕者放弃亲权及任何与亲权命令颁布相关的事项，均不得涉及金钱利益，即代孕无酬。但法院可以准许代孕者获得必要合理费用。[第 30 条（7）]

5. 契约当事人

委托夫妻须有婚姻关系；年满 18 周岁；代孕子女至少与委托夫妻一方有血缘关系；委托夫妻须为英国公民。[第 30 条（4）]

6. 监督机构

人类授精与胚胎研究管理局（The Human Fertilisation and Embryology Administration, HFEA）是代孕生殖技术的法定主管机关，主要负责：审查和监督英国境内的人类胚胎研究；负责许可和监督相关医疗机构实施人类辅助生殖技术；规范精子、卵子和人类胚胎的存储等。其对代孕生殖实行许可制，将代孕生殖严格控制在政府监管之下，防止地下交易和暗箱操作带来的风险和隐患。

可见，该法并不承认委托夫妻凭借代孕合同直接、当然与代孕子女建立父母子女关系。虽然表面上坚持分娩者为母的传统理念，即代孕子女出生后，代孕者及其配偶为代孕子女的法定父母，但委托夫妻若想取得代孕子女的亲权，无须经由繁复的收养程序，只需满足代孕子女出生后委托夫妻获颁法院亲权命令、代孕合同有效且代孕者放弃亲权等条件即可实现，这在一定程度上保障了代孕契约当事人实施代孕生殖的目的与本意。但代孕者仍然享有亲权保留权，代孕子女亲子关系的确定很大程度上取决于代孕者的意志，为代孕子女亲子认定带来不确定性和不可预知的风险。另外，该法对代孕者的资格未作明确限定。而且如果委托夫妻未于法定期限内提出亲权命令颁布请求，或不满足获得亲权的条件，代孕者同时放弃亲权；又或者代孕者并未放弃亲权，但其配偶行使婚生子女否认之诉，代孕子女的法律地位仍未得确定。

1996年，英国医学协会（British Medical Association）提出对1990年《人类授精与胚胎法》的报告，认为英国没有全面禁止代孕的理由系因"对于想要自己小孩又无法靠自己产下小孩的母亲而言，代理孕母是可接受的选择，也是最后的希望"。[1]

四、代孕中介组织（COTS）的代孕合同备忘录（Memorandum of Agreement）

英国政府仅禁止商业代孕中介，并不禁止委托夫妻自行寻找代孕者，或通过非营利性代孕中介寻找代孕者。COTS（Childlessness Overcome Through Surrogate）即为为委托夫妻及代孕者提供心理支持及经验咨询的非营利性代孕中介组织。COTS成立于1988年，其提供的服务包括：在订立代孕合同前，协助委托夫妻和代孕者取得主管机关的检查、检测；向委托夫妻和代孕者提供订立代孕合同的咨询；人工生殖手术的准备工作；怀孕期间及生产后休养期间代孕的咨询等。通过COTS进行代孕安排的委托夫妻须加入COTS成为会员，COTS的所有运作经费均来源于会员缴纳的会费及社会各界的捐赠。截止到2022年2月11日，通过COTS代孕安排出生的子女已达1099人。[2]

代孕合同备忘录是COTS向委托夫妻和代孕者提供的，签订代孕合同之前的书面参考。其虽不具有法律效力，但能详细、清晰揭示代孕合同的重要事项，殊值参考。备忘录主要包括以下内容：

（一）报酬与费用

代孕无酬，除与代孕相关之费用及代孕者有权获得的合理补偿外，代孕

---

〔1〕British Medical Association（1996），*Changing Conception of Motherhood*, *The Practice of Surrogacy in British*, BMA Publications, Landon, 转引自黄微绫："我国代理孕母政策形成之发展与争议"，南华大学2006年硕士学位论文，第128页。

〔2〕COTS的介绍来自其官网：https://www.surrogacy.org.uk/，2022年2月11日访问。

者不得向委托夫妻要求其他费用。

所有与代孕相关的费用均由委托夫妻支付，委托夫妻须向代孕者支付如下补偿（compensation）：代孕者因怀孕而减少的劳务收入；因怀孕不便带来的损失；置装费、营养费、家事协助费、电话费、子女看护费及怀孕结束后的度假费等。在人工生殖手术期间及怀孕期间，委托夫妻须向代孕者支付如下费用：①人工生殖手术期间：代孕者的身体检查费用；代孕者第一次接受人工生殖手术检查时，为代孕者投保为期2年的保险。②怀孕期间：代孕者就代孕事项寻求一对一的法律咨询或心理咨询费；代孕者发生意外流产导致代孕终止时，委托夫妻依据代孕者怀孕的周数支付补偿金；代孕者如生下多胞胎时，应按比例增加给付数额。

除此以外，委托夫妻与代孕者还可以协商确定如下费用：代孕者及其配偶拜访人工体外授精机构的差旅费、代孕者配偶因被要求一同拜访所产生的劳务损失等。

（二）亲子关系

自代孕子女出生后6周至6个月内，委托夫妻得向法院申请亲权命令。但委托夫妻如无法提供与所生子女之间的血缘证明，则须经过收养程序才能与该代孕子女建立亲子关系。

委托夫妻须在代孕合同上签名，明确表示委托夫妻一方死亡，另一方仍为代孕子女的监护人。代孕者如能够证明委托夫妻在亲权命令颁布前均死亡的，代孕者成为代孕子女的母亲，取得亲权。

（三）委托夫妻的权利与义务

委托夫妻与代孕者初步接触后，双方可以利用3个月的时间互动。委托夫妻甚至可以造访代孕者的伴侣、子女，了解代孕者的居家环境及其对于代孕的看法和需求，决定是否进行下一步的合作。委托夫妻须接受身体检查，并将检查报告提交COTS。

（四）代孕者的权利与义务

代孕者与委托夫妻初步接触后，可以造访委托夫妻，了解其居家环境；代孕者有权请求未来与代孕子女会面或了解其成长情况。代孕者的义务则划分为三个阶段，而各有不同：

（1）接受人工生殖手术期间的义务：接受药物检查，并将检测报告提交COTS。代孕者须确保怀孕前未患麻疹，并小心不得感染；在实施手术期间，采取必要措施避免发生代孕以外的原因产生的受孕，即避免代孕者所怀胎儿并非委托夫妻子女的情形等。

（2）怀孕期间的义务：尽量照顾自己的身心健康；接受医师指示服用药物；食用均衡营养的食物；禁烟酒；接受产前检查等。

（3）生产休养期间的义务：与委托夫妻共同决定待产医院；交付代孕子女等。

（五）代孕合同的终止

代孕者受孕失败，代孕合同终止；代孕者在怀孕期间发生意外流产，双方共同决议是否重新接受代孕生殖手术。如经医学检测，代孕者腹中的胎儿有先天残障，当事人双方共同商讨后，协商决定终止合同抑或继续履行合同。若委托夫妻希望终止妊娠，代孕者执意生产，则委托夫妻并非代孕子女的父母，亦无须对该子女承担扶养义务。

五、1997年《布雷热报告》（Brazier Report）

随着医疗技术的发展和代孕需求的扩大，1990年《人类授精与胚胎法》的弊端日益凸显。该法的规定过于原则粗略，无法因应代孕生殖出现的新情况、新问题。如对"必要合理费用"的界定，法官难以形成统一、客观的认定标准；对代孕中介的规范和管理，1990年《人类授精与胚胎法》亦未作出明确规范等。

1997年，卫生部门组织了以玛格丽特·布雷热（Margaret Brazier）为负责人的调查团，对代孕合同及1990年《人类授精与胚胎法》的实施情况进行调查和评估。着重调研以下问题：其一，代孕者是否可以接受酬金？如果可以，酬金应当如何确定？酬金标准应当如何衡量？酬金的上限和下限应当如何确定？其二，民间有无代孕中介存在？如何对其进行规范？如何限制并规范其提供的代孕合同模板？其三，现行法律是否适应社会现实需要？是否应当修订？如果需要修订，是修订1990年《人类授精与胚胎法》，还是单独立法，制定专门的"代孕法"？

经过近一年的调研，调查团发布了详尽的咨询报告——《布雷热报告》。报告的核心结论是：支付给代孕者的费用应当严格限制，代孕行为应由非营利性组织实施；制定新法取代现行立法。其提出的建议具体包括：

第一，金钱给付应限制在合法有据的费用范围内（包括可得收入的损失），任何超出合法界限的给付均会导致亲权资格的丧失。金钱给付应当是真正与代孕密切相关的必要费用，代孕者应当对必要费用提交书面证据；立法应当对必要费用进行明确界定，并授权卫生部门发布必要费用的构成要素和确定方法。

第二，卫生部门对中介机构进行登记注册，制定详细的代孕操作规程，规范代孕合同。卫生部门还应当建立详尽的病历记录、具体的统计资料及明确的行为指南。

第三，为防止代孕生殖技术被滥用，代孕者被盘剥，废止1985年《代孕安排法》、1990年《人类授精与胚胎法》，代之以专门的"代孕法"。"代孕法"应当明确规范代孕生殖技术的基本原则及操作规程，包括金钱给付条款、操作规程条款、中介机构登记注册条款、亲权命令条款等。

非常遗憾的是，《布雷热报告》并未引起当局的足够重视。2001年，英国政府修订《人类授精与胚胎法》时，有关代孕的部分并未着墨。

六、英国代孕法律制度的核心内容与基本特征

综上所述，英国代孕法律制度的核心内容与基本特征主要表现为：其一，代孕生殖奉行无偿原则，禁止商业代孕、禁止商业代孕中介与广告宣传。政府不仅禁止商业代孕，而且禁止商业代孕中介与广告宣传，有意限制代孕协商的机会，对代孕生殖持消极不鼓励立场。其二，允许委托夫妻向代孕者支付必要合理费用。英国虽然禁止委托夫妻向代孕者提供报酬，但规定委托夫妻须向代孕者支付必要合理费用，并对必要合理费用的具体内容作出明确规定。其三，在代孕类型上，承认全血缘代孕、代孕者捐卵代孕及其他半血缘代孕，禁止无血缘代孕。其四，对代孕合同当事人的法定资格作出初步限定。委托夫妻须具有婚姻关系，年满18周岁，须为英国公民。代孕者，已婚、未婚均无不可。其五，规范了代孕子女的亲子关系认定。原则上，代孕者及其配偶、男性伴侣为代孕子女的法定父母，委托夫妻若想取得亲权，须满足获颁法院亲权命令、代孕合同有效、代孕者未保留亲权等限制条件。其六，代孕合同不具有强制执行力。其七，设立了专门的监督机构监督人类辅助生殖技术的实施。其八，从1984年《沃诺克人类生殖与胚胎学报告》禁止一切形式的代孕，到1985年《代孕安排法》仅禁止商业代孕、无血缘代孕，再到1990年《人类授精与胚胎法》对代孕子女亲子关系认定等作出积极、详细规

范，可见随着社会的发展变化，英国对代孕生殖的态度和规制措施也在不断调适和优化，出现了由严厉禁止到附条件允许的转变，体现了立法者对民众基本权利、合理诉求与正当利益进行保护和规范的负责态度。

但非常遗憾的是，关于代孕合同的当事人及其资格、代孕合同当事人的权利义务关系、代孕合同的终止事由与违约损害赔偿等，英国立法不尽详尽，有待完善。

第三节　美国代孕法律制度

1985年，美国俄亥俄州克利夫兰的沃尔夫·乌提安博士和里昂·希恩博士在《新英格兰医学杂志》上报告了首个成功代孕的案例。随后，代孕技术在美国各州陆续萌发。20世纪90年代，代孕等人类辅助生殖技术在美国日益普遍，生育自决权是美国宪法隐私权保障的主要内容，加上社会风气开放多元，人们逐渐接受代孕生殖、体外授精等人工生殖为未来生活的一部分。

美国为联邦制国家，联邦政府只负责国防、外交、贸易等事项，家庭法多交由各州自治，于是美国的人工生殖立法便呈现联邦立法与州立法相结合的形式。目前，美国50个州中，有27个州明确规范代孕。23个州并无代孕的相关立法，代孕在这些州未被允许亦未被禁止。在明确规范代孕的27个州中，23个州的立法规定满足某些条件的代孕合同具有执行力，正式通过代孕法的有8个州，分别是：伊利诺伊州、马萨诸塞州、北卡罗来纳州、新泽西州、新墨西哥州、内华达州、俄勒冈州、华盛顿州。没有专门的代孕法，但有代孕条款的州，有加利福尼亚州、亚拉巴马州、康涅狄格州、特拉华州、爱达荷州、俄克拉荷马州、罗得岛州等。[1]亚利桑那州、华盛顿特区、印第安纳州和密歇根州4个州明确禁止代孕。在禁止代孕的4个州中，亚利桑那州规定代孕子女为代孕者及其配偶的婚生子女。华盛顿特区不仅禁止代孕合同，还禁止参与、促成或协助代孕安排，否则将处以1年以下有期徒刑或1万美元罚金。印第安纳州认为代孕生殖违反公共秩序，代孕契约无效。密歇根州亦然。值得注意的是，纽约州曾明确禁止代孕，规定代孕合同因违反公共秩序而无效，代孕中介亦属犯罪行为。但在2020年4月该州却改旗易帜，

---

〔1〕　参见黄丁全：《医疗　法律与生命伦理》（下），法律出版社2015年版，第1105~1106页。

投票决定代孕生殖合法化，并于 2021 年 2 月生效。以上几州虽然对代孕生殖持否定态度，但其家事法院在审理亲子关系纠纷时认为，只要当事人意见一致就可以在孩子出生前确定父母身份。如 1994 年，纽约州法院在审理阿雷东多诉诺德尔曼（Arredondo v. Nodelman）案中，因委托夫妻经鉴定与代孕子女具有血缘关系，代孕者夫妻与代孕子女并无血缘关系，法院判决代孕子女为委托夫妻的婚生子女。在 23 个并无代孕立法的州中，代孕生殖未被允许亦未被禁止。但其中有 12 个州都倾向于允许法院在毫无争议的案件中核发"出生前命令"。[1]

关于代孕生殖能否合法化的讨论，最早出现在 1983 年美国妇产科学会发表的报告中，该报告探讨了代孕涉及的伦理问题，并提出了指导纲领。指导纲领以医师为适用对象，包括契约当事人、代孕者的选择、手术费用等内容。1986 年爆发的婴儿科顿案则直接加速了美国各州关于代孕生殖的立法进程。

一、新泽西州婴儿科顿（Baby Cotton）案

1986 年，美国新泽西州发生轰动全球的婴儿科顿案。委托妻伊丽莎白·斯特恩（Elizabeth Stern）患有多发性硬化症。若怀孕，将可能出现失明、下身麻痹及永久性瘫痪等危险。由于第二次世界大战期间大量犹太人被屠杀，委托夫威廉·斯特恩（William Stern）成为家族唯一的幸存者，极其渴望有个孩子延续血脉。1985 年 2 月，委托夫妻在纽约州不孕症中心的帮助下，与新泽西州一位 29 岁的代孕者玛丽·贝斯·怀特希德（Mary Beth Whitehead）签订了代孕合同。合同约定使用委托夫威廉·斯特恩的精子及代孕者怀特希德的卵子，怀特希德明确表示代孕子女出生后将放弃亲权，并将代孕子女交付委托夫妻。怀特希德的配偶也明确表示，会采取必要措施提起子女否认之诉，推翻亲子关系的推定。威廉·斯特恩夫妇担心金钱支付有触犯买卖儿童的危险，未将放弃母亲权利的条件写进契约，但仍约定代孕者交付子女后，有权获得 1 万美元的代孕酬金。1986 年 3 月，怀特希德生下女婴梅丽莎（Melissa）后反悔，拒绝交付孩子，斯特恩夫妇诉至法院。怀特希德认为，代孕合同违背公共政策，而且违反了新泽西州禁止贩卖婴儿的法律，主张契约无效。

---

[1] 这 12 个州分别是：阿拉斯加州、科罗拉多州、康涅狄格州、堪萨斯州、缅因州、马里兰州、密西西比州、北卡罗来纳州、俄克拉荷马州、宾夕法尼亚州、罗得岛州、南达科他州。

新泽西州联邦地区法院第一家事裁判所法官哈维·索库（Harvey M. Sorkow）认为，斯特恩夫妇与怀特希德订立的代孕合同合法有效，该契约并未违背公共政策和贩卖婴儿的禁令。在哈维·索库看来，代孕合同就是契约，具有契约的神圣性，代孕者无权任意撕毁。判决指出，在此合同中，"没有一方拥有谈判优势，每一方都拥有对方需要的东西。各方应尽力的代价已经谈妥并成交。没有一方强迫对方，没有一方拥有置对方于劣势的技术知识。也没有一方拥有不相称的交易权力。"他认为，代孕并不等于贩婴。斯特恩夫妇并不是向怀特希德购买婴儿，婴儿生下来就有斯特恩的基因，斯特恩原本就是孩子生物学意义上的父亲，与贩婴无涉。代孕生殖也并非剥削妇女。既然男子有权出售精子，女人也有权出售生育能力。"如果男性有权提供生殖手段，女性当然也必须拥有相同的权利"，"不给女性相同的权利，就是没给两性平等保障"。[1]因此判决：代孕合同有效，基于契约理论及子女最佳利益原则，终止代孕者对代孕子女的亲权，该子女的亲权归委托夫妻享有。

然而1988年2月，新泽西州最高法院由7名法官组成的法庭一致认为，该契约违反州法律及公共政策，判决契约不可执行，撤销一审判决。首席法官罗伯特·威伦茨（Robert Wilentz）认为，依据新泽西州法律，禁止将收养与金钱给付相关联；收养必须在婴儿出生后，经过正式协议并经由政府部门批准。代孕合同的根本目的之一是通过私人之间的交易安置孩子的监护，这在新泽西州是被禁止的。该案中，代孕者在代孕子女出生前甚至在受孕前就预先将婴儿交由他人收养，与现行立法不符。"在一个文明社会，有些东西是不应该用金钱购买的"，[2]包括婴儿和女性生育能力。代孕合同容易牺牲穷人利益造福富人。但由于该代孕子女与斯特恩夫妇已共同生活了两年，斯特恩"一家人和他们的人格为梅丽莎的茁壮成长提供了更多的保障基础"，而且怀特希德3个月前已离婚，正在与一名男子谈恋爱，且判决时怀特希德又已怀孕，[3]新泽西州最高法院基于子女最佳利益原则，仍维持委托夫妻对代孕子女享有监护权的判决。但废除了委托妻伊丽莎白签署的收养协议，并坚持认为代孕者怀特希德仍是孩子的合法母亲，并有权定期与孩子会面交往。

---

[1] 黄丁全：《医疗 法律与生命伦理》（下），法律出版社2015年版，第1115页。
[2] 黄丁全：《医疗 法律与生命伦理》（下），法律出版社2015年版，第1118页。
[3] 参见[美]罗德纳·蒙森：《干预与反思：医学伦理学基本问题》，林侠译，首都师范大学出版社2010年版，第1010页。

法院判决委托夫妻斯特恩夫妇对梅丽莎享有监护权,同时又认为代孕者怀特希德是梅丽莎的合法母亲,享有探视权,实际上让代孕子女在两个家庭之间徘徊拉锯,遭受同时拥有两对父母的痛苦,影响其身份认同,并不符合子女最佳利益原则。

二、1988年美国统一州法研讨制定委员会《人工辅助生殖子女法律地位统一法》(The Uniform Status of Children of Assisted Conception Act)

1988年2月,美国统一州法研讨制定委员会[1](National Conference of Commissioners on Uniform State Laws)通过《人工辅助生殖子女法律地位统一法》,该法共16条,规范人工生殖如体外授精、代孕子女法律地位等问题。该法中关于代孕的制度设计被1988年美国律师公会《代孕法范本草案》所采纳,也成为各州规范代孕生殖的重要参考。其主要内容为:

(一)设计A、B两套方案

由于对代孕生殖的态度无法达成共识,该法提供两种选择:其一,有限承认代孕的合法性,规定委托夫妻为代孕子女的法定父母;其二,不承认代孕的合法性,规定代孕者及其配偶为代孕子女的法定父母。该法第5~9条设计为A、B两套方案,其中A方案为代孕有限开放模式,B方案为严禁代孕模式。第1~4条、第10~16条为共同适用的部分。法案将两种选择并陈,实际上相当于将问题交给各州立法机关和法院权衡解决。

(二)基本概念界定

委托夫妻,是指订立代孕合同,并意欲成为代孕子女法定父母的已婚夫妻。且代孕至少使用委托夫妻之一方的生殖细胞。[第1条(3)]代孕者,是指订立代孕合同,并通过人类辅助生殖技术代委托夫妻怀孕生育的女性。[第1条(4)]

---

[1] 美国统一州法研讨制定委员会成立于1982年,主要任务为提升各州州法的立法品质,提供迫切需要与实用的法案供各州采撷,不具强制性,各州可自行选择。该委员会成员来自全国各州,常务委员会决议后,交由执行委员会负责起草法案,针对每一个特定主题指定特定委员会成立起草小组,草案逐条讨论后,提交全体委员会,每年两次大会表决通过才能成为建议法案。该委员会起草的法案为各州采纳或成为统一法典的为数不少,如美国《统一商法典》等。

（三）代孕合同

（1）委托夫妻与代孕者及其配偶订立代孕合同，代孕者放弃代孕子女的亲权与义务；委托夫妻取得代孕子女的亲权。[第5条（a）]

（2）在代孕手术实施前，代孕合同未经法院许可，则代孕合同无效。代孕者成为代孕子女的法定母亲。若代孕者的配偶为契约当事人，则其成为代孕子女的法定父亲。若代孕者的配偶并非契约当事人，或代孕者未婚，则依据《统一亲子地位法》认定代孕子女的父亲。[第5条（b）]

（四）代孕合同的许可与听证

在代孕生殖手术实施前，代孕合同须经法院许可。

（1）当事人须向法院申请，获得代孕合同的许可。申请时，须附上代孕合同副本。法院须指定1名诉讼监护人（guardian），代表人工生殖子女的利益；指定1位律师，代表代孕者的利益。[第6条（a）]

（2）法院依申请举行听证，满足以下条件的，裁定许可代孕合同，允许在命令颁布后12个月内实施代孕生殖手术，且宣告委托夫妻为代孕子女的法定父母，代孕者放弃亲权及相关义务：①法院享有管辖权；②委托妻须有医学上的证据证明其不孕，或亲自怀孕将对未来出生的子女有不合理的危险，或有精神、心理上的理由可能遗传给子女的；③儿童福利机构对委托夫妻及代孕者做了家庭调查（home study），并将副本提交至法院；④委托夫妻、代孕者及其配偶（若已婚）须符合收养条件；⑤当事人须自愿订立代孕合同，且充分了解契约内容；⑥代孕者至少有一次怀孕或分娩经验，代孕者怀孕对其本人及所生子女，并无生理、心理上不合理危险；⑦当事人均须接受合格的健康保健专家、社工人员对于代孕影响的咨商，当事人是否符合资格的报告应当在契约中载明；⑧所有病理、心理检查、基因检测等相关报告，均须提供给对方当事人，并提交到法院；⑨所有费用均已做适当约定；⑩代孕合同不能对任何个人造成实质上的不利益。[第6条（b）]

（3）委托夫妻负担自人工生殖手术起至分娩时止的所有合理费用。不禁止代孕合同有对价的约定。[第6条（c）]

（4）法院保留所有程序的相关记录，不得揭露当事人的个人信息。[第6条（d）]

（五）代孕合同的终止

（1）法院受理代孕合同许可申请后，如代孕者尚未实施手术，法院、任何当事人一方均可以书面通知的方式终止代孕合同。书面终止通知应当送交所有当事人,并向法院提出。法院随即作出撤销代孕合同认可的命令。[第7条(a)]

(2)若卵子由代孕者提供者,于最后一次实施人工生殖手术后180天内,代孕者可以书面向法院请求终止,法院通知他方当事人后,取消许可。[第7条(b)]

(3)依据本条终止契约的,无须向委托夫妻承担违约责任。

(六)代孕子女的法律地位

依该法第6条,代孕合同被认可后,代孕子女的法律地位按照如下规则确定:

(1)委托夫妻为代孕子女的法定父母,除非撤销代孕合同许可。代孕者以书面通知终止代孕合同,法院依法撤销合同许可,则代孕者为代孕子女的法定母亲,代孕者的配偶为契约当事人的,则其为代孕子女的法定父亲;代孕者的配偶并非契约当事人,或代孕者未婚的,代孕子女父亲的认定适用《统一亲子地位法》。[第8条(a)]

(2)代孕子女出生后,委托夫妻应当向法院提出书面通知。法院即依据该出生通知,提请出生登记局作出出生记录,记明委托夫妻为所生子女的父母,并将要式出生证明封存于出生登记局的记录中。[第8条(b)]

(七)其他条款

(1)允许有偿代孕。代孕合同允许向代孕者提供报酬。[第9条(a)]

(2)代孕者自主决定权。代孕合同不能限制代孕者关于自己、胚胎和胎儿健康保健的自主决定权。[第9条(b)]

(3)代孕者订立契约后结婚的影响。当事人订立契约并经法院许可后,代孕者结婚的,不影响命令的有效性。且代孕合同无须得到代孕者配偶的同意,其配偶并非代孕子女法律上的父亲。[第9条(c)]

可见,《人工辅助生殖子女法律地位统一法》关于代孕的规范存在以下特点:其一,与英国立法不同,该法承认有偿代孕,代孕者有权通过代孕获取报酬。其二,在实施人工辅助生殖手术前,代孕合同须经法院认可,否则无效。代孕合同若经法院认可,则具有强制执行力。其三,契约当事人及其资格:代孕者须成年,已婚、未婚均非所问。委托夫妻须成年,且为已婚夫妻,委托妻须经证明不能怀孕或不宜怀孕,亦即仅承认治疗性代孕。其四,代孕子女的生殖细胞至少来源于委托夫妻之一方，卵子可以由代孕者提供，亦即承认全血缘代孕、代孕者捐卵代孕及其他形式的半血缘代孕，禁止无血缘代孕。其五，代孕合同经法院许可，子女出生后委托夫妻即为代孕子女的法定父母。

三、1988年美国律师公会《代孕法范本草案》（Draft ABA Model Surrogacy Act）

美国律师公会（American Bar Association）家族法部门的收养委员会及代孕特别委员会研拟《代孕法范本》（Model Surrogacy Act），并于1988年8月提交全美律师公会代表大会审议，但未获通过。草案的立法目的主要为：规范代孕子女亲子关系；降低代孕合同当事人在代孕生殖中的风险，通过法律保障当事人的生育选择权；保障当事人被完全告知及自愿订立代孕合同；规范委托夫妻、遗传物质提供者、代孕者及其配偶（若已婚）的权利义务（第1条）。共计18条，主要内容有：

（一）基本概念界定

委托夫妻（intended parent），是指与代孕者订立代孕合同，并有意成为代孕子女法律上父母的人，须为合法夫妻。代孕者（surrogate），是指胚胎、胎儿、婴儿之母体。代孕包括完全代孕与部分代孕。代孕契约当事人，是指委托夫妻、代孕者及其配偶（若已婚）。（第2条）

（二）代孕合同的合法性

（1）符合第5条规定的代孕合同，合法有效。[第3条（a）]

（2）对代孕者支付报酬是合法的。代孕费用的最高、最低限额由各州行政部门组成"代孕费用局"（Surrogacy Fee Agency，共3人，由州政府指定1名，州议会两院各指定1名组成）决定。不得低于7500美金，不得高于12 500美金。代孕费用的限额，该局可以每两年检查一次，作为评估标准的考量因素主要包括：代孕服务的转变、消费物价指数或其他生活水准指数的改变等。代孕者与委托夫妻有亲属关系的，或双方认识3年以上的，代孕合同得取消或减少费用。[第3条（b）（c）]

（3）代孕合同的当事人必须已成年。[第3条（d）]

（4）签订代孕合同时，当事人必须被完全告知并同意这些事项，包括：

由合法的律师告知所有当事人依契约内容应有的权利与义务,由有证照的医师告知代孕过程中可能的医疗风险,由有证照的心理医生告知可能引发的心理风险,医师须告知委托夫妻代孕者过去的生育史。[第3条(f)]

(三)代孕合同的内容

代孕合同为法定要式合同,由双方当事人签名,并记载下列事项:①代孕者及其配偶(若已婚)在订立代孕合同时,已明确放弃代孕子女的亲权,并于代孕子女出生后,立即将代孕子女交付给委托夫妻。②生殖细胞提供者与代孕者在生殖手术实施前,已经由医师筛查过血型相容及遗传性疾病。③委托夫妻承担代孕者接受人工生殖手术、怀孕及后续的所有医疗费用。但后续医疗费用,以子女出生后6个月内或代孕者非自愿终止妊娠后6个月内的费用为限。④当事人若约定报酬,应记载明确。⑤在人工生殖手术实施前,所有已知、预估的费用,应以信托基金的方式事先存放,以确保如期支付。⑥不论代孕子女出生时死产、活产、有无残疾,委托夫妻必须承担该子女的亲权。(第5条)

(四)违约损害赔偿

(1)代孕者自愿终止妊娠,或所怀子女与委托夫妻不具有基因关系:代孕者非医学上的必要自愿终止妊娠,或者所怀胎儿非源于生殖细胞提供者之一方或双方,且非医疗机构错误造成时,委托夫妻可于终止妊娠或子女出生后一年内,向代孕者提出违约损害赔偿。[第6条(a)]

(2)代孕者非自愿终止妊娠:因医学上的必要,或经所有当事人同意而终止妊娠时,代孕者可于终止妊娠后一年内,请求委托夫妻支付一定比例的损害赔偿。包括:医疗费用、合理的律师费用、代孕者应得的报酬等。[第6条(b)]

(3)交付子女:代孕子女出生后,当事人任何一方均有权请求法院判令交付代孕子女给委托夫妻。此时所有律师费、诉讼费及寻找代孕子女的费用,均属于违约损害赔偿。此诉讼须于委托夫妻知悉子女出生后14天内提起。[第6条(c)]

(五)确认代孕子女亲子关系的诉讼

1. 申请人

委托夫妻、代孕者及其配偶(若已婚),均可成为亲子关系的诉讼申请人。[第8条(a)]

2. 申请的条件

申请时应提出：①委托夫妻的姓名、年龄、住址及提供的遗传物质；②代孕者是否有意提供遗传物质；③除委托夫妻、代孕者外，是否还有人提供遗传物质；④当事人是否充分了解并自愿订立代孕合同；⑤由合法的律师告知所有当事人依契约内容应有的权利与义务，并征得其同意；由有证照的医师告知代孕过程中可能的医疗风险，并征得其同意；由有证照的心理医生告知可能引发的心理风险，并征得其同意。医师须告知委托夫妻代孕者过去的生育史。

申请时须附上：①遗传物质提供者的同意书；②代孕者的宣示书：包括代孕者及其配偶的姓名、住址，代孕者的年龄、代孕者是否有意提供遗传物质、代孕者是否育有子女等。③代孕合同副本。［第8条（c）］

3. 法院组织听证与颁发命令

（1）组织听证：法院依申请于代孕子女出生后一年内组织听证。若当事人不愿公开身份，则分别对委托夫妻、代孕及其配偶组织听证。组织听证时，法院应裁定：①当事人是否基于充分了解自愿执行代孕合同；②代孕合同是否符合本法规定的有效要件；③申请书中是否包含所有必要的主张。［第9条（a）］

（2）颁发命令：若法院经过审查，满足以上条件，颁发下列命令：①代孕合同有效；②委托夫妻取得代孕子女的亲权与相应的法律义务。

4. 亲子关系的确认

（1）委托夫妻取得亲权

代孕子女满1岁前，委托夫妻、代孕者及其配偶应进行血液分析检查（第11条），对以下条件审核后，法院应裁定委托夫妻为代孕子女的法定父母：①代孕子女与遗传物质提供者之间是否存在遗传关系；②代孕子女缺乏遗传关系是否因医疗机构错误以外的原因所致；③当事人均放弃对亲子关系认定提出异议；④就目前情势来看，满足子女最佳利益原则。（第12条）

（2）代孕者取得亲权

出现以下情况，法院得拒绝委托夫妻的申请，判令代孕者为代孕子女的法定母亲：①委托夫妻在取得亲权前先后或同时死亡；［第18条（a）］②人工生殖手术实施后，代孕者得知委托夫妻犯罪，且法院认为其不适合担任父母时；［第18条（c）］③委托夫妻接到领取子女的通知后，未于7天内领取，而且代孕者保留亲权时；［第18条（e）］④当事人均未被告知有关实施代孕生殖手术的风险时［第18条（f）］。

综上所述,《代孕法范本草案》具有以下特点：其一，承认有偿代孕。代孕者不仅有权获得必要费用，而且可以获得相关报酬。在此之前，代孕是否可以有偿，在美国曾存在广泛争议。新泽西州最高法院在婴儿科顿案中认为，给付报酬，将破坏法律禁止以对价作为终止亲权或收养要件的规定；肯塔基州最高法院认为，代孕与贩卖婴儿的区别在于是否约定报酬。[1]最后，绝大多数委员认为，给付代孕者报酬是合理的，但是应当设定合理的上下限，且每两年可以调整一次。其二，承认代孕合同合法有效。有效的代孕合同具有强制执行力，契约当事人均有权申请执行该契约。其三，明确亲子关系认定规则。委托夫妻取得亲权不须经过收养，但须履行听证、法院裁定等程序。其四，规范代孕合同当事人及其资格。代孕合同当事人不仅包括委托夫妻及代孕者，代孕者已婚的，还包括代孕者配偶。代孕者不限于已婚；委托夫妻须妻子不孕；当事人双方均须已成年。其五，卵子可来源于委托妻，也可来源于代孕者，承认全血缘代孕、代孕者捐卵代孕与其他半血缘代孕，禁止无血缘代孕。其六，制度设计内容详尽，对代孕合同当事人及其资格、代孕合同的内容与终止、违约损害赔偿、代孕费用的计算等均有明确详细规范。其七，给予代孕者亲权保留权及合理的考虑期。对于是否应当给予代孕者亲权保留权，曾存在较大争议，最终绝大多数委员持肯定态度，认为经历怀孕生产，代孕者与所生子女会发生感情上的关联，有时甚至难以割舍，类推收养中生父母于收养判决前得撤回的制度，应赋予代孕者亲权保留权。即使代孕者在代孕合同中明确表示放弃亲权，但若委托夫妻在取得亲权前同时或先后死亡，代孕者得在委托夫妻后死亡者死亡后3日内，选择是否保留对所生子女的亲权。［第3条（f）］其八，监管机制健全。代孕生殖的所有程序须经州授权的具有相应资质的医疗机构完成，代孕合同不仅须经律师、医师、心理师的告知，而且法院召开听证会并颁布命令，有效将代孕生殖技术置于公权监管之中。但是对于当事人双方均拒绝行使亲权时的解决方案,《代孕法范本草案》并未涉及。

---

［1］ Surrogate Parenting Assocs, V. Commonwealth ex. Rel. Armstrong, 704 s.w.2d 209（ky, 1986）, Gary N. Skoloff, Intrudution -Special Issue on Surrogacy, p. 122.

四、加州卡尔弗特诉约翰逊（Calvert v. Johnson）案

美国首例承认代孕合同有效的判例是 1993 年加州最高法院作出的卡尔弗特诉约翰逊（Calvert v. Johnson）案。卡尔弗特夫妇因妻子子宫摘除而不孕，但卡尔弗特仍然保留卵巢，能够产生成熟的卵子。1990 年 1 月 15 日，卡尔弗特夫妇与代孕者安娜签订代孕合同，安娜自愿放弃所有作为母亲的权利，卡尔弗特夫妇为此支付酬金 1 万美元，并为代孕者购买了一笔 20 万美元的人身保险。1 月 19 日，卡尔弗特夫妇的胚胎植入代孕者体内。7 个月后，因费用问题，代孕者与委托夫妻发生矛盾。1990 年 9 月，代孕子女出生。代孕者以委托夫妻违反契约为由，拒绝交付孩子。并声称代孕合同违反社会公共利益，将代孕者视为被奴役的对象，违背人道，代孕合同应属无效。

一审法官理查德·帕斯罗（Richard N. Parslow）认为："传统关于母亲的定义已因生殖技术的原因而不再适用，在无血缘关系的代孕中，有分娩事实的生身母亲不再是法律意义上的母亲。"从某种意义上说，代孕者不过是代孕子女的宿主（host）或"孩子的妊娠体"（gestation carrier）。[1] 因而判决代孕合同有效，驳回安娜的诉讼请求。帕斯罗的言论引发伦理学家的强烈不满。他们认为，在临出生的最后几个月，胎儿能够听到母亲唱歌、说话和哭泣。刚一出生，母亲的声音是最大的安慰，这是无可替代的。只贡献卵子的妇女是没有这种体验的。安娜上诉后，加利福尼亚州高等法院维持原判。法官"拒绝让孩子从感情上在两个母亲之间徘徊"，[2] 将监护权全部判给了卡尔弗特夫妇，并终止了安娜的探视权。法院认为，孩子的母亲应当是具有孩子出生的意愿并意欲将孩子视为自己的子女进行抚养的人，孩子的母亲应为卡尔弗特，而非安娜。安娜不服，再次提起上诉。1993 年，加州最高法院 6 个法官中，5 个主张维持原判，认定代孕合同并不违反社会公共利益，代孕合同合法有效。法院认为，公序良俗原则禁止父母在孩子出生前就做出放弃抚养的决定，孩子出生后，也不应成为买卖的对象。卡尔弗特夫妇并没有在孩子出生前推卸为人父母的责任，而且一直在为孩子的出生不懈努力，不断争取亲权，因此该契约

---

〔1〕 黄丁全：《医疗 法律与生命伦理》（下），法律出版社 2015 年版，第 1119 页。

〔2〕 [美] 罗德纳·蒙森：《干预与反思：医学伦理学基本问题》，林侠译，首都师范大学出版社 2010 年版，第 1012 页。

并未违反公序良俗。法律禁止非自愿强迫，在本案中，没有证据证明安娜被迫怀孕及生育，不存在强迫奴役的问题。因此，代孕合同有效，应当得到执行。

五、《统一亲子地位法》（Uniform Parentage Act）

1973 年，美国制定《统一亲子地位法》，规范人工生殖子女与基因提供者、分娩者之间的亲子关系，为各州提供了建立亲子关系的统一法律框架。并于 2000 年、2002 年、2017 年分别作了修订。[1]与 2002 年《统一亲子地位法》相比，2017 年的制度设计更为精细，内容更为详尽，以下分述之：

（一）2002 年《统一亲子地位法》

该法共计 9 章，其中第 8 章第 801—809 条对代孕生殖进行了规范。主要内容有：

1. 代孕合同

①代孕者及其配偶（若已婚）、委托夫妻得以书面形式订立代孕合同，代孕合同可以作如下约定：代孕者同意以人工辅助生殖的方式代人怀孕；代孕者及其配偶放弃对所生子女有父母相关的权利与义务；委托夫妻为所生子女法律上的父母；②委托夫妻须为夫妻，且双方均为契约当事人；③只有经法院认可的代孕合同，才能强制执行；④代孕合同不适于以性交方式所生的子女；⑤代孕合同可以约定报酬；[2]⑥代孕合同不能限制代孕者优生保健自主权，即以代孕者的健康利益为优先考量。[3]（第 801 条）

2. 代孕合同应向法院申请认可

（1）委托夫妻和代孕者应向法院申请认可代孕合同，获得法院认可后，代孕合同始生效力。[第 802 条（a）]

（2）申请应当符合以下条件：委托夫妻和代孕者须至少在该州居住 90 天以上；若代孕者已婚，其配偶亦为申请人；代孕合同的影本须一并向法院提交。[第 802 条（b）]

---

[1] 2017 年《统一亲子地位法》英文原文，参见美国统一州法全国委员会官方网站 https://www.uniformlaws.org/search? executeSearch=true&SearchTerm=Uniform+Parentage+Act&l=1。中文译文参见美国新《统一亲子关系法》（2017 年修订），陈苇、郭庆敏译，载梁慧星主编：《民商法论丛》（总第 70 卷），社会科学文献出版社 2020 年版，第 343~392 页。

[2] 英文原文为：A gestational agreement may provide for payment of consideration.

[3] 英文原文为：A gestational agreement may not limit the right of the gestational mother to make decisions to safeguard her health or that of the embryos or fetus.

(3) 法院的认可。符合以下条件时,法院将认可代孕合同的法律效力,并宣告委托夫妻为代孕子女法律上的父母:委托夫妻和代孕者须在该州居住90天以上,且当事人愿意依本法管辖标准接受法院的管辖;儿童福利局须制作委托夫妻的家庭调查,委托夫妻须符合收养父母的要件;所有当事人自愿签订代孕合同,且充分了解契约内容;在代孕子女出生前,所有代孕费用均已作适当约定;代孕者获得的报酬须合理。[1](第803条)

3. 代孕合同的终止

①法院颁发代孕合同认可命令后,在人工生殖手术实施前,契约当事人任何一方均可书面通知其他当事人和法院终止代孕合同;②法院认为有正当理由时,可以终止代孕合同;③终止契约的当事人须以书面向法院告知,法院收到终止通知后,应撤销契约认可命令;④代孕者及其配偶依据本条终止代孕契约的,无须承担违约责任。(第806条)

4. 代孕子女的法律地位

(1) 代孕子女出生后,委托夫妻应以书面通知法院:该子女是在代孕者实施人工生殖手术后300天内出生,法院依此颁布命令:确认委托夫妻为该子女法律上的父母;如有必要命令代孕者交付子女;一并指示出生记录保管局(Agency Maintaining Birth Records)向委托夫妻颁发委托夫妻为父母的出生证明。[第807条(a)]

(2) 若代孕子女的亲子关系被质疑,非经由人类辅助生殖技术所生产时,法院应以基因检测确定该子女的亲子关系。[第807条(b)]

(3) 依据本法第803条法院核发的代孕合同认可命令,法院应命令委托夫妻为子女的法定父母,承担亲权责任。[第807条(c)]

5. 代孕合同未经认可的法律后果

(1) 未经法院认可的代孕合同,均不能强制执行。[第809条(a)]

(2) 若代孕合同未经法院认可,代孕子女须回归分娩者为母的原则确定亲子关系。[第809条(b)]

(3) 即使代孕合同无效,不得强制执行,委托夫妻无法取得代孕子女的亲权,法院仍得认定委托夫妻须对所生子女承担扶养义务,并负担所有代孕

---

[1] 英文原文为:The consideration if any paid to the prospective gestational mother is reasonable.

费用。[第809条（c）][1]

综上所述，2002年《统一亲子地位法》中的代孕法律制度具有如下特点：其一，承认有偿代孕。其二，经过法院认可的代孕合同方为合法有效，当事人均可请求法院强制执行。其三，委托人须为夫妻，且双方均为契约当事人。其四，注重保护代孕子女的权益，代孕契约即使被认定为无效，委托夫妻无法取得子女的亲权，但仍需承担抚养费用。其五，注重对代孕者的权益保障，明确规定代孕合同不能限制代孕者优生保健自主权，以代孕者的健康利益为优先考量。其六，制度设计内容详尽，对代孕合同当事人、代孕合同的内容、合同终止事由、违约责任、代孕子女的法律地位等均有明确规定。

（二）2017年《统一亲子地位法》

2017年《统一亲子地位法》共计10章，其中第8章第801—818条对代孕生殖进行了规范。包括第一节"一般规定"、第二节"妊娠代孕协议的特殊规则"、第三节"基因代孕协议的特殊规则"三节内容。与2002年版《统一亲子地位法》相比，2017年版修订增补了10个条文，做了较大幅度的修改和完善。主要包括以下内容：

1. 一般规定

第一节"一般规定"包括第801—807条，主要对基本概念、当事人资格、代孕协议的程序要件、实体要件以及当事人婚姻状况的变化对代孕协议法律效力是否产生影响等一般性规则作了规定。

（1）基本概念

第801条对基因代孕（genetic surrogate）、妊娠代孕（gestational surrogate）及代孕协议（surrogacy agreement）的基本概念做了界定。规定委托人不限于委托夫妻，一个或多个委托人均可与代孕者签订代孕协议。

（2）代孕协议当事人的资格

代孕协议的当事人须具备法定资格，代孕者须：①年满21周岁；②之前至少生育过一个子女；③完成由有执照的医师执行的与代孕协议有关的医学评估；④完成由有执照的心理医师执行的与代孕协议有关的心理健康评估；

---

[1] 英文原文为：Individuals who are parties to a nonvalidated gestational agreement as intended parents may be held liable for support of the resulting child, even if the agreement is otherwise unforceable. The liability under this subsection includes assessing all expense and fees as provided in section 636.

⑤在与代孕协议条款和协议潜在后果相关的整个代孕协议进程中，有自己选择的独立的律师。[第802条（a）]

委托夫妻须：①年满21周岁；②完成由有执照的医师执行的与代孕协议有关的医学评估；③完成由有执照的心理医师执行的与代孕协议有关的心理健康评估；④在与代孕协议条款和协议潜在后果相关的整个代孕协议进程中，有自己选择的独立的律师。[第802条（b）]

（3）妊娠代孕协议、基因代孕协议的程序要求

无论妊娠代孕协议还是基因代孕协议，须遵循如下程序规则：①至少有一方当事人是本州居民，或者如果没有任何一方当事人是本州居民的，协议涉及的医学评估或者心理健康评估至少有一个在本州进行。②代孕者与每个委托人须满足第802条的规定。③每个委托人、代孕者以及代孕者的配偶（若已婚）须为协议的当事人。④协议须经本条第③项所列的各方以书面的形式签署。⑤代孕者与每个委托人须以记录的方式确认收到该协议的副本。⑥协议各方当事人的签名须经公证员证实或见证。⑦代孕者和委托人须在与代孕协议条款和协议潜在后果相关的整个代孕协议进程中，有自己独立的律师，并且每位律师须在代孕协议中予以确认。⑧委托人必须为代孕者支付独立律师费。（第803条）

（4）妊娠代孕协议、基因代孕协议的内容

无论妊娠代孕协议还是基因代孕协议，应当包括如下内容：①代孕者同意通过辅助生殖技术受孕。②代孕者与代孕者的配偶或者前配偶（如果有），不能主张根据本协议进行辅助生殖所生子女的亲子关系。③代孕者配偶（若已婚）必须承认并且同意遵守协议对代孕者设立的义务。④子女一出生，无论该子女的数量、性别、精神或者身体状况如何，委托人立刻成为该子女仅有的父母；有两个委托人的，每个委托人连带地成为该子女仅有的父母。[1]
⑤子女一出生，无论该子女的数量、性别、精神或者身体状况如何，委托人将承担对该子女的经济供养责任；有两个委托人的，每个委托人连带地承担对该子女的经济供养责任。⑥协议必须包含每个委托人如何承担代孕者的代

---

[1] 英文原文为：(4) Except as otherwise provided in Sections 811, 814, and 815, the intended parent or, if there are two intended parents, each one jointly and severally, immediately on birth will be the exclusive parent or parents of the child, regardless of number of children born or gender or mental or physical condition of each child.

孕费用和该子女的医疗费用的内容。如果医疗保险承保范围包含医疗费用的,协议内容必须包含与代孕承保范围有关的医疗政策规定的概要,包含代孕者可能承担的任何责任、第三方的责任的担保、其他保险范围以及影响代孕者承保范围或者责任的任何通知要求。⑦协议必须允许代孕者作出与其自身及其受孕有关的所有健康与福利决定。本法不扩大、不减小代孕者终止妊娠的权利。⑧协议必须包含根据本章规定终止代孕协议之权利的内容。[第804条(a)]

代孕协议可以约定以下内容:①对价支付与合理费用;[1]②根据本章规定终止协议的,补偿特定费用。[第804条(b)] 根据代孕协议创设的权利不可转让,除该子女外,协议中没有第三方受益人。[第804条(c)]

(5) 当事人婚姻状况变化对代孕协议法律效力的影响

代孕者及委托人婚姻状况发生变化时,对代孕协议的法律效力一般不产生影响:

除非代孕协议另有明文约定:①协议经所有当事人签署后,代孕者结婚的,不影响协议的法律效力。不要求代孕者配偶同意该协议,其配偶不是根据该协议进行辅助生殖所生子女的推定父母。②协议经所有当事人签署后,代孕者婚姻的终止、离婚、婚姻无效、判决分居等,不影响代孕协议的法律效力。[第805条(a)]

除非代孕协议另有明文约定:①协议经所有当事人签署后,委托人结婚的,不影响代孕协议的法律效力,不要求委托人的配偶同意该协议,其配偶不是根据该协议进行辅助生殖所生子女的推定父母。②协议经所有当事人签署后,委托人婚姻的终止、离婚、婚姻无效、判决分居等,不影响代孕协议的法律效力。[2][第805条(b)]

2. 妊娠代孕协议的特殊规则

(1) 妊娠代孕协议的终止

妊娠代孕协议的终止事由及法律后果为:妊娠代孕协议的一方,可以在

---

[1] 英文原文为:(1) payment of consideration and reasonable expenses.

[2] 英文原文为:(2) the [divorce, dissolution, annulment, declaration of invalidity, legal separation, or separate maintenance] of an intended parent after the agreement is signed by all parties does not affect the validity of the agreement and, except as otherwise provided in Section 814, the intended parents are the parents of the child.

胚胎移植前随时向所有他方以书面形式作出终止的通知以终止代孕协议。胚胎移植后，没有成功受孕的，一方可以在其后的胚胎移植前随时终止该协议。［第808条（a）］根据本条（a）款的规定终止代孕协议的，各方不受该协议的约束。除非依据妊娠代孕协议的特别约定，每个委托人仍须对应补偿的费用和妊娠代孕者产生的费用负责。［第808条（b）］除非涉及欺诈，根据本条规定终止妊娠代孕协议的，妊娠代孕者、其配偶或者前配偶（如果有），均不对委托人承担违约赔偿责任。［第808条（c）］

（2）妊娠代孕协议中的亲子关系

妊娠代孕协议中亲子关系为：根据妊娠代孕协议进行辅助生殖受孕所生子女出生时，每个委托人依法为该子女的父母。妊娠代孕者、其配偶或者前配偶（如果有），均不是该子女的父母。如果有人声称所生子女为妊娠代孕者的亲生子女的，法院应当命令对该子女进行基因检测。如果该子女是妊娠代孕者的亲生子女的，必须根据第一章至第六章的规定确认亲子关系。由于临床错误或者实验室差错，根据妊娠代孕协议进行辅助生殖受孕所生子女与委托人或者向委托人捐赠的捐赠者没有血缘关系的，受亲子关系的其他主张的限制，每个委托人为该子女的父母，妊娠代孕者、其配偶或者前配偶（如果有）不是该子女的父母。[1]（第809条）

（3）妊娠代孕协议亲子关系指令

妊娠代孕协议中亲子关系指令的颁发程序与条件如下：在根据妊娠代孕协议进行辅助生殖受孕并出生的子女出生之前、之时或者之后，为了下列指令或判决，协议的一方可以在适当法院提起诉讼：①宣告每个委托人为该子女的父母，并命令在该子女出生时，父母的权利和义务仅属于每个委托人；②宣告妊娠代孕者、其配偶或者其前配偶（如果有）并非该子女的父母；③根据本州其他法律规定，指定出生记录的内容，并指示保存出生记录的州行政机关指定委托人为该子女的父母；④为保护该子女和当事人隐私，宣告法院的记录不接受公开查阅；⑤必要时，将该子女交给委托人；⑥法院确定

---

［1］英文原文为：(d) Except as otherwise provided in subsection (c) or Section 810 (b) or 812, if, due to a clinical or laboratory error, a child conceived by assisted reproduction under a gestational surrogacy agreement is not genetically related to an intended parent or a donor who donated to the intended parent or parents, each intended parent, and not the gestational surrogate and the surrogate's spouse or former spouse, if any, is a parent of the child, subject to any other claim of parentage.

的其他必要且适当的救济。[第811条(a)]

(4) 妊娠代孕协议的法律效力

妊娠代孕协议具有强制执行力：符合第802条、第803条和第804条规定的妊娠代孕协议可以强制执行。[1]妊娠代孕者、一个或多个委托人违反该协议的，非违约方有权获得普通法或者衡平法上的救济。妊娠代孕者违反关于人工生殖手术、终止或者不终止妊娠、医疗程序等的约定，强制执行不得作为补救措施。[2]确认委托人为该子女的父母的，强制执行可以作为下列情形的补救措施：①妊娠代孕者违反协议，阻碍委托人在子女出生时立即行使父母的全部权利；②委托人违反协议，根据该协议进行辅助生殖受孕所生子女出生时，拒绝承担父母义务的。[3](第812条)

3. 基因代孕协议的特殊规则

(1) 认可基因代孕协议的条件

在基因代孕协议中，代孕子女与代孕者具有血缘上的遗传关系，代孕者极易事后反悔，背离代孕合同当事人的缔约目的，引发亲子纠纷。为确保当事人理性判断基因代孕协议的内容及法律后果，与妊娠代孕协议不同，第813条对基因代孕协议设置了更为严格的法院认可程序，主要包括：

为了基因代孕协议能够强制执行，基因代孕协议须由指定的法院认可。认可协议的程序必须在进行有关代孕协议的辅助生殖之前开始。法院查明满足下列条件的，应当签发认可基因代孕协议的命令：符合第802条、第803条和804条的规定；且各方自愿签订协议并且理解协议条款的含义。(第813条)

(2) 基因代孕协议的终止

与2002年《统一亲子地位法》类似，该条保留了基因代孕者的亲权保留权。基因代孕协议的终止事由及法律后果为：

---

[1] 英文原文为：(a) A gestational surrogacy agreement that complies with Sections 802, 803, and 804 is enforceable.

[2] 英文原文为：(d) Specific performance is not a remedy available for breach by a gestational surrogate of a provision in the agreement that the gestational surrogate be impregnated, terminate or not terminate a pregnancy, or submit to medical procedures.

[3] 英文原文为：(1) breach of the agreement by a gestational surrogate which prevents the intended parent from exercising immediately on birth of the child the full rights of parentage; or (2) breach by the intended parent which prevents the intended parent's acceptance, immediately on birth of the child conceived by assisted reproduction under the agreement, of the duties of parentage.

基因代孕协议的一方可以通过以下方式终止协议：①作为协议一方当事人的委托人，可以在配子或者胚胎移植前，随时以书面形式向他方当事人发出终止通知，以终止协议。可以在胚胎移植前随时向所有他方以书面形式作出终止的通知以终止代孕协议。胚胎移植后，没有成功受孕的，一方可以在其后的胚胎移植前随时终止该协议。终止通知必须经公证员证实或者见证。②作为协议一方当事人的基因代孕者，可以在根据协议的约定进行辅助生殖受孕所生子女出生后 72 小时内，随时撤回对该协议的同意。为了撤回同意，基因代孕者必须以书面形式进行终止通知，说明终止代孕协议的意图。终止通知必须经公证员证实或者见证，并在该子女出生后 72 小时内随时将其交付给每个委托人。〔1〕[第 814 条（a）]

依法终止基因代孕协议的，各方不受该协议的约束。除非依据基因代孕协议的特别约定，每个委托人仍须对应补偿的费用和妊娠代孕者产生的费用负责。除非协议另有约定，代孕者无权获得作为代孕者应被支付的任何非补偿费用。除非涉及欺诈，根据本条规定终止基因代孕协议的，基因代孕者、其配偶或者前配偶（如果有），均不对委托人承担违约赔偿责任。[第 814 条（b）（c）]

（3）经认可的基因代孕协议的亲子关系

经认可的基因代孕协议中的亲子关系如下：每个委托人应当是基因代孕所生子女的父母。法院应当据此作出以下命令：①宣告每个委托人为根据协议进行辅助生殖受孕所生子女的父母，并命令父母的权利和义务仅属于每个委托人；②宣告基因代孕者、其配偶或者前配偶（如果有），均不是该子女的父母；③根据本州其他法律规定，指定出生记录的内容，并指示保存出生记录的州行政机关指定委托人为该子女的父母；④为保护该子女和当事人隐私，宣告法院的记录不接受公开查阅；⑤必要时，将该子女交给委托人；⑥法院确定的其他必要且适当的救济。

如果有人声称基因代孕者所生子女并非通过辅助生殖受孕所生，法院应

---

〔1〕 英文原文为：(2) A genetic surrogate who is a party to the agreement may withdraw consent to the agreement any time before 72 hours after the birth of a child conceived by assisted reproduction under the agreement. To withdraw consent, the genetic surrogate must execute a notice of termination in a record stating the surrogate's intent to terminate the agreement. The notice of termination must be attested by a notarial officer or witnessed and be delivered to each intended parent any time before 72 hours after the birth of the child.

当命令对该子女进行基因检测,以确定该子女的基因亲子关系。如果该子女不是通过辅助生殖受孕所生的,必须根据第一章至第六章的规定确认亲子关系。该子女不是通过辅助生殖受孕所生的,代孕者无权获得作为代孕者应当被支付的任何非补偿费用,但是基因代孕协议另有约定的除外。(第815条)

(4) 委托人死亡时基因代孕协议中的亲子关系

委托人死亡对基因代孕协议中亲子关系的影响:即使委托人在自配子或胚胎移植至子女出生期间死亡,根据基因代孕协议进行辅助生殖受孕所生子女出生时,每个委托人仍然为该子女的父母。委托人在配子或胚胎移植之前死亡的,委托人不是根据妊娠代孕协议受孕所生子女的父母,除非该协议另有约定;且配子或者胚胎移植在委托人死亡后36个月内进行,或者子女在委托人死亡后45个月内出生。(第817条)

(5) 违反基因代孕协议的法律后果

违反基因代孕协议的法律后果为:基因代孕者、一个或多个委托人违反基因代孕协议的,非违约方有权获得普通法或者衡平法上的救济。基因代孕者违反关于人工生殖手术、终止或者不终止妊娠、医疗程序等的约定,强制执行不得作为补救措施。强制执行可以作为下列情形的补救措施:①基因代孕者违反经认可的基因代孕协议,阻碍委托人在子女出生后72小时内行使父母的全部权利;②委托人违反协议,根据该协议进行辅助生殖受孕所生子女出生后72小时内,拒绝承担父母义务的。(第818条)

综上所述,2017年《统一亲子地位法》与2002年相比,具有以下共性:其一,重申了承认有偿代孕的基本立场。其二,重申了在代孕者成功受孕前,双方当事人的任意解除权,并细化了合同解除的法律后果。但两者存在如下差异:其一,基本概念的变化:用代孕者(surrogate)的称谓替代代孕母(surrogate mother)。代孕者的称谓更加中性,仅表明该女性代为怀孕生产,并未赋予其母亲的法律地位,与代孕生殖的法律后果保持一致。其二,承认基因代孕,并区分妊娠代孕与基因代孕分两节做了不同规定。妊娠代孕与基因代孕的差异主要表现为:①基因代孕须经法院事前认可,妊娠代孕无须履行此程序。②承认基因代孕者的亲权保留权,即在代孕子女出生后72小时内,基因代孕者有权决定是否保留代孕子女的亲权。妊娠代孕中,代孕者并无此权,代孕子女一旦出生,委托人即取得亲权。其三,委托人不限于委托夫妻,可为一人(one or more intended parents),一定程度上保护了单身男女寻求代孕生殖的权利。其四，进一步细化了代孕协议的当事人，明确规定代孕协议的当事人包括每个委托人、代孕者以及代孕者的配偶（若已婚）。其五，进一步明确了代孕子女的亲权确定时间。2002年《统一亲子地位法》规定代孕子女出生后，委托夫妻须获得法院核发的代孕合同认可命令才能取得代孕子女父母的法律地位。2017年则更为简洁，规定代孕子女一出生，无论该子女的数量、性别、精神或者身体状况如何，委托人立刻成为该子女仅有的父母。亲子关系得以尽快确定，有利于维护家庭关系的稳定。其六，进一步补充了代孕者、委托人婚姻关系的变动是否对代孕子女亲子关系产生影响的相关规定。表明代孕者、委托人婚姻关系的变动均不影响代孕子女亲子关系的基本立场，有助于亲子关系的明确稳定。其七，针对代孕生殖中因医疗过错造成错误受孕时所生子女的亲子关系做了明确规定，明确委托人仍为所生子女法定父母的基本立场。其八，明确肯定了代孕协议的强制执行力。2002年《统一亲子地位法》规定只有经法院认可的代孕合同才有强制执行力。2017年仅要求基因代孕协议须经法院认可，妊娠代孕协议无须经法院认可就具有强制执行力。如第812条（a）明确规定：符合第802条、第803条和第804条规定的妊娠代孕协议可以强制执行。[1]在一定程度上终结了学理中代孕协议是否具有强制执行力的争议。

六、美国代孕法律制度的核心内容与基本特征

综上所述，美国代孕法律制度的核心内容与基本特征主要表现为：其一，承认有偿代孕。代孕者不仅有权获得必要合理费用，而且可以取得相关报酬。其二，代孕合同的强制执行：对代孕合同强制执行力的承认逐步放宽。2002年《统一亲子地位法》要求代孕合同须经法院认可方合法有效，当事人双方方得请求强制执行。2017年则认为满足法律规定的妊娠代孕合同无须经法院认可即具有强制执行力。其三，代孕类型：代孕子女的生殖细胞至少来源于委托夫妻之一方，卵子可以由代孕者提供，承认全血缘代孕、代孕者捐卵代孕及其他半血缘代孕，禁止无血缘代孕。要求委托妻须满足不能怀孕或不宜怀孕的限制条件，禁止非治疗性代孕。其四，当事人资格：当事人须成年；

---

[1] 英文原文为：(a) A gestational surrogacy agreement that complies with Sections 802, 803, and 804 is enforceable.

代孕者已婚、未婚均无不可。对于委托方资格的认定逐渐放宽。2017年《统一亲子地位法》实施之前,要求委托方须为夫妻,具有婚姻关系。但2017年《统一亲子地位法》允许单身男女寻求代孕。其五,代孕子女的亲子认定:对亲子关系认定的限制逐渐放宽。2017年《统一亲子地位法》实施之前,立法多基于委托夫妻与代孕子女之间的血缘关系,以及代孕者并无承担母职的本意,认定代孕子女出生后委托夫妻即为代孕子女的法定父母,无须通过收养程序,也无须取得法院颁布的亲权命令,只要代孕合同经过法院事先许可,代孕子女出生后通过基因检测,获得法院核发的代孕合同认可命令,即可确认委托夫妻与代孕子女之间的亲子关系。2017年《统一亲子地位法》则更为简洁,规定妊娠代孕子女一出生,无论该子女的数量、性别、精神或者身体状况如何,委托人即刻成为该子女仅有的父母。其六,制度设计详尽,对代孕合同当事人及其资格、代孕合同的内容、合同终止事由与法律后果、违约责任、代孕子女的法律地位、代孕费用的计算、当事人婚姻关系变动对亲子关系的影响、因医疗过错造成错误受孕时所生子女的亲子关系等均有明确规定。其七,一定程度上承认了代孕者亲权保留权及合理的考虑期:2017年《统一亲子地位法》实施前,立法多认为代孕者经历怀孕生产,与所生子女会发生感情上的关联,有时甚至难以割舍,类推收养中生父母于收养判决前得撤回的制度,赋予代孕者亲权保留权。2017年《统一亲子地位法》仅承认基因代孕者的亲权保留权,即在代孕子女出生后72小时内,基因代孕者有权决定是否保留代孕子女的亲权。妊娠代孕者并无此权。其八,监管机制健全。代孕生殖的所有程序须经州授权的具有相关资质的医疗机构完成,代孕合同不仅经由律师、医师、心理师的告知,而且法院召开听证会并颁布命令,将代孕生殖技术置于公权的有效监管之中。

第四节 其他国家和地区的代孕法律制度

一、澳大利亚的代孕法律制度

澳大利亚人类辅助生殖技术发展由来已久。1980年6月23日,澳大利亚首例试管婴儿诞生。1984年,在特朗森和摩尔冷冻胚胎技术的指导下,世界上首例冷冻胚胎婴儿出生于澳大利亚墨尔本。人类辅助生殖技术的发达催生了人类辅助生殖法律制度的日趋完善。澳大利亚为联邦制国家，迄今为止联邦立法尚未对代孕生殖进行规范，各州相关规定可资参考。

1. 维多利亚州的代孕法律制度

受宗教影响，维多利亚州1984年颁布的《不孕医疗程序法》（Infertility Medical Procedures Act）禁止代孕。第30条明确规定，禁止代孕，禁止代孕宣传及提供报酬，违反者将处2年以下有期徒刑，并处罚金。该法认为代孕合同无效，不具有强制执行力。

2008年，维多利亚州通过《生殖辅助治疗法》（Assisted Reproductive Treatment），其第44条规定仅禁止商业代孕，违反者课以刑责。承认了利他非商业代孕的合法性。

2. 南澳大利亚州的代孕法律制度

1983年，南澳大利亚州成立体外授精及经由捐赠之人工授精工作团体（Working Party on In Vitro Fertilisation and Artificial Insemination by Donor），该团体于1984年提出报告。1988年，南澳大利亚州依此修订了《家庭关系法》，确立了人工生殖子女的法律地位，并规定代孕合同无效。

2009年，南澳大利亚州颁布《代孕法（修正案）》（Amendment Surrogacy Act），仅禁止有偿代孕。

3. 昆士兰州的代孕法律制度

1983年，昆士兰州成立特别委员会，调查人工授精、体外授精等相关事项。1984年，委员会提出报告书。1988年昆士兰州颁布《代孕亲子法》（Surrogacy Parenthood Act），禁止代孕。该法第3条规定，禁止代孕，违反者可处3年以下有期徒刑，并处罚金。

2010年，昆士兰州通过《代孕法案》（Surrogacy Act），第22条第2款e（VI）规定：仅得进行非商业性代孕生殖。[1]该法第11条明确规定代孕者有权主张的费用范围，[2]违反规定者，将课以刑责。其立场与维多利亚州、南

---

[1] 英文原文为：22 Making a parentage order （2） The court may make the parentage order only if it is satisfied of all of the following matters— （e） the surrogacy arrangement— （VI） is not a commercial surrogacy arrangement.

[2] 第11条第1款英文原文为：11 Meaning of birth mother's surrogacy costs （1） A birth mother's surrogacy costs are the birth mother's reasonable costs associated with any of the following matters— （a） becoming or trying to become pregnant； （b） a pregnancy or a birth； （c） the birth mother and the birth mother's spouse （if any） being a party to a surrogacy arrangement or proceedings in relation to a parentage order.

澳大利亚州相同，承认了利他非商业代孕的合法性。

此外，2010年新南威尔士州通过《代孕法案》（Surrogacy Bill），开宗明义禁止商业代孕。2008年，西澳州颁布《代孕法案》（Surrogacy Act），第8条对于接受报酬订立代孕合同的人课以刑责。

可见，澳大利亚各州旧有立法多禁止代孕，近几年逐渐开放代孕生殖，但均坚持代孕应在利他前提下进行，严厉禁止商业代孕。

二、新西兰的代孕法律制度

1997年7月，新西兰成立国家人工协助生殖伦理委员会（National Ethics Committee on Assisted Human Reproduction），允许以人工生殖体外授精的方式进行非商业代孕。2000年4月，国家人工协助生殖伦理委员会发布非商业目的、利他主义的《人工体外授精代孕准则》（Guidelines on IVF Surrogacy），并于2002年3月作了修订。2004年8月，更新代孕申请表。2005年3月，再次修订《人工体外授精代孕准则》。主要内容如下：

1. 代孕的界定

代孕者，是指同意为另一对夫妻怀孕，并于子女出生后，将该子女交由委托夫妻养育的女性。卵子既可以来源于委托夫妇，又可以来源于代孕者。

2. 委托夫妻的资格

委托夫妻须具备以下资格：（1）委托夫妻至少有一方是代孕子女基因上的父母。（第1条）（2）委托夫妻须符合医学上不能怀孕或怀孕会对自己及子女造成潜在损害的限制条件。（第2条）（3）委托夫妻须为新西兰永久居民。（第3条）（4）委托夫妻可以向代孕者支付代孕费用，但不能支付报酬。（第4条）（5）委托夫妻的审查，必须根据生殖技术鉴定委员会的准则进行。（第5条）（6）代孕子女应由委托夫妻收养。（第6条）（7）以人工体外授精方式实施代孕生殖之前，委托夫妻须在计划收养的地方，与儿童、青少年及家庭服务机构见面讨论收养的资格条件。（第7条）

3. 代孕者的资格

代孕者须具备以下资格：（1）代孕者须为委托夫妻之家族成员或亲密朋友。（第8条）（2）代孕者及其配偶须有完整的家庭。（第9条）（3）胚胎之移植，须根据生殖技术鉴定委员会之准则进行。（第10条）（4）代孕者之审查，须根据生殖技术鉴定委员会之准则进行。（第11条）（5）代孕者及其配

偶须为新西兰永久居民。(第 12 条)(6)代孕者不能接受任何代孕报酬,但可以接受必要的代孕费用。(第 13 条)

4. 代孕子女的法律地位

代孕子女由委托夫妻收养。(第 6 条)所有代孕之申请,须提交完整的申请表,并经国家人工协助生殖伦理委员会以个案认定,伦理上认可。(第 22 条)

新西兰仅承认治疗性代孕、非商业代孕。就血缘关系而言,承认全血缘代孕、代孕者捐卵代孕和其他半血缘代孕,禁止无血缘代孕。并对代孕合同当事人的资格作了较为明确的限制和规范,但以收养制度解决代孕子女的亲子关系会导致代孕子女法律地位不明,增加亲权纠纷,一定程度上使委托夫妻面临实施代孕生殖目的落空的风险。

三、加拿大的代孕法律制度

2004 年,加拿大通过《人类辅助生殖法》(Assisted Human Reproduction Act),全文共 78 条,明确禁止商业代孕。其主要内容为:

1. 代孕者的界定

代孕者,是指经由人工生殖技术而怀有捐赠者基因之子女,并愿意于分娩后放弃该子女,而交付于捐赠者或其他人之女性。(第 3 条)

2. 禁止商业代孕

禁止实施以下商业代孕行为:①禁止任何人向代孕者提供对价,或要约提供对价或为此对价提供广告服务。②禁止任何人因安排代孕服务而接受对价,禁止要约为了实现代孕安排而提供对价或为此安排提供广告服务。③禁止任何人对他人安排代孕的服务提供对价,禁止要约给付该对价或为该对价提供广告。④禁止任何人提供相应咨询或引诱该女性成为代孕者,禁止在知道或有理由相信该女性不满 21 岁的情形下,为帮助该女性成为代孕者提供医疗手术。(第 6 条)[1]

---

[1] 英文原文为:6. (1) No person shall pay consideration to a female person to be a surrogate mother, offer to pay such consideration or advertise that it will be paid. (2) No person shall accept consideration for arranging for the services of a surrogate moth- er, offer to make such an arrangement for consideration or advertise the arranging of such services. (3) No person shall pay consideration to an- other person to arrange for the services of a surrogate mother, offer to pay such consideration or advertise the payment of it. (4) No person shall counsel or induce a female person to become a surrogate mother, or perform any medical procedure to assist a female person to become a surrogate mother, knowing or having reason to believe that the female person is under 21 years of age.

3. 代孕费用

向代孕者支付费用须依据支出的收据。禁止向代孕者支付怀孕期间有关工作收入的损失，除非由医生以书面形式证明，继续工作可能对代孕者、胚胎或胎儿的健康造成危险，而且须经加拿大人工协助生殖管理局（Assisted Human Reproduction Agency of Canada）许可。（第12条第3款）[1]

4. 代孕子女的法律地位

《人类辅助生殖法》对于代孕子女法律地位未做特别规定，准用民法的一般规则。加拿大以分娩说作为母亲的认定标准，精子、卵子的捐献者并非其父母，不得行使亲权。

可见，加拿大立法禁止商业代孕，要求代孕子女至少与委托夫妻一方具有基因关系，承认全血缘代孕、代孕者捐卵代孕和其他半血缘代孕，禁止无血缘代孕。严格限定向代孕者支付费用的内容，甚至原则上禁止向代孕者支付怀孕期间有关工作收入的损失。但该法对于代孕合同的当事人及其资格、代孕合同的内容、终止事由、违约损害赔偿及亲子关系认定等均未作出详细规定。

四、法国的代孕法律制度

1984年，法国成立国家伦理咨询委员会，针对遗传、生殖等涉及的伦理法律问题展开讨论。1986年，委员会提出报告书，主张代孕合同因违反公序良俗而无效，不履行契约者无须承担违约损害赔偿责任。1989年，《生命科学与人权关系（草案）》否定代孕生殖的合法性，违反者应受刑事制裁。法国卫生部还宣称代孕生殖技术是奴役妇女。1991年，法国最高法院根据"人体不能随意支配"的原则，否定代孕生殖的合法性。1994年，法国通过《生命伦理法》，全面禁止代孕。依"分娩者为母"原则，认定代孕者为代孕子女的法定母亲且不得随意放弃亲权。[2]即使委托夫妻在国外寻求代孕，并与所生子女具有血缘关系，代孕子女也不能取得法国国籍。该法第227条第12款还规定，对为委托夫妻和代孕者居中介绍的中介组织和个人进行刑事处罚，最

---

[1] 英文原文为：12.(3) No person shall reimburse a surrogate mother for a loss of work-related income incurred during her pregnancy, unless (a) a qualified medical practitioner certifies, in writing, that continuing to work may pose a risk to her health or that of the embryo or foetus; and (b) the reimbursement is made in accordance with the regulations and a licence.

[2] 参见田宏杰："代孕治理的时代之问与应然选择"，载《中国应用法学》2021年第6期。

高可被判处 1 年有期徒刑和 1.5 万法郎罚金；如果以营利为目的或者持续介绍代孕，最高可判处 2 年有期徒刑和 3 万法郎罚金；如果中介机构或诊所为此行为，最高可判处 45 万法郎的罚金。[1]1994 年 7 月 29 日，法国通过第 94—653 号法律，增设《法国民法典》第 16—1 条至第 16—12 条，其中第 16—1 条规定：“任何人均享有身体受到尊重的权利。人之身体不得侵犯。人体、人体各组成部分及人体所生之物，不得作为财产权利之标的。”第 16—7 条更明确规定代孕协议无效：“为他人之利益生育或怀孕的任何协定，均无效。”2015 年，法国修订了《刑法典》，规定违反《公共卫生规范》滥用人工生殖技术实施代孕的，可判处 5 年有期徒刑和 7.5 万法郎罚金。

2011 年一起案件引发法国全国热议。一对来自法国马恩河谷省的不孕夫妇（梅内松夫妇），到允许代孕的美国加州寻找了一位代孕者，利用委托夫的精子和第三人捐献的卵子，于 2000 年在加州成功代孕生下一对双胞胎女儿。在美国，梅内松夫妇顺利地获得了代孕子女的亲权。然而，依照法国法律，代孕所生的双胞胎女儿 11 年来一直无法获得法国国籍。梅内松夫妇提起诉讼，未获法院支持，后又经过上诉，法院依然依照现行立法维持原判。让一心为女儿解决国籍问题的梅内松夫妇大失所望。他们认为，孩子的权利又一次没有得到尊重。最终，他们将法国作为被告向欧洲人权法院提起诉讼。欧洲人权法院于 2014 年作出判决，认为法国最高法院的裁定侵害了代孕子女的基本人权，违反了《欧洲人权公约》第 8 条"任何人的私生活和家庭生活都有权得到尊重"的规定。[2]

五、德国的代孕法律制度

（一）1985 年、1988 年报告书

1984 年 6 月，德国联邦议会成立"基因工程学之可能性与危险性"特别调查委员会。1985 年 11 月 25 日，委员会提出体外授精、染色体重组及遗传细胞治疗相关问题的报告书，原则上禁止代孕，但若为遗传学及医学上认定该妇女确实无怀孕能力时，例外承认以近亲进行代孕。

---

[1] 参见齐湘泉、安朔："跨境代孕法律规制研究——兼议跨境代孕产生的亲子关系认定"，载《中国青年社会科学》2021 年第 5 期。

[2] 参见王艺："外国判决承认中公共秩序保留的怪圈与突围——以一起跨国代孕案件为中心"，载《法商研究》2018 年第 1 期。

1986年4月,联邦法务部委员会提出《胚胎保护法(草案)》。同年9月,联邦法务部大臣及各州法务、保健行政机关代表及相关各省代表组成共同检讨委员会。1988年8月,委员会提出报告书,禁止与代孕相关的医疗行为,禁止代孕中介,禁止代孕的斡旋、宣传与广告,并认为代孕合同在民法上系属无效。

(二)1989年、2001年修订《收养介绍法》

1987年,法兰克福一家代孕中介公司为委托夫妻提供美国代孕中介服务,法兰克福市政当局以违反《收养介绍法》为由,禁止该中介公司营业。公司不服,提起行政诉讼,经法兰克福高等行政法院判决,确认中介公司提供的代孕中介服务系《收养介绍法》禁止的行为。该案件直接促成《收养介绍法》的修订。

德国分别于1989年、2001年修订《收养介绍法》(Gesetz Zur Anderung des Adoptionsvermittlungsgesetz),主要修订收养中介事项,其中亦涉及对代孕行为的管制。1989年修订的《收养介绍法》重申禁止代孕的立场,明确禁止代孕中介。相关内容主要包括:其一,代孕者的界定:代孕者,是指基于双方合意将他人的胚胎,通过人工生殖技术植入自己子宫,并为其生产子女,于子女出生后,交由他方当事人收养的妇女。其二,禁止代孕中介。任何人不得为委托夫妻及代孕者提供代孕中介服务,否则将承担刑事责任。其三,禁止向社会大众搜集、公开委托夫妻和代孕者的相关消息,否则将承担刑事责任。德国立法禁止代孕,但如果有人违反法律通过代孕生育子女,立法不得不明确代孕子女的亲子关系。2001年修订的《收养介绍法》增加了代孕子女法律地位的相关规定。该法规定,于代孕子女出生后,交由委托夫妻收养,或由委托夫妻直接收养胎儿。可见,《收养介绍法》对代孕生殖持禁止态度,并通过收养制度解决代孕子女的亲子关系,不足以保障代孕者、委托夫妻与代孕子女的正当权益。

(三)1990年《胚胎保护法》

1990年12月,德国三读通过《胚胎保护法》(Embryonenschutzgesetz—EschG),全文共13条,旨在维护人类生命尊严,防止人类辅助生殖技术被滥用。该法认为,滥用代孕生殖技术,为代孕者进行人工授精或胚胎移植者,课以刑责或罚金,但该处罚不及于委托夫妻及代孕者。第1条规定:"有下列情形之一者,处3年以下有期徒刑或罚金:……为了在生产后将其子女转让给第三人，为该母体进行人工授精或植入人类胚胎。……不处罚代孕者及具永久抚养意思的受让人。"其立法理由在于保障德国基本法对人之尊严及生命伦理不被侵害。《德国基本法》第1条就规定："人类尊严不可侵犯，尊重及保护此项尊严为所有国家机关的义务。"胚胎与受精卵皆属于德国宪法对人类尊严及生命权保障的范围，在胚胎不能自行主张生命权或人格权的情形下，不能以母亲的生育自决权作为唯一判断标准。宪法宣誓人类尊严，人本身就是目的，不得被视为工具或手段，人若被物化，将毫无尊严可言。代孕生殖可能导致人的物化，导致人的商品化，对人类尊严有重大伤害，对代孕子女的身心发展亦有负面影响。

《德国民法典》第1589条规定："从己身所出与己身所从出者，互为直系血亲。"但随着人类辅助生殖技术的发展，生母与子女不一定具有血缘关系。即便如此，1998年德国民法修订时，仍然以分娩说作为母亲身份的认定标准。第1591条依然遵循"生母恒定原则"，认为"分娩者为该子女之母亲"。即使代孕者与代孕子女之间并无遗传上的血缘关系，也不影响代孕者母亲身份的认定。委托夫妻只能通过收养制度取得代孕子女的亲权。

德国立法禁止代孕，对代孕合同的当事人、代孕合同条款、代孕合同终止、违约损害赔偿等问题均未作回应。但禁止不代表不存在、不发生，断然禁止会使得代孕生殖转入地下或境外，反倒使委托夫妻、代孕者和代孕子女的利益更无保障。倘若当事人违法实施代孕生殖，委托夫妻只能通过收养制度取得代孕子女的亲权，不仅违反代孕合同当事人的本意，还使得代孕子女的亲子关系处于不确定状态，有违子女最佳利益原则。

值得注意的是，近几年德国法院对跨国代孕子女的亲子认定出现缓和趋势，认为跨国代孕并不违反德国公共秩序，严禁代孕的立场有所松动。2014年12月10日，德国联邦最高法院（BGH）作出裁决，承认了美国加州法院一项关于代孕子女亲子关系的判决。在该案中，A和B是一对同性伴侣，拥有德国国籍，住所地在柏林。二人于2010年与一位美国加州妇女J达成代孕协议。根据协议，代孕子女唯一的法定父母是A和B。胚胎是由A的精子和一位匿名捐献者的卵子受精而成。受精胚胎移植到J的子宫，通过代孕成功生下一对双胞胎。2011年，A和B获得了一份加州法院的判决，认定A和B是双胞胎的父母。2011年6月，A和B携带子女回到柏林，要求当地主管机关进行出生登记，遭到拒绝。二人向地方法院提起诉讼，遭到驳回。联邦最高法院推翻了下级法院的判决，认为应当根据《家事程序法》第108条承认美国加州法院的判决。对美国加州法院判决的承认，不违反该法第109条所规定的限制性条件，也不违反德国公共秩序。[1]

六、日本的代孕法律制度

日本虽无代孕生殖的专门立法，但有严格规范的医疗机构行业规则。行业规则在日本医疗行业具有至高地位，不遵守行业规则的医疗机构根本无法生存，因而在涉及代孕生殖的相关事务上，日本的医疗机构已实现高度自治，国家行政介入的空间十分有限。[2] 1998年，日本厚生省[3]科学审议会成立生殖辅助医疗技术专门委员会。2000年12月，专门委员会发表《有关借由精卵胚胎之提供等，所为生殖辅助医疗的应有方式的报告书》，禁止代孕及代孕中介，对违反者施以刑罚。2001年，厚生劳动省和法务省根据该报告书，分别成立审议会，进行相关法律规范的研讨。2003年4月，厚生劳动省及法务省提出研讨报告书，承认"精、卵、胚胎"的捐赠，但禁止代孕生殖。禁止理由如下：其一，代孕生殖系利用当事人之身体怀孕生产。其二，代孕生殖产生使代孕者必须忍受长达10个月期间伴随怀孕、生产可能危及生命的潜在风险。其三，代孕者必须在自己体内孕育胎儿10个月，与单纯精卵或胚胎捐赠有显著差别，也可能产生代孕者与委托夫妻争夺代孕子女的情形，与子女最佳利益原则相悖。

2003年4月，日本产科妇人科学会也基于以下理由否定代孕生殖的合法性：其一，违背儿童人权公约禁止贩婴的规定，违背子女最佳利益原则；其二，漠视代孕者与代孕子女之间的情感联系；其三，代孕合同隐藏一方违约风险，及新生儿残障时委托方拒绝受领子女、生母与子女血缘不一致造成亲属关系复杂化、有偿代孕导致母体商品化等问题，难为社会所接受。2003年1月，日本举行"关于繁殖补助医疗技术的意识调查"，以一般国民为对象进行为期1年9个月的调查研讨，持续总计举办27次研讨会，并于2003年4月28日做成《关于根据精子、卵子、胚胎之提供于繁殖补助医疗制度之整备报

---

[1] 参见杜涛："国际私法国际前沿年度报告（2014-2015）"，载《国际法研究》2016年第2期。

[2] 参见田宏杰："代孕治理的时代之问与应然选择"，载《中国应用法学》2021年第6期。

[3] 2001年日本厚生省改为厚生劳动省。

告书》，对代孕生殖采禁止态度，认为应优先考虑代孕子女的利益，不得将他人作为繁殖工具。

2004年，日本发生引发全国轰动的著名影星向井亚纪代孕案件。影星向井亚纪因患宫颈癌失去生育能力，遂与其夫高田延彦到美国内华达州寻求代孕，并顺利生下有血缘关系的双胞胎男婴。依据美国内华达州法律，向井亚纪夫妇顺利得到孩子的亲权及孩子的出生医学证明。2004年，夫妻二人携双胞胎婴儿回到日本，并持美国判决向东京品川区申请出生登记，但遭驳回。向井亚纪夫妇向东京家庭法院提出"命品川区区长受理出生登记"的申请，裁判结果同样以妻无分娩事实为由驳回请求。夫妻二人向东京高等法院提出抗告，东京高等法院认为，美国内华达州法院判决并未违反《日本民事诉讼法》第118条"公共秩序与善良风俗"之规定，应承认美国判决在日本的法律效力，判决撤销一审法院裁定。东京品川区区长不服东京高等法院的裁决，向日本最高法院提出再抗告。2007年日本最高法院撤销东京高等法院的裁决，认为"代孕合同虽然于美国内华达州合法，且取得内华达州法院判决委托方与小孩间之法律关系成立。但外国法院判决在日本申请裁定准予强制执行须以不违反日本国法律及公序良俗为限。代孕合同显然与日本国内之公序良俗所违背，""究应承认何人之间成立亲子关系，与构成该国身份法秩序基本原则，乃至于基本理念息息相关。亲子关系的认定，必须明确到只有单一定义的程度"。[1]同时指出，此判决对代孕子女造成的不利影响，留待立法予以解决。

日本社会对向井亚纪夫妇渴望子女并克服种种困难制造生命的过程十分同情，呼吁政府修订新法的呼声蜂拥而至。2006年12月，厚生劳动省劳动大臣与法务大臣在舆论的强大压力下，联名委托日本学术会议研讨代孕生殖的可行性，经学者专家历经1年3个月的研讨，于2008年4月8日公布报告书，认为除临床试验外，原则上禁止代孕生殖，并建言如下：①代孕生殖留待立法规范，原则上禁止实施。②以商业为目的实施代孕，增设罚则，并以实行之医师、中介、委托者为处罚对象。③顾及母体保护、尊重出生子女之福祉，应长期观察代孕之医学的、伦理的、法律的、社会的问题及其危险性。④为因应代孕临床试验之所需，应设立医疗、福利、法律、咨商等专家组成管理

---

[1] 黄丁全：《医疗 法律与生命伦理》（下），法律出版社2015年版，第1108~1109页。

营运机构，在实行一段时间后检讨其妥当性。⑤亲子关系应以代孕者为其母亲，委托夫妻与代孕子女应借由收养确立亲子关系。⑥出身之知情权、卵子提供、死后生殖都是今后探讨的议题。⑦设立公立研究机构，专门研讨包括代孕在内的生殖辅助医疗，优先考虑子女之最大福祉。

七、俄罗斯、乌克兰的代孕法律制度

在俄罗斯，代孕生殖技术是一种公认的治疗不孕不育的医疗方法。基于人口老龄化加剧，新生儿出生率低的国情，俄罗斯通过立法保障代孕生殖的合法性。整体而言，俄罗斯对代孕生殖的规范相对宽松，不仅承认代孕合同的法律效力，而且允许有偿代孕，单身男女亦可委托他人实施代孕。1995年《俄罗斯联邦家庭法典》明确规定了代孕子女亲子关系认定规则。第51条第4款规定："签订书面形式，同意将其胚胎移植入另一女性体内怀孕生产的已婚父母，只有经生育婴儿的妇女（代孕者）的同意才能登记为婴儿的父母。"第52条第3款规定："同意将其胚胎移植入另一女性体内怀孕生产的已婚父母，以及代孕者在完成子女的出生登记后，不得对父母身份提出异议。"在俄罗斯，委托夫妻若想取得代孕子女的亲权，经代孕者同意即可，无须经由收养，亦无须获颁亲权命令，认定程序较为简略。2012年《俄罗斯联邦健康保护法》第55条第9款还规定，代孕是代孕者（在他人胚胎移植后进行受孕、怀孕和分娩的女性）与委托父母（根据相关医疗检查显示其无法受孕、怀孕及分娩的人）缔结的合同。单身男女如自己无法生育，同样可以通过代孕者的帮助拥有子女。第10款规定，年龄在20周岁至35周岁之间，拥有超过一个健康子女并获得相关个人医疗健康证明，提供关于同意医疗介入的书面信息的女性均可成为代孕者。已注册法定婚姻关系的女性只有在经其配偶书面同意的情况下，才能成为代孕者。代孕者不能同时作为卵子的捐赠者。

乌克兰承认有偿代孕，但与俄罗斯不同，委托人只能为异性合法夫妻或关系稳定的同居伴侣，单身男女不得委托代孕。2002年乌克兰《家庭法》第123章第2条直接规定委托夫妻为代孕子女的父母：使用第三方助孕技术，当夫妻的胚胎植入另外一个女性的体内时，所生子女的父母为该对夫妻。可见，对于代孕子女亲子关系的认定，乌克兰较俄罗斯更为简易，无须经代孕者同意，委托夫妻径直取得代孕子女的亲权。2013年9月9日乌克兰卫生部发布《辅助生殖技术程序说明》第787号令，对代孕等生殖技术的开展作了进一步

规范。规定代孕者应为成年、有行为能力的女性，育有健康的子女，无医疗禁忌症。（第787号令第6.4项）倘若代孕子女的父母是外国公民，委托夫妻须告知办理手续及离开乌克兰前的临时居住地址，以便儿科专家进行观察等。（第787号令第6.8项）

八、印度的代孕法律制度

印度长期以来并无立法明确规定允许或禁止代孕生殖，仅有不具备法律效力的指导性原则规范代孕事项。2000年，印度医学研究委员会颁布《人类参与生物医学研究伦理规范》，该规范为行业规范，并无法律约束力。《人类参与生物医学研究伦理规范》承认代孕合同的有效性，赋予代孕者反悔权和堕胎权，规定代孕子女出生后6周内代孕者可以留下代孕子女由自己抚养。代孕者反悔的，委托夫妻只能基于儿童最佳利益原则向法院申请执行代孕协议。[1]在印度，每位代孕者可以获得约12 000美元~30 000美元的报酬，使得商业代孕在印度蓬勃发展。[2]自2004年至2008年，位于阿南德市的阿肯夏不孕诊所已雇佣45名代孕者，通过代孕让232名婴儿降生，并且正以每周将近一个婴儿的速度提供代孕服务。[3]许多贫困女性跃跃欲试，希望借此改善生活。委托夫妻乔丹夫妇坦言，与美国代孕者不同，"印度妇女不会抽烟喝酒"，[4]印度也因其低廉的代孕费用、高品质的医疗服务和医院照护，吸引美国、英国、法国、日本和以色列等境外不孕夫妇进行跨国代孕。在印度甚至形成了一个年营业额数亿美元的跨国代孕市场。[5]因对代孕技术的过度纵容，印度一度被称为"世界代孕中心"。

由于印度代孕立法缺失，一味追求商业价值的代孕生殖便衍生出许多社会问题。近年来，印度有关代孕的立法日趋严格。2009年，印度通过一项法案，规定代孕妇女不能同时是卵子提供者，但可以是委托夫妻的亲戚或专门

---

〔1〕 参见齐湘泉、安朔："跨境代孕法律规制研究——兼议跨境代孕产生的亲子关系认定"，载《中国青年社会科学》2021年第5期。

〔2〕 参见杨筑钧："代孕契约无偿性之探讨"，成功大学2013年硕士学位论文，第53~54页。

〔3〕 参见 [美] 斯科特·卡尼：《人体交易》，姚怡平译，中国致公出版社2013年版，第114~118页。

〔4〕 [美] 斯科特·卡尼：《人体交易》，姚怡平译，中国致公出版社2013年版，第118页。

〔5〕 Kimberly D. Krawiec, "Altruism and Intermediation in the Marketfor Babies", 66 WASH. & LEE L. REV. 203, 225 (2009).

从事代孕的妇女。代孕者必须放弃代孕子女的亲权，21岁以下且45岁以上的妇女不得从事代孕，且女性一生最多只能提供3次代孕。代孕子女年满18周岁后，有权要求取得代孕者的相关信息。代孕子女出生证明除应记载代孕者姓名外，还应记载委托夫姓名。到印度寻求代孕的外国人，须向所属国大使馆登记，并提供书面证明，证明其能够将代孕子女带回本国。2010年，印度政府提出《辅助生殖技术法案（草案）》（Assisted Reproductive Technology Act 2010），该草案虽仍然维持代孕有偿的态度，但在行政管理上意图加强管制。2013年印度颁布法令，禁止同性恋者、单亲父母申请代孕，委托夫妻须结婚2年以上，并持有医疗证明等。2012年7月印度内政部收紧了外国公民在印度寻求代孕的合同资格，并从2015年11月开始进一步限制了医疗签证的分配，禁止外国公民、印度裔人士、印度海外公民在印度委托代孕。2019年8月，印度下议院通过《代孕（管理）法案》，重申禁止商业代孕的立场，要求委托夫妻须获得"必要证书"和"资格证书"；必须是印度公民，结婚至少5年；委托妻应在23岁到50岁之间，委托夫应在26岁到55岁之间，不能有任何亲生、收养或代孕子女。印度虽然没有禁止跨境代孕，但因设定的条件难以达到，事实上关闭了跨境代孕的大门。[1]

九、泰国的代孕法律制度

泰国很长时间并无代孕生殖的相关立法，医疗临床对商业代孕、跨国代孕多持默示纵容态度，使得泰国成为很多外国不孕夫妻眼中的"代孕工厂"。2014年，两起泰国代孕事件引发国际社会广泛关注，促使泰国政府通过立法规范代孕生殖。一起事件为日本男子重田光时委托不同泰国女性实施代孕，育有至少15名代孕子女。另一起为盖米（Gammy）事件。泰籍代孕者21岁的帕塔拉蒙（Pattaramon Chanbua）以约1.5万美元的价格为一对澳大利亚不孕夫妻代孕。帕塔拉蒙在怀孕4个月时得知双胞胎中的男婴盖米出现发育问题，委托夫妻要求帕塔拉蒙堕胎。但帕塔拉蒙认为堕胎有悖于佛教宗教信仰，坚持生下了一对龙凤胎。男婴盖米出生后便被确诊罹患唐氏综合征、

---

[1] 参见田宏杰："代孕治理的时代之问与应然选择"，载《中国应用法学》2021年第6期；齐湘泉、安朔："跨境代孕法律规制研究——兼议跨境代孕产生的亲子关系认定"，载《中国青年社会科学》2021年第5期。

先天性心脏病、肺炎等疾病。澳大利亚委托夫妻丢下盖米，只把健康的女婴带回国。帕塔拉蒙已育有两个子女，家境贫寒，无力支付盖米昂贵的治疗费。[1]

2014年11月27日，泰国国家立法议会通过了《保护通过辅助生殖技术出生的儿童法》，对于该法案，177票赞成，6票弃权，仅有2票反对，形成压倒性多数。该法禁止商业性代孕，对利他性的非商业代孕的条件及程序也作了严格规制。[2]该法规定，委托夫妻与代孕者须签订书面代孕合同，委托夫妻是代孕子女的合法父母，不能否认其与存在先天残障的代孕子女之间的亲子关系。委托夫妻须满足以下条件：须为合法夫妻，同性伴侣不能寻求代孕；委托妻须因病理性原因不能怀孕；委托夫妻须双方均为泰国人，或委托夫妻仅一方为泰国人但已结婚3年以上。代孕者须满足以下条件：可以是委托夫妻中任何一方的血亲但不得是委托夫妻的父母或后代；须有生育经验且育有自己的子女；须经其配偶的书面同意；不得使用代孕者的卵子进行代孕等。该法禁止代孕机构通过广告等方式宣传代孕，任何人从事商业代孕活动，最高可判处10年有期徒刑。

---

[1] 参见袁达："澳父母抛弃唐氏男婴，泰国代孕母亲拒绝堕胎坚持抚养"，载https://m.thepaper.cn/newsDetail_forward_1259542，2023年6月2日访问。

[2] 参见齐湘泉、安朔："跨境代孕法律规制研究——兼议跨境代孕产生的亲子关系认定"，载《中国青年社会科学》2021年第5期。

第三章 代孕有限开放模式适法性之辩

科学与人文一直处于对抗、割裂而又不断修正、融合的状态。科学家总是抱怨人文学者傲慢、自负与保守；人文学者也不断嘲笑科学家无知、激进与荒谬。然而，不可否认的是，没有科技的人文是愚蠢的，没有人文的科技是危险的。纯粹的科学是不存在的，科学总是社会的一部分，科学研究如果只偏执求真，不尊重科学伦理，忽略善与美，如果只计算利害而不问是非，注定会伤害甚至毁灭人类。[1]

第一节 代孕生殖否定论

自20世纪70年代代孕生殖技术诞生以来，对代孕生殖的争议就从未中断过。1984年英国《沃诺克人类生殖与胚胎学报告》曾基于如下理由反对代孕：①代孕者因为经济利益利用其子宫，辱没人类尊严；②代孕者自愿怀孕但目的却是要放弃所生子女，破坏了母亲与孩子之间的关系；③代孕是一种有失体面的行为，等同于买卖孩子；④妊娠存在风险，代孕者不应为了挣钱而被要求为另一妇女经历妊娠。[2]1987年2月22日，约翰·保罗二世（John Pual Ⅱ）教皇命令宗教教义圣会发表了一份声明，其主要立场是：当前或潜在的与生育技术有关的大量实践活动从道德上看都是不合理的，包括：①利

---

[1] 参见黄丁全：《医疗 法律与生命伦理》（上），法律出版社2015年版，第1~3页。
[2] Warnock, M., chair, *Report of the committee of inquire into human fertilisation and enbryology*. Lodon: Her Majesty's Stationery Office, 1984, 转引自：[美]罗德纳·蒙森：《干预与反思：医学伦理学基本问题》，林侠译，首都师范大学出版社2010年版，第1076页。

用羊膜穿刺术或超声波进行产前诊断的目的是确定胎儿受损以便于实施堕胎；②治疗性干预可能会给胎儿带来风险，这种风险大大超过了潜在的益处；③对非直接治疗的活胚胎进行试验；④为了试验或商业目的而保存活的人体胚胎；⑤为了研究或是为了生育目的而破坏由体外授精技术产生的胚胎；⑥由人类和动物配子而进行的交叉物种受精；⑦在动物子宫或人造子宫中孕育人体胚胎；⑧在像克隆、单性生殖和"孪生"分裂生殖的过程中使用人类遗传物质；⑨为了性别选择或促使出现期望的特征的目的而试图操纵遗传物质；⑩未婚个体、未婚妇女和寡妇（对于寡妇来说，即使精子是她已故丈夫的）的人工授精；⑪通过手淫获得精子；⑫代孕母亲。[1]医学、伦理学、心理学、法学等领域的部分学者分别从各自的专业立场出发，对代孕生殖技术存在的弊端和可能衍生的风险进行分析，并基于如下理由反对代孕：

一、子宫工具化、生育商业化，辱没人类尊严

（一）诱发子宫工具化，有违伦理道德

代孕生殖否定论者认为，代孕合同的标的是代孕者出租子宫。在代孕生殖中，人的子宫沦为生育工具，代孕者沦为生育机器，特别是当代孕者从委托夫妻那里获取经济报酬时，则进一步促成了人体器官的工具化、生育经验的商品化与人类的物化，辱没了人类尊严，有违伦理道德。我国学者石佳友就认为："就身体不可处置而言，基于尊严原则，人体不得成为合同的标的。因此，有偿与无偿的代孕协议均无效。"[2]学者曹相见也认为："代孕本质上是妇女子宫、身体的物化，与器官买卖有程度之别而无性质之差，同属对人类基本伦理的破坏和悖反。"[3]

（二）贬抑女性，辱没人类尊严

代孕生殖否定论者认为，人类尊严核心有二：其一，人本身即是目的，不得被视为工具或手段，人若被物化，即无尊严可言；其二，人应当自律自

---

[1] 参见[美]罗德纳·蒙森：《干预与反思：医学伦理学基本问题》，林侠译，首都师范大学出版社2010年版，第1033~1034页。

[2] 石佳友："人格权立法的进步与局限——评《民法典人格权编草案（三审稿）》"，载《清华法学》2019年第5期。

[3] 陈甦、谢鸿飞主编：《民法典评注 人格权编》，中国法制出版社2020年版，第164~165页。

决,不应处于被操纵之他律、他决地位。[1]在代孕生殖中,不仅代孕者为获取金钱出租自己的子宫,沦为生育工具。而且代孕子女的出生只是单纯满足委托夫妻希望得到子女的心愿,其一出生就面临被遗弃或遭争抢的局面。代孕生殖无形中将无法表达出生意愿的代孕子女物化、工具化。因此,代孕不仅强迫代孕者代人怀孕并交付代孕子女,而且强迫代孕子女为满足他人生儿育女的愿望而出生,违背自律自决。我国学者刘长秋也认为,在代孕中,"代母明显是被作为一种能够为委托代孕夫妻所利用来实现自己狭隘生育动机(即希望生育一个与自己有基因联系的孩子)的'生育工具',而不再是一个有血有肉、有尊严的人","从伦理上而言,代孕与卖淫一样,都只是将妇女作为一种工具,都构成对妇女人性尊严的侵犯"。[2]

在地下代孕中,代孕机构还往往依智商、学历、相貌、身高、肤色、健康状况与生育能力等的不同,对代孕者明码标价,生命的尊严被淹没在商业化的机制中。还有人认为,即使在怀孕初期,代孕者也与胎儿有密切的互动,代孕生殖将神圣的母职交由别人代行,破坏排卵、怀孕到生产的一致性和连续性,造成生殖过程的断裂化。如果代孕合法化,将来可能出现将优质基因的精卵通过身体强壮的女性怀孕,再由善于教养的女人抚养的局面,这将严重破坏代孕子女、为人父母的尊严与家庭伦理道德。

(三)固化父权、夫权主义传宗接代思想

代孕生殖否定论者认为,代孕的目的仅在于传宗接代,是父权主义、夫权思想对女性的奴役。代孕生殖技术虽然减轻了不孕妇女的生育压力,但将生育责任转嫁给其他女性承担,进一步强化了父权、夫权社会对女性身体的物化与宰割。女性的生育压力在现代社会并未消亡,反而通过生殖技术转嫁给更为弱势的代孕者群体。代孕生殖只会让女性承受更大的生育压力而非获得根本解放。代孕作为人类辅助生殖技术,只不过是父权主义、夫权主义的传宗接代思想在现代社会得以进一步延续和固化的方式和手段,形成现代生殖科技与传统父权主义、夫权思想共谋压迫女性身体的局面。

---

[1] 参见李震山:"从宪法保障生命权及人性尊严之观点论人工生殖",载《月旦法学杂志》1995年第2期。

[2] 刘长秋:"有限开放代孕之法理批判与我国代孕规制的法律选择",载《法治研究》2016年第3期。

二、转嫁生育风险，加剧社会不平等

代孕生殖侵害代孕者权益，迫使弱势妇女成为出卖子女、出租子宫的劳工，女性身体演化成他人生育的工具，进一步加剧了社会不平等。

（一）转嫁生育风险

即使在医疗科技发达的今天，怀孕生产也会伴有宫外孕、意外流产、羊水栓塞、大出血等巨大风险，代孕者还须经历长期的孕期不适、剧烈的分娩阵痛、剖宫产以及身材走样、性格转变、多次产检等生理、心理上的艰辛。代孕合法化即意味着委托夫妻可以将生育风险合法地转嫁给代孕者承担，光明正大地损害代孕者的生命健康。

（二）代孕者基本人权、人身自由受限

委托夫妻为了确保代孕子女的健康发育，往往会对代孕者的行为自由进行各种限制。不仅限制其活动范围和活动方式，而且要求代孕者戒除、改变某些生活习惯，对其吃、穿、住、行、医甚至性生活等进行严格监控，代孕者丧失隐私权、人身自由和基本人权。

特别在商业代孕中，代孕者可能受到巨额报酬的诱惑，欠缺周密考虑，低估了与代孕子女割舍可能带来的精神痛苦，草率签订代孕合同，放弃代孕子女的亲权，做出于己不利的决定，最终遭受生理和心理上不可挽回的损害。

（三）代孕生殖助长剥削与对立

在商业代孕中，穷人会迫于经济困境为富人代孕，形成富有者对贫穷妇女的盘剥。高额的代孕费用，使得代孕生殖成为富人的专利，那些贫穷、同样迫切希望拥有自己子女的不孕夫妻只能望而却步、望洋兴叹。社会不平等将借代孕生殖进一步加剧，造成阶级的进一步分裂与对立。有学者认为代孕"对'女性剥削'（exploitation of women）——尤其是贫穷女性——的担忧始终存在"，"高度发达并产业化的代孕活动必然会引致'代孕商品'的跨境流动，譬如'冷冻胚胎'的贸易产业链：来自世界各地的'冷冻胚胎'以低廉的'子宫使用费'被植入第三世界国家的女性体内，从而完成资本分置的血腥过程。"[1]

---

[1] [美]玛莎·菲尔德："代孕等生殖技术法律问题的教义学展开"，吴国邦译，载微信公众号"法学学术前沿"，2021年3月18日。

三、贩卖儿童，损害儿童身心健康

（一）婴儿商品化

代孕生殖否定论者认为，代孕生殖就是委托夫妻出钱从代孕者那里购买代孕子女，其实质就是将婴儿作为商品进行买卖，代孕就是贩卖儿童。而依据民法理论，婴儿只能是法律关系的主体，不能作为商品进行交易。代孕生殖将婴儿商品化，不仅违反法律的强制性规定、违反公序良俗原则，还会导致家庭伦理的崩解、社会道德的沦丧。

（二）损害代孕子女的身心健康

代孕子女出生后，一旦发现代孕者孕育自己的目的不过是为了获取金钱，往往会产生心理阴影和卑微感。更重要的是，代孕子女究竟是委托夫妻的婚生子女还是代孕者的婚生子女，各国立法不一，学理尚存争议。代孕子女的亲子关系若无明确的法律规范，将使代孕子女在两个家庭之间摇摆、拉锯，影响其身份认同和健康成长。我国学者刘长秋就认为："代孕作为一种严重违背传统生殖方式以及传统生命伦理的行为，客观上无法抹杀基于代孕而可能产生的一子多母甚或多父的事实。这会使代子自出生之日起就深陷于一种异于常人的伦理与法律纠葛之中，极易受到社会的非议与歧视。"[1]

（三）损害代孕者其他子女的身心健康

当代孕者向委托夫妻交付代孕子女时，可能无形中会伤害代孕者的其他子女。在漫长的孕期，代孕者的其他子女也会与代孕者腹中的胎儿产生情感联系。代孕者向委托夫妻交付代孕子女会强行切割这种情感联系。不仅如此，代孕者的其他子女可能基于同理心，会担心母亲也会将自己送养他人，产生焦虑、愤怒、恐惧等不良情绪。美国一名代孕者就坦言，她为一对委托夫妻提供代孕时，自己11岁的孩子"对我的作为很气愤。她解释说：没有人告诉我，一个孩子会与一个还在怀孕期间的胎儿有联系。我当时没有意识到当她一直倾听着他的心跳、感觉着他的腿踢的时候，她已经开始与他发生联系了"。[2]

---

[1] 刘长秋："有限开放代孕之法理批判与我国代孕规制的法律选择"，载《法治研究》2016年第3期。

[2] [美]罗德纳·蒙森：《干预与反思：医学伦理学基本问题》，林侠译，首都师范大学出版社2010年版，第1081页。

四、冲击现有法律制度，滋生纠纷

（一）代孕子女亲子关系混乱，冲击传统婚姻家庭关系

传统观念认为，自然意义上的母亲不仅应与子女具有遗传上的血缘关系（genetic），而且应当亲自孕育（gestational），即受孕、怀胎生产与养育应由同一人承担。基于这种自然法则，母亲身份认定应采分娩说。《德国民法典》第1591条就规定："分娩者为该子女之母亲。"[1]父亲身份的认定，则多依受胎时母亲的婚姻关系，推定分娩母的配偶为父亲。《德国民法典》第1592条第1款即规定："下列各款之人为子女之父亲：1. 子女出生时，与生母有婚姻关系者。……"[2]然而，代孕技术却割裂了性与生殖，割裂了血缘、生产与养育，使代孕子女具有遗传意义、分娩意义和养育意义上的三个母亲，对传统民法中母亲身份和父亲身份的认定带来挑战。代孕子女到底为委托夫妻的婚生子女还是代孕者的婚生子女，不无疑义。我国有学者因此认为："代孕行为，即以生殖和养育的分离为目的的生育，或人为故意创设生殖和养育的分离，在道德上具有一定的非难性。代孕行为不能契合于，甚至解构了我们对亲子关系伦理的完整想象。""代孕生育在某种程度上解构了父母之爱。"[3]

（二）代孕法律关系纷繁复杂，易生纠纷

代孕生殖否定论者认为，代孕生殖涉及以下法律问题，极易引发纠纷：代孕子女若存在先天残障，委托夫妻与代孕者均拒绝接受时，代孕子女的亲子关系应如何认定？代孕者生产后反悔，拒绝交付代孕子女时，委托夫妻能否请求人民法院强制执行？代孕者配偶是否应当列为代孕合同的当事人？代孕者订立代孕合同后才结婚的，其配偶是否为合同当事人？代孕者生产后，是否享有亲权保留权？若代孕者放弃亲权，代孕者是否享有及如何规范其对代孕子女的探视权？委托夫妻与代孕者的资格应当如何限定，母亲能否为子女代孕，女儿能否为父母代孕？代孕合同履行期间，代孕者的注意义务和附

---

[1] 类似立法参见《俄罗斯联邦家庭法典》第48条、《奥地利普通民法典》第137b条、《瑞士民法典》第252条、《日本民法典》第772条、《葡萄牙民法典》第1796条、《西班牙民法典》第108条、《智利共和国民法典》第183条、《巴西民法典》第1591条、《埃塞俄比亚民法典》第739条等。

[2] 类似立法参见：《法国民法典》第312条、《瑞士民法典》第252条、《奥地利普通民法典》第138条、《葡萄牙民法典》第1796条、《西班牙民法典》第108条、《日本民法典》第772条等。

[3] 王籍慧："质疑有限开放代孕生育权说——基于权利证成的视角"，载《学术交流》2018年第6期。

随义务应如何规范？代孕合同能否有偿，如何确定报酬和必要费用的上限？代孕者能否随意终止代孕合同？全血缘代孕、半血缘代孕和无血缘代孕是否均应被立法所允许？代孕生殖需要履行何种法定程序？代孕生殖的监管机制应当如何设计？……可见，代孕生殖关涉婚姻、家庭、继承、契约、人格权、生育权、儿童权益等多种民事权利及法律关系，处理不慎将影响婚姻家庭乃至社会关系的稳定。我国学者曹相见就认为"放开代孕将造成难以估量的道德风险，同时导致亲子关系认定等法律、社会难题"，因此完全禁止更有道理。[1]

（三）诱发借腹生子，破坏婚姻家庭关系

一些人认为，代孕生殖即为我国旧有的借腹生子，代孕合法化将诱发婚外性行为和社会淫乱。当前我国地下代孕类型繁杂，既包括全血缘代孕、半血缘代孕和无血缘代孕，还存在通过委托夫与代孕者直接发生性关系自然受孕的方式进行的代孕，严重破坏了婚姻家庭关系，违反了社会伦理道德。

（四）使收养制度名存实亡

由于代孕生殖可以帮助不孕夫妻获得与自己具有相同血脉的子女，较收养而言更能实现父母子女间的基因联系，因此如果允许代孕，选择收养的家庭数量便会锐减，最终会瓦解收养制度。而放任代孕取代收养，势必造成不利的社会影响。对于那些原本就不太容易被收养的孩子，如黑人儿童、残障儿童而言，无疑更是雪上加霜。[2]

第二节 有限开放模式的理论依据

不同类型的代孕，法律与伦理道德上的可非难性并不相同，法律不应不加区分一律全面禁止。无血缘代孕、商业代孕与非治疗性代孕等有悖伦理道德，亵渎生育权，贬抑人类尊严，法律应当严厉禁止。但全血缘代孕、无偿代孕与治疗性代孕等则具有伦理道德与法律上的正当性，可有限予以开放。笔者认为，我国应当采行代孕有限开放模式，即法律应有限允许部分代孕的

---

[1] 陈甦、谢鸿飞主编：《民法典评注 人格权编》，中国法制出版社2020年版，第164~165页。

[2] 参见［美］玛莎·菲尔德："代孕等生殖技术法律问题的教义学展开"，吴国邦译，载微信公众号"法学学术前沿"，2021年3月18日。

合法化，并辅之以严格的规制措施，对代孕可能引发的法律问题与相关风险通过精密的制度设计加以防免和消解。[1]《人类辅助生殖技术管理办法》（2001年）一刀切地禁止一切形式的代孕，混淆无血缘代孕、商业代孕、非治疗性代孕与全血缘代孕、无偿代孕、治疗性代孕之间的本质差异。不能因法律关系复杂、不宜管理就漠视不孕夫妻的生育权，更不能对代孕生殖不加区分一禁了之，消极回避不进行规范。正视并规范代孕生殖远比断然禁止、避而不谈更为可取。"从长远来看，绝对禁止代孕技术的应用并非上策，采取在法律控制下的有限制施行的办法比较稳妥。"[2]

笔者认为，全血缘代孕、无偿代孕、治疗性代孕等在本质上是一种利他行为，是"人道、博爱、奉献"精神的崇高体现，切合民主精神、自由理念，契合正义、平等、社会互助价值观，应当被立法所允许。

一、对代孕生殖否定论的回应与反驳

（一）对子宫工具化、生育商业化的回应与反驳

子宫原本就是生育工具，子宫在医学上的用途就是使受精卵着床并孕育胎儿，为胚胎发育提供赖以生长的环境，除此以外，别无它用。子宫的这种属性，无论对谁而言，并无不同。代孕生殖中子宫的作用完全符合子宫本身存在的意义与目的，并没有贬低、损害子宫作为人类器官原本的功能，何谈子宫工具化？代孕者用子宫孕育自己的子女，没有人认为存在子宫的工具化，同样代孕者用子宫孕育委托夫妻的子女，也不应当被认定存在子宫的工具化。况且，人的精卵、头发、皮肤、血液、肾脏、肝脏、肺等人体生殖细胞和组织器官都可以与人体分离被捐献甚至出卖，[3]代孕者利用未与其身体分离的子宫代委托夫妻怀孕生产，为何要受到更多的道德非难？与肾脏、肝脏、肺等器官捐献相比，代孕并未给代孕者的身体造成更为严重的损害，为何要受到更多的谴责与诘难？

现代社会，人被普遍商品化已是不争的事实，强调人格权的财产法性质已

---

[1] 代孕生殖的法律规制，详见本书第四章：有限开放模式下代孕的法律规制。
[2] 汤啸天："生命法学与民事诉讼中的特别程序"，载《政治与法律》2002年第2期。
[3] 当然，人体生殖细胞和组织器官以无偿捐献为原则，但有时亦不妨碍买卖，如自然人有权出卖其毛发等。

屡见不鲜。[1]不论身体本身、身体提供的劳务还是人格形象，都不可避免地在被商品化。自然人（尤其公众人物）的姓名、肖像、声音、艺术形象等人格符号的商品化利用随处可见，西方国家还由此产生了"公开权""形象权""商品化权"等新型民事权利。[2]女性原来在家庭中承担的劳务，现在已变成一种有酬劳的工作甚至一种职业，如钟点工、厨师和保姆等。任何商品化都可能带来剥削，但是不应当因此把女性赶回厨房或囚禁于家庭，不应当因此限制人类开发利用其人体和劳动的商品价值，而是应当加强对提供商品化劳务的工作者的合同保护与社会保障，维护其合法权益。认为代孕生殖因涉及金钱，就一定存在剥削，就应当被禁止的观点，显然逻辑错误且武断草率。实际上，金钱因素的存在不一定影响委托夫妻、代孕者对代孕子女的爱心，以及对生育工作的看重。[3]

不独人类，凡是生物，繁衍后代都是其生存的基本动力，一个种族的延续，莫不靠代代相传，方能生生不息。生育子嗣是人类得以传承维续的重要本能，是自古至今不能被剥夺的基本权利。不借助传宗接代，人类何以存续？传宗接代是否就一定有错？拥有与自己具有相同血缘的子女，是人的天性，不论男女。代孕生殖不仅仅是委托夫的意愿，也是委托妻的夙愿。特别在全血缘代孕，代孕子女同时保留了委托妻与委托夫的生殖细胞与基因血脉，同时完成了男女双方为人父母的愿望，何以认为传宗接代全是父权、夫权、男权思维，而毫无女性自决？

（二）对转嫁生育风险、加剧社会不平等的回应与反驳

仅仅因为妊娠分娩存在风险，不能当然得出代孕生殖不道德、存在剥削的结论。代孕者无论孕育的是自己的子女还是代孕子女，妊娠分娩风险并无

---

[1] 参见［日］五十岚清：《人格权法》，铃木贤、葛敏译，北京大学出版社2009年版，第142～143页；王泽鉴：《人格权法》，北京大学出版社2013年版，第257～270页。

[2] 参见温世扬："论'标表型人格权'"，载《政治与法律》2014年第4期；王国忠、赵淑华："论声音的人格标识特性和声音人格利益的保护"，载《黑龙江省政法管理干部学院学报》2015年第1期；冉克平："肖像权上的财产利益及其救济"，载《清华法学》2015年第4期；孔祥俊："姓名权与姓名的商品化权益及其保护——兼评'乔丹商标案'和相关司法解释"，载《法学》2018年第3期；王利明："人格权的属性：从消极防御到积极利用"，载《中外法学》2018年第4期；崔国斌："姓名商品化权的侵权认定思路"，载《清华法学》2021年第1期等。

[3] "Baby M Case Stirs Feelings of Surrogate Mother", *New York Times*, March 2. 1987, B1, 转引自［美］罗德纳·蒙森：《干预与反思：医学伦理学基本问题》，林侠译，首都师范大学出版社2010年版，第1081页。

不同，并不会因为代他人怀孕就特别增加妊娠风险。为了挽救他人生命健康与财产安全挺身而出的见义勇为、舍己助人的器官捐献都可以被法律允许和鼓励，为什么冒着妊娠风险进行的代孕就一定不道德，就必然存在侵害与盘剥？

有限开放模式下的代孕合同并不存在不当强制。众所周知，买卖活体器官之所以被法律所禁止，是因为器官交易存在危险性、剥削性和强迫性。没有人心甘情愿出卖自己的器官，除非贫困所致。出卖活体器官对供体而言，本质上必然是危险的、被迫的，应为法律所禁止。但从事高危职业的人群，如赛车手、拳击手和职业竞技运动员等则与此不同。我们不会认为他们仅仅是为了赚钱而被迫从事危险行为。只要他们喜爱这份工作，能够从中获得人生的价值和乐趣，即使存在较高风险，也不应当认为存在不当强制。代孕生殖又何尝不是这样？有谁能否认，代孕者通过帮助委托夫妻实现为人父母的夙愿，就没有一丝获得感和满足感？代孕者代人怀孕，不仅仅为了改善经济地位，还可能出于同理心，基于人道、博爱和利他的朴素价值观。亲友之间的互助代孕即为适例。有的代孕者只是单纯地希望帮助不孕夫妻拥有自己的子女，帮助他们实现人生的圆满。2008年，我国发生汶川地震后，网络上就曾涌现明确表示愿意帮助失去子女的灾民代孕生子的志愿者。[1]也可能"因为她们喜欢怀孕，喜欢享受由于怀孕而成为尊敬和关注的焦点"。[2]代孕者的劳动可以看作一种爱的劳动，这种无私的行为应当得到允许并被鼓励。更何况助人为乐、乐善好施，是中国人民的传统美德。一人患难，众人鼎力相助，为我们所乐见。委托夫妻与代孕者之间的关系并非工具利用关系，亦非商业交易关系，而是利他互助关系。只要制度设计得当，就可以将妊娠分娩风险降至最低，充分保障代孕者的生命健康与人身自由。

代孕者自愿自决订立代孕合同，不存在欺诈、胁迫等不当影响，代孕者对其行为性质及法律后果具有理性预见与独立判断，符合意思自决，何谈欺

---

[1] 参见杨立新："适当放开代孕禁止与满足合法代孕正当要求——对'全国首例人体冷冻胚胎权属纠纷案'后续法律问题的探讨"，载《法律适用》2016年第7期。

[2] Robertson, J. A., "Surrogacy mother: not so novel after all", *Hastings Center Report* 13 (5): 29, 1983. Citing Parker, P, "Surrogate mother's motivations: initial findings", *American Journal of Psychiatry* (140): 1, 1983, 转引自[美]罗德纳·蒙森：《干预与反思：医学伦理学基本问题》，林侠译，首都师范大学出版社2010年版，第1077页。

诈与胁迫？否定代孕合同法律效力的逻辑预设之一是先见地认为代孕者无知且丧失理性，否定并歧视代孕者的缔约能力。但实际上，否定女性提供代孕的机会就是以"家长主义"的姿态介入女性的行为选择，强制限制她们的生殖自由就是"以明确指出他们不能自我做主的父权制方式对待妇女"。[1]然而，每个完全民事行为能力人均是自己利益的最佳判断者，完全知情、有自决能力的成年人有权作出如何利用自己身体的自由决定。为了确保代孕者对代孕行为能够准确认知和理性判断，采代孕有限开放模式的国家常常通过以下制度设计，确保代孕者的真实意愿与理性判断：其一，术前检查与评估。代孕生殖手术实施前，代孕者须通过专业机构进行的心理、生理检查与评估。只有心智成熟，具备实施代孕生殖生理、心理条件的女性，才可以实施代孕生殖手术。其二，术前告知。在代孕生殖手术实施前，医疗机构须委托律师、心理医师和执业医师向代孕者明确告知双方当事人的权利义务关系、代孕子女亲子关系等法律问题，详细阐明代孕生殖可能引发的心理焦虑与心理调适等心理问题，以及代孕生殖手术的实施方式、成功率、可能发生的并发症、潜在危险及其他可能替代治疗的方案等医学问题。术前告知帮助代孕者准确全面了解代孕生殖，从而使其做出理性判断，将法律纠纷消化于未然。其三，充分详细的专业咨询。在代孕生殖手术实施前、妊娠期间与分娩生产后，医疗机构及代孕中介机构均可提供详细、专业的法律咨询和心理咨询，从而有效保障代孕者充分了解相关信息，妥适应对各种问题与风险。

（三）对贩卖儿童的回应与反驳

采代孕有限开放模式的国家允许委托夫妻向代孕者给付金钱，但该金钱并非代孕子女的对价，而是代孕者为处理代孕事务、接受人工生殖手术、孕育胎儿及分娩生产所需的所有直接相关费用。在美国加利福尼亚卡尔弗特诉约翰逊（Calvert v. Johnson）一案中，二审法官帕斯罗（Parslow）就认为，代孕合同并非贩卖儿童，"某人因为经受了疼痛和痛苦而得到报酬，这本身没有任何问题"，"因为9个月中遭受的许多痛苦和糟糕的日子而获得报酬没有任何错"，"他们不是在买卖婴儿，他们是在买卖痛苦和遭遇。"[2]亦即在代孕

---

[1] 周平："有限开放代孕之法理分析与制度构建"，载《甘肃社会科学》2011年第3期。
[2] [美]罗德纳·蒙森：《干预与反思：医学伦理学基本问题》，林侠译，首都师范大学出版社2010年版，第1012页。

生殖中，委托夫妻向代孕者支付的金钱，并非买卖代孕子女的价金，而是对代孕者在代孕期间所花费的必要费用和遭受损失的正当补偿。采代孕有限开放模式的国家不仅严厉禁止商业代孕，而且对必要合理费用的具体构成与最高限额还进行明确规定，从而有效防止代孕合同当事人将必要合理费用异化为劳务酬金或商品对价。

委托夫妻也不会将代孕子女视为商品。委托夫妻对费尽心力财力，经过体外授精、胚胎移植、十月怀胎的漫长等待，千辛万苦获得的代孕子女，定会非常珍惜，更何况代孕子女流着委托夫妻的血脉。从人之常情与经济理性来看，委托夫妻不会将代孕子女视为商品。在无偿代孕中，委托夫妻并未购买女性子宫的服务，并未买卖婴儿，并无侵犯人格尊严之嫌，应予以适当开放。[1]

代孕生殖否定论者还认为代孕生殖使代孕子女成为满足父母生儿育女意愿的工具，违背代孕子女是否愿意出生的自律自决，辱没其人格尊严。笔者认为，这种观点纯属无稽之谈。任何人的出生都不可能事前征得其本人同意，假设性地去探求胎儿是否愿意出生，本身就毫无意义。没有可靠的数据证明，代孕生殖会对代孕子女产生不良的心理影响。能够伤害代孕子女的，并非人类辅助生殖技术本身，而是落后狭隘的社会偏见。真正需要改变的是戴着有色眼镜看待代孕子女与辅助生殖子女的社会偏见，而非以此为由否定代孕生殖。的确，当代孕子女知晓代孕者是抱着放弃他们的目的而孕育他们时，可能会产生些许卑微感，但当感受到费尽心力热切盼望拥有自己子女的委托夫妻的无尽关爱时，些许的卑微感何尝不会被抵消和掩埋？况且又如何去权衡不出生与借由代孕出生孰优孰劣？代孕生殖本身不会引发耳聋、眼盲、智力发育迟缓等先天残障，与被收养、父母离异的孩子相比，其所产生的心理问题不会更多。可见，代孕子女既不会因代孕生殖受到特别伤害，也不会因此遭到不公正对待，不足以以此为由否定代孕。

(四) 对冲击现有法律制度、滋生纠纷的回应与反驳

现代社会，基因父母、妊娠父母和养育父母已被生殖技术和人们的某些选择区隔开，如精卵捐赠、收养和雇佣保姆等，这些现象均已被社会和立法普遍接受，代孕与此没有本质区别，并没有引起新的伦理问题，不应当受到

---

[1] 参见王贵松："中国代孕规制的模式选择"，载《法制与社会发展》2009年第4期。

更多的道德非难。[1]代孕子女的生殖细胞来源于委托夫妻，不仅血统来源非常明确，而且委托夫妻养育子女的意愿非常强烈，若允许精卵捐赠，便没有理由禁止代孕。代孕生殖否定论者还担心开放代孕会滋生委托夫妻与代孕者之间的法律纠纷，但英国剑桥大学针对代孕生殖的长期研究却发现，代孕者与委托夫妻的关系有超过94%表示和谐。

担心代孕会取代收养制度则有些杞人忧天。首先，并非所有不孕夫妻均想通过代孕生殖获得子女。收养经济成本相对低廉，往往是一些不孕夫妻的首要选择。对血脉传承并无执念的不孕夫妻通常不会选择耗尽心力代孕得子。其次，并非所有不孕夫妻均有权实施代孕。代孕有限开放模式要求委托夫妻须满足严格的资格限制方可寻求代孕，如委托妻须因无子宫、子宫病变不能怀孕或因身体机能异常不宜怀孕，委托夫妻须身心健康并通过术前检查与评估，至少一方具有健康的生殖细胞，不得超过法定年龄且须现无共同子女等，若不满足代孕生殖的限制条件，收养仍是不孕夫妻获得子女的最佳选择。笔者认为，法律应当做的，是为不孕夫妻提供孕育子女更多的选择路径，而非强制其只能选择其一，必须舍弃其他。代孕生殖不会取代收养，同样收养也不应取代代孕。

代孕不同于借腹生子，不会诱发社会淫乱。传统意义上的借腹生子借由性交方式自然受孕，而代孕是一种人类辅助生殖技术，须依靠体外授精、胚胎移植等人类辅助生殖技术才可完成，并不涉及两性结合。代孕生殖只要借助于严格的限制条件、严密的实施程序和高效的监管机制，就不会诱发婚外性行为和社会淫乱。

二、有限开放模式的法理依据

不仅如此，代孕有限开放模式还具有深厚的法理依据，主要表现为：

（一）保障不孕夫妻的生育权

人类尊严不可侵犯是先于制定法的自然法理念。生存、安全、自由、平等、追求幸福和尊严，是人类与生俱来的、最基本、最原始的诉求。世界大战给人类带来巨大灾难，人类认识到保障基本人权的重要性和紧迫性。1948

---

[1] J. A. Robertson, *Surrogacy Mother: Not So Novel After All*, Hastings Center Report, October 1983, pp. 28~34; John Harris, *The Value of Life*, Boston: Routledge and Kegan Paul, 1985, 转引自［美］罗德纳·蒙森:《干预与反思：医学伦理学基本问题》，林侠译，首都师范大学出版社2010年版，第1084页。

年联合国大会通过《世界人权宣言》，吸取了人类文化遗产中有关自由、平等、正义与和平的一般观念，宣誓尊重人权的原则。1950年，欧洲理事会通过《欧洲人权公约》，第8条规定："私生活和家庭生活受尊重权：（1）人人享有私生活和家庭生活、住所和通信受尊重的权利；（2）公共权力当局对行使上款规定权利的干涉仅得在法律规定的情况下进行，并且该干涉构成民主社会中所必需的，为了国家安全、公共安全、国家经济福利的利益，为了防止社会混乱或者犯罪、保护健康或道德，或保护他人权利和自由而采取的必要措施。"[1]1966年联合国《公民权利和政治权利国际公约》、1969年《美洲人权公约》、1981年《非洲人权和民族权宣言》均对1948年《世界人权宣言》做了重申。

　　随着社会的发展，对人类尊严认知的逐步提高，人权的内涵也不断丰富，自我决定权成为基本人权的核心内容。自我决定权是指在不危害他人的前提下，行为人有权决定自己事务，排斥他决、他律和他治。在婚姻家庭领域，追求婚姻，建立家庭，生儿育女是人生幸福的重要部分。拥有子嗣是人的基本诉求，拥有与自己具有相同血缘的下一代，让家族基因、性格特征得以世代延续，属于生育自决权的当然范畴。生育自决权随后逐渐与生育知情权、生育保障权等相融合，形成了生育权这一上位概念。生育权维护了人类在婚姻家庭领域的基本尊严和基本诉求，是基本人权在婚姻家庭领域的集中体现。[2]1968年联合国国际人权会议通过《德黑兰宣言》，首次提出生育权是基本人权，内容包括自由负责地决定子女人数和生育间隔："父母享有自由负责决定子女人数及其出生时距之基本人权。"1974年联合国于布加勒斯特召开世界人口会议，在《德黑兰宣言》的基础上又将获得相关信息、教育和方法的权利纳入生育权，认为"所有夫妻和个人享有自由负责地决定其子女数量和间隔以及为此目的而获得信息、教育与方法的基本权利。"1984年、1994年联合国召开国际人口与发展会议，分别通过《墨西哥宣言》和《国际人口与发展会议行动纲要》，对生育权进行了重申，并将生育权作为最基本的人权。我国相关立法也对公民的生育权做了明确规定。《妇女权益保障法》（2018年）第

---

[1] 王泽鉴：《人格权法》，北京大学出版社2013年版，第31~32页。

[2] 有学者认为生育权是一项独立的人格权，包括生育请求权、生育决定权、生育方式选择权、生育保障权等内容。参见马强："论生育权——以侵害生育权的民法保护为中心"，载《政治与法律》2013年第6期；杨立新主编：《中国人格权法立法报告》，知识产权出版社2005年版，第474~476页等。

51条规定:"妇女有按照国家有关规定生育子女的权利,也有不生育的自由。育龄夫妻双方按照国家有关规定计划生育,有关部门应当提供安全、有效的避孕药具和技术,保障实施节育手术的妇女的健康和安全。国家实行婚前保健、孕产期保健制度,发展母婴保健事业。各级人民政府应当采取措施,保障妇女享有计划生育技术服务,提高妇女的生殖健康水平。"《人口与计划生育法》(2021年)第17条也规定:"公民有生育的权利,也有依法实行计划生育的义务,夫妻双方在实行计划生育中负有共同的责任。"

与宪法赋予公民的选举权、结社权等政治权利不同,生育权是公民与生俱来的权利,任何时候都不能被剥夺。除维持社会公共秩序、增进公共利益等原因外,生育权不受不当限制。生育权的享有并不以生育能力的存在为前提,和正常夫妻一样,不孕夫妻也依法享有生育权,并不能由于其生理上的缺陷而剥夺其生育权。相反,生育权对于不孕夫妻而言更能体现出其价值和意义。近代国家必须是为民谋福利的国家,不允许国家对任何一个处于不幸深渊中的国民置之不顾。[1]保障不孕夫妻的生育权,帮助其利用可能的生育方式实现生育目的,不仅体现了国家对国民基本人权的尊重,也是现代国家应尽的义务与责任。

生育权的核心为生育自决权,主要包括:①是否生育的决定权:任何人有权决定生育,也有权通过避孕、结扎、终止妊娠等方式选择不生育。②选择和谁生育子女的权利:任何人有权决定与谁生育子女,不受他人不法强迫。③选择以何种方式生育子女的权利:任何人有权选择以自然生殖还是以人类辅助生殖方式生育子女。④选择何时生育子女的权利:任何人有权依据自身情况选择何时生育子女。⑤选择生育子女数量与间隔的权利:任何人有权选择生育一个或多个子女,以及生育各子女之间的时间间隔。⑥选择生育何种子女的权利:随着人类基因学和产前筛查技术的发展,提前确定胎儿是否存在某种基因疾病或先天残障的概率大大提高。任何人有权选择是否放弃妊娠、接受侵入性治疗或者仍然生下子女。[2]⑦是否生育与自己具有相同血缘子女的权利:任何人有权选择收养,或选择借助人类辅助生殖技术生育与自己具

---

[1] 参见[日]我妻荣、有泉亨:《日本民法 亲属法》,夏玉芝译,工商出版社1996年版,第7页。

[2] 当然,终止妊娠不能任意而为。出于对胎儿生命利益与孕母生育自由的权衡,绝大多数国家(地区)通过立法严格限定人工流产的法定事由。

有相同血缘的子女。[1]

代孕有限开放模式存在的法理基础之一即是不孕夫妻享有生育权、生育自决权与生育方式的自由选择权。通过下一代延续自己的生命，使自己的基因血缘或性格的一部分在另外一个人身上被延续，是人类尊严的重要体现。医疗科技的进步就是要弥补人类的遗憾，帮助不孕夫妻实现拥有后代的生育自决。现代社会的生育方式并非仅仅表现为自然生育，还包括人类辅助生育。尊重个人自由选择的民主社会，不应当不当干涉个人采用何种方式实现生育权。更何况限于当前的医疗技术水平，代孕生殖是一些不孕夫妻实现生育权的唯一途径和最后选择。因此，允许委托夫妻通过代孕生殖拥有自己的子女，是对不孕夫妻生育方式选择权的尊重和保障。而禁止代孕，就相当于剥夺了不孕夫妻与生俱来的基本人权。美国新泽西州高等法院法官哈尔维·索尔克在审理婴儿科顿（Baby Cotton）案时，就认为："如果一个人有权以性交方式生育，那么他就有权以人工方式生育。如果生育是受到保护的，那么生育的方式也应受到保护。本法庭认为这种受保护的方式可以扩展到用代孕生孩子。"[2]

（二）体现代孕者的身体支配权

现代民法认为，自然人享有生命权、健康权和身体权等物质性人格权。生命权，是自然人以其生命的维持和生命安全利益为内容的人格权。健康权，是自然人以对其身体生理机能的正常运转为内容的人格权。身体权，是自然人对其肢体、器官和其他组织依法享有完整支配的人格权。身体权与健康权往往相互牵连，侵害身体权常常导致健康受损的结果。但身体权与健康权是两种不同的人格权，两者相互独立、互不包含。健康权以身体生理机能的良好运转为内容，身体权则以保持身体组织器官的完整性为内容。有时侵害健康但不会损及肢体的完整性，如医疗机构发生诊疗失误，为病人输入带有乙肝病毒的血液。有时侵害肢体的完整性但不会损及健康，如擅自剪掉她人秀丽的长发等。无论生命权、健康权还是身体权，权利主体均得于不违反法律的强制性规定和不悖于公序良俗的前提下自由支配。

我国《民法总则》第110条首次将身体权与健康权并列表述："自然人享

―――――
[1] 参见［美］艾伦·布坎南等：《从机会到选择：遗传学与正义》，萧郁雯译，巨流图书公司2004年版，第236~240页。
[2] 刘坤："代孕行为的法律思考——由代孕行为透视婚姻家庭继承法相关问题"，载http://article.chinalawinfo.com/ArticleHtml/Article_56047.shtml，2023年5月26日访问。

有生命权、身体权、健康权、姓名权、肖像权、名誉权、荣誉权、隐私权、婚姻自主权等权利。法人、非法人组织享有名称权、名誉权、荣誉权等权利。"但对于身体权的基本内涵与具体权能并未作出明确规定。《民法典》将人格权独立成编,于第四编"人格权"第二章"生命权、健康权和身体权"第 1003 条明确规定了身体权的具体内容:"自然人享有身体权。自然人的身体完整和行动自由受法律保护。任何组织或者个人不得侵害他人的身体权。"[1]一般而言,身体权主要包括以下权能:其一,身体完整保护权。当权利人的身体完整性受到不法妨碍或有不法妨碍之虞时,权利人得主张排除妨碍、妨碍预防与损害赔偿。此项权能以他人的不法妨碍为前提,系权利人被动发起,属于身体权的消极权能。其二,身体支配权。只要权利人对其身体的支配不影响生命健康,原则上得自由支配,如捐献血液、毛发等。倘若危及生命健康,则须在不违背公序良俗的前提下方可支配,如器官捐献等。身体支配权体现为权利人对其身体的积极支配,属于身体权的积极权能。

  旧有民法多强调身体权的消极权能,忽视甚至否定其积极权能。我国儒家思想历来恪守"身体发肤,受之父母,不敢毁伤,孝之始也"的理念,认为人的身体四肢、毛发皮肤,都是父母赋予的,不敢稍有损毁,否则即为不孝。但现代社会对个人自我决定权的尊重达到前所未有的高度,身体权逐渐生发出自我支配、自我决定的权能,人们可以捐赠其血液、毛发、皮肤、精卵、肾脏、肝脏、肺等生殖细胞和组织器官,可以实施整容手术、变性手术,还可以同意实施截肢手术,甚至进行人体实验等。在现代社会,身体权所保护的核心价值不再是身体的物理完整性,而是人格的自我决定和发展,身体仅成为人格自我决定和发展得以外在化和具象化的权利载体。[2]现代民法承认人格权是支配权,权利主体对其人格利益具有自主决定性,就应当允许权

---

[1] 值得注意的是,我国《民法典》在身体权的框架下混入了性自主权和人身自由权等内容。除第 1003 条将"行动自由"纳入身体权的基本内涵外,第 1010 条还规定:"违背他人意愿,以言语、文字、图像、肢体行为等方式对他人实施性骚扰的,受害人有权依法请求行为人承担民事责任。机关、企业、学校等单位应当采取合理的预防、受理投诉、调查处置等措施,防止和制止利用职权、从属关系等实施性骚扰。"第 1011 条还规定:"以非法拘禁等方式剥夺、限制他人的行动自由,或者非法搜查他人身体的,受害人有权依法请求行为人承担民事责任。"

[2] 参见刘召成:"身体权的现代变革及其法典化设计",载《当代法学》2020 年第 2 期。

利人对其人格利益进行控制和支配。[1]

在代孕生殖中，代孕者利用其子宫的生育功能、妊娠功能代人怀孕生产，是代孕者支配其身体权的典型表现。私法自治是民法的基本原则，自由主义是民法的基本立场，国家系为每个国民的自由而存在，而不是相反。[2]代孕生殖与器官捐献、整容手术、变性手术、截肢手术和人体实验等身体权的支配方式相比，并没有造成更为严重的损害和更大的风险，且代孕有限开放模式将代孕生殖严格限定在公序良俗允许的范畴内，我们就应当允许代孕者利用其身体为不孕夫妻怀孕生产。代孕者自由自愿代人怀孕生产，帮助委托夫妻实现拥有子嗣的愿望，促进其人生完满，这种利他行为应被法律所允许和鼓励。

（三）符合民法公序良俗原则

公序良俗原则，是指法律行为的内容及目的不得违反公共秩序和善良风俗。[3]公序良俗原则包括"公序"和"良俗"两个层面。"公序"，是指社会公共秩序，包括政治公序与经济公序等。"良俗"，是指特定社会应有的道德准则和起码的伦理要求。公序良俗不仅是民法的基本原则，也是判断法律行为效力的基本标准。[4]其将道德伦理摄入法的境界里，而对其违反行为从法的领域驱逐。[5]我国《民法典》第8条规定："民事主体从事民事活动，不得违反法律，不得违背公序良俗。"第153条第2款规定："违背公序良俗的民事法律行为无效。"[6]公序良俗原则将道德原则法律化，是社会主义核心价值观在《民法典》中的重要体现。

---

[1] 参见王利明："论人格权的定义"，载《华中科技大学学报（社会科学版）》2020年第1期；曹险峰：《人格、人格权与中国民法典》，科学出版社2009年版，第100~102页。

[2] 参见［德］迪特尔·施瓦布：《民法导论》，郑冲译，法律出版社2006年版，第45~46页。

[3] 大多数国家（地区）明文规定了公序良俗原则，多将之表述为"公共秩序和善良风俗"，如《德国民法典》第138条第1款、《法国民法典》第6条、《日本民法典》第90条、《荷兰民法典》第40条第1款等。

[4] 公序良俗原则具有审查法源、限制私法自治、限缩权利的行使、扩大侵权责任保护对象等功能。参见谢鸿飞："公序良俗原则的功能及其展开"，载《探索与争鸣》2020年第5期。

[5] 参见刘得宽：《民法总则》，中国政法大学出版社2006年版，第200页。

[6] 在《民法总则》颁布前，我国《民法通则》《合同法》《物权法》及《公司法》等并未使用"公序良俗"的概念，而将其表述为社会公德、社会经济秩序、社会公共利益、社会责任、他人合法权益等。参见《民法通则》第7条、第58条，《合同法》第52条，《物权法》第7条，《公司法》第5条，《保险法》第4条，《个人独资企业法》第4条等。2017年《民法总则》第8条将之表述为"公序良俗"，后被《民法典》沿用。

意思自治是民法的基本原则,是民法的内在精神和灵魂。但是,民事主体的意思自治必须以公法提供的公共秩序和社会应有的伦理道德为基础。行为人的行为若严重违反公序良俗,该行为应属无效。公序良俗原则的功能之一即在于弥补法律空白,在没有具体规则适用的前提下授权法院以此为准判断法律行为的效力,起到扩充法律渊源、弥补法律漏洞的作用。然而,公序良俗是一个不易涵摄和准确界定的法律概念,其内涵极其抽象、极具弹性。如不加以明确规范和严格限定,极易被司法机关肆意援引,进而侵占私法自治的空间,损害行为人的正当权益。《德国民法典》施行后,1901年德国最高法院判决就认为,关于是否违反善良风俗,由法官"按照正当且公平的一切人的道义感"进行判断,使公序良俗具备了适应社会变化的极大弹性,并成为依法官裁量无论什么内容均可装进去的"黑洞"。[1]

为防止公序良俗原则被泛化滥用进而侵入意思自治,对行为人行为自由形成过度干涉与强制,学界试图客观描述公序良俗的基本内涵,并开始了公序良俗类型化的尝试。在德国,如何使其明确化,能够被客观地解释清楚,学界存在长期争议。冯·图尔教授认为,公序良俗就是在现存社会中占统治地位的道德。他认为,法律秩序不可能达到实现"好的道德的理想"。在法律活动中,当法律不起作用时,至少可以通过道德行为规范进行强制。但其他学者如施陶丁格等却认为,为了一个有秩序的共同生活,公序良俗只是一个"最低的道德规范"。经过激烈讨论,学界最终达成共识的是,法律不承认那些在法治社会中严重违反被大家公认的社会公德的法律行为,或者那些严重违反现行法律制度下特别在宪法层面上法律伦理学内在的原则的法律行为。[2]在日本,近江幸治教授将违反公序良俗的行为类型化为:①违反人伦的行为;②违反正义观念的行为;③暴利行为;④优越地位的利用;⑤侵害基本人权的行为;⑥射幸行为等。[3]我妻荣教授将违反公序良俗的行为类型化为:①违反人伦的行为;②违反正义观念的行为;③乘他人无思虑、危难而谋取不正当利益的行为;④对个人自由极度限制的行为;⑤对营业自由进行限制

---

[1] 参见梁慧星主编:《民商法论丛》(第1卷),法律出版社1994年版,第47页。

[2] 参见[德]卡尔·拉伦茨:《德国民法通论》,王晓晔等译,法律出版社2003年版,第596~603页。

[3] 参见[日]近江幸治:《民法讲义Ⅰ民法总则》,渠涛等译,北京大学出版社2015年版,第161~162页。

的行为；⑥对作为生存基础的财产进行处分的行为；⑦显著的射幸行为等。[1]学者王泽鉴将公序良俗具体化为以下类型：①宪法基本权利的保护；②契约上危险的合理分配，如定型化契约条款的控制；③婚姻，如夫妻间不得预立离婚协议；④家庭伦理，如父母健在时不得预立财产分管契约；⑤经济秩序，如不得引诱他人违约；⑥性之关系，如不得提供有偿性服务等。[2]梁慧星教授则将违反公序良俗的行为类型化为以下十类：①危害婚姻法、损害正常家庭关系秩序的行为，如双方离婚后约定禁止一方当事人生育，约定断绝亲子关系，夫妻在离婚时约定禁止任何一方在离婚后再婚等；②违反有关收养关系的规定，如收养人和送养人在达成收养协议时约定送养人收取一定的报酬；③违反性道德的行为，如提供有偿性服务的合同等；④赌债偿还合同；⑤贬损人格尊严和限制人身自由的合同，如在雇用合同中规定不准雇员外出，或规定离开商场、工作场地，需要搜身等；⑥限制职业选择自由的合同，如在合同中约定不准另一方选择任何合法的职业；⑦违反公平竞争的行为，如拍卖或招标中的串通行为，数个企业互相约定共同哄抬价格、操纵市场等；⑧违反劳动者保护的行为，如订立生死合同条款，即只要发生工伤事故雇主概不承担责任等；⑨诱使债务人违约的合同；⑩禁止投诉的合同，如在合同中约定，禁止一方投诉另一方的某种违法行为等。[3]

现代社会开放多元，公序良俗原则不应成为限制人类行为自由的桎梏。对公序良俗的认定，应就法律行为的内容、附随情况，以及当事人的动机、目的及其他相关因素综合加以判断，并表现于判决理由构成之内。[4]笔者认为，代孕有限开放模式并不违反公序良俗原则，这是因为：

第一，代孕有限开放模式并未违反性道德。前文已述，代孕生殖作为一项人类辅助生殖技术，与传统意义上的"借腹生子"存在本质区别。在代孕有限开放模式中，不允许以性交的自然生殖方式受孕，不存在婚外性行为，不违反性道德。

---

[1] 参见［日］山本敬三：《公序良俗理论的再构成》，有斐阁2001年版，第188页，转引自赵万一、吴晓锋："契约自由与公序良俗"，载《现代法学》2003年第3期。

[2] 参见王泽鉴：《民法总则》，北京大学出版社2009年版，第276~284页。

[3] 参见梁慧星："市场经济与公序良俗原则"，载梁慧星主编：《民商法论丛》（第1卷），法律出版社1994年版，第57~58页。

[4] 参见王泽鉴：《民法总则》，北京大学出版社2009年版，第279页。

第二，代孕有限开放模式并未违反家庭伦理道德，并未破坏婚姻家庭秩序。在代孕有限开放模式中，代孕子女自受胎时起即视为委托夫妻的婚生子女，代孕子女出生后，不论性别、胎数，不论是否存在先天残障，委托夫妻均不得拒绝接受，否则应承担民事责任，构成遗弃罪的，还应承担刑事责任。不仅如此，代孕子女亲子关系具有确定性，代孕合同无效、被撤销，委托夫妻婚姻关系不成立、无效、被撤销，抑或委托夫妻离婚、一方死亡的，代孕子女亲子关系均不受影响。代孕子女亲子关系得以明确，从而确保了婚姻家庭秩序的稳定。更何况代孕合同为定型化契约，其基本条款须经国务院卫生健康主管部门审定，代孕合同须经卫生健康主管部门许可始生效力，[1]不存在肆意断绝亲子关系、变相拒绝履行抚养赡养义务等违反家庭伦理道德的可能，因此代孕有限开放模式并未违反家庭伦理道德，也不会破坏正常的婚姻家庭秩序。

第三，代孕有限开放模式并未违反人伦，并未侵害基本人权和人格尊严。为防止亲属间不当代孕，如母亲为子女代孕、女儿为父母代孕等，引发人伦关系、亲等关系的混乱，代孕有限开放模式明确限定代孕者不得为委托夫妻的直系血亲或者辈分不相当的四代以内旁系血亲。代孕有限开放模式还将儿童最佳利益原则、代孕者生命健康权优先保护原则作为基本原则，并借由具体的制度设计充分保障代孕子女、代孕者的正当权益，[2]并不存在对基本人权和人格尊严的贬抑和侵害。

第四，代孕有限开放模式并未违反国家生育政策，并未破坏国家人口管理秩序。代孕有限开放模式要求委托人须为合法夫妻，且委托夫妻须满足现无共同子女、成功代孕的次数以一次为限等要件，不会对一夫一妻的婚姻制度、计划生育政策及我国人口管理秩序造成冲击。代孕生殖只是自然生育方式必要的有益的补充，不可能成为主流生育方式。[3]不仅如此，在我国人口出生率持续低迷，不孕不育率高发，失独家庭数量巨大，社会少子化、老龄化日趋严重的当下，增强生育政策的包容性，允许公民在法律框架内选择多样化的生育方式，有限开放代孕生殖就具有更为重要、更为紧迫的现实意义。

---

[1] 详见本书第五章：代孕的实施与监管。
[2] 详见本书第四章：有限开放模式下代孕的法律规制。
[3] 参见曹刚："给'代孕'一个道德理由"，载 http://member.cn-e.cn/html/jiaoliuyuandi/xuejiechengguo/20210209/970.html，2023 年 5 月 16 日访问。

第五，代孕有限开放模式有助于激发平等、自由、互助、仁爱等社会伦理道德。代孕有限开放模式严禁无血缘代孕、商业代孕与非治疗性代孕。全血缘代孕、无偿代孕与治疗性代孕的根本动机是帮助不孕夫妻拥有自己的子嗣，帮助不孕夫妻实现人生福祉，保障其追求幸福的基本人权，维护生命伦理与婚姻家庭秩序。在美国加州卡尔弗特诉约翰逊（Calvert v. Johnson）一案中，受理法官就认为，公序良俗原则禁止父母在孩子出生前就做出放弃抚养的决定，孩子出生后，也不应成为买卖的对象。卡尔弗特夫妇并没有在孩子出生前推卸为人父母的责任，而一直在为孩子的出生不懈努力，不断争取亲权，因此该契约并未违反公序良俗。[1]

　　第六，公序良俗原则作为民法的弹性条款，具有时代性特征。公序良俗的内涵并非一成不变，而应随着时代的发展、观念的进步，不断更新和丰富。正如梅仲协教授所言："至善良风俗一语，其意义殊难确定。因时代之推移，与文明之发展，随时随地，变更其内容。是故何者得视为善良风俗，应就整个民族之意志决之，初不能拘于某一特殊情形也。"[2]大陆法系与英美法系的法学家对公序良俗原则中所蕴含的法律价值观的变迁亦深有体会，"所谓违背政策与法律的确定标准必须因时而异。上一代人确定的所谓违背政策与法律的规则，在我们当代的法院里已经发生了变化。规则虽然还保持着，但是其适用却根据对待公众意见的导向发生了转变"。[3]药物避孕、人工授精、试管婴儿技术等在产生之初曾被认为是异端邪说、违反自然，但在现代社会已成为人们的普遍选择和常见的医疗手段；同性伴侣也曾被社会主流道德激烈排斥，但在现代社会逐渐得到了更多的宽容与承认。随着时代的发展、观念的变迁，社会对代孕有限开放模式的宽容度和接受度也会相应增加。

　　因此，经由法律严格规制的代孕有限开放模式，可以通过精细的制度设计，防免和消弭违反家庭伦理道德、破坏婚姻家庭秩序的潜在风险，代孕有限开放模式不仅符合民法公序良俗原则，而且有助于保障不孕夫妻的基本人权，实现其建立婚姻家庭、生儿育女的人类尊严。从此意义上说，代孕有限

---

〔1〕参见黄丁全：《医疗　法律与生命伦理》（下），法律出版社2015年版，第1120页。
〔2〕梅仲协：《民法要义》，中国政法大学出版社2004年版，第119页。
〔3〕伊凡图雷尔诉伊凡图雷尔，1874年"最高上诉法院判决汇报"第6卷，第1册第29例，转引自［德］康·茨威格特、海·克茨："违背法律和善良风俗的法律行为后果比较"，孙宪忠译，载《环球法律评论》2003年第4期。

开放模式不仅并未违反公序良俗原则,而且与之契合,是对公序良俗原则的细化和落实。

(四) 契合自由、正义、平等价值

1. 契合自由价值

自由是人与生俱来的,不可剥夺的权利,"法律的目的并不是废除或限制自由,而是保护和扩大自由"。[1]人的自由除侵害他人正当权益、危害公共利益外,不应被不当干涉。

就委托夫妻而言,能够拥有自己的子女,当然也是一种自由。延续生命,生育自己的下一代是宪法保障的基本人权。在人类辅助生殖技术不甚发达的年代,收养是不孕夫妻为人父母的唯一方式,但在人类辅助生殖技术高度发达并广泛应用的今天,不孕夫妻可以借助精卵捐赠、代孕生殖等技术拥有自己的子女。在尊重个人自由的民主社会,国家不应强制和干涉个人选取何种方式繁衍后代。因此,代孕生殖否定论无异于剥夺了不孕夫妻的生育权,限制了不孕夫妻的生育自由。

就代孕者而言,每个人都有权以她们自愿选择的方式对待自己的身体。如同我们没有权利反对一个男人决定通过劳动来挣钱一样。代孕者自愿订立代孕合同,代委托夫妻怀孕生产,也是代孕者行使其身体支配权的一种表现。因此,代孕生殖否定论无异于剥夺了代孕者对其身体的支配权,限制了代孕者的人格支配自由。

2. 契合正义价值

根据罗尔斯的正义理论,正义的制度应该能够协助那些并非基于自身原因而陷于劣势的不利益者尽可能获得最大程度的改善,正义制度的目的就是要最大限度地实现平等,"即给那些出身和天赋较低的人以某种补偿,缩小以致拉平他们与出身和天赋较高的人们在出发点方面的差距"。[2]不孕夫妻正是这样一种劣势群体,禁止代孕则意味着法律不仅没有为其提供改善现有不利境况的手段,反而加害了其不利状态,有违正义。现代民主法治国家追求价值多元与平等保护,就应当为不孕夫妻开拓更多的人生选择,帮助不孕夫妻

---

[1] [美] E. 博登海默:《法理学——法律哲学与法律方法》,邓正来译,中国政法大学出版社1999年版,第279页。

[2] [美] 约翰·罗尔斯:《正义论》,何怀宏、何包钢、廖申白译,中国社会科学出版社1988年版,第10页。

通过人类辅助生殖技术享受天伦之乐，实现为人父母的人生愿望。

3. 契合平等价值

基于平等价值，同样的人应当得到同等对待。卵巢功能障碍无法产生卵子的不孕女性，可以通过捐卵生殖成为母亲。[1]同样，卵巢功能正常但子宫有障碍的不孕女性，也应当能够通过代孕生殖成为母亲。在全血缘代孕中，孕育代孕子女的精卵全部来源于委托夫妻，血缘关系非常明确。在精卵捐赠生殖中，孕育所生子女的精卵并非全部来源于受方夫妻，又由于精卵捐献采行严格的互盲与保密制，血缘认定更为困难。在历来注重血脉传承关系的我国，与代孕仅提供子宫相比，精卵捐赠生殖对血缘关系的介入程度更大，对家庭伦理的冲击更为剧烈，精卵捐赠生殖都已经为人们接受了几十年，就不应当对血缘关系清晰的代孕生殖过分苛责。否则，同为不孕，精卵捐赠生殖能够得到法律的承认与保护，却将代孕生殖置于门外，与民法平等理念相悖。

代孕生殖否定论者还认为，只有东方人才有浓厚的传宗接代思想，西方人对血脉传承相对淡薄。即使在东方，因无子宫、子宫病变不能怀孕或因身体机能异常不宜怀孕的不孕女性也少之又少，因此不宜为极少数人开放风险巨大的代孕生殖技术。笔者认为，此类观点何其冷酷和残忍，暂且不论子宫不孕患者人数的多少，即使极少数人也有基本人权，在民主开放、价值多元的现代社会，极少数弱势群体血脉传承的基本诉求也应当获得尊重和保护。对弱势群体施以援手应是当代社会法治国家致力追求的重要目标，以多数人的意志漠视、否定少数人的基本诉求，本身就是多数人的暴政。

三、有限开放模式的伦理依据

笔者认为，代孕有限开放模式能够彰显以下伦理价值：

(一) 彰显儒家"仁"的精神

至圣孔子把"仁"作为儒家最高的道德规范。仁的内容包涵甚广，其核心是爱人。仁字从人从二，也就是提倡人们互存、互助、互爱，不仅自己要活出人的尊严和价值，还要把别人做同等对待，对他人尊重友爱。孔子认为，

---

[1] 为解决由于女性卵巢功能障碍引发的不孕而产生的卵子捐献和体外授精技术（In Vitro Fertilization），目前已得到世界上绝大多数国家的允许，如瑞士、美国、英国、法国、挪威、澳大利亚、匈牙利等。

将心比心，推己及人，即为"仁"。《论语·颜渊》记载："樊迟问仁。子曰：'爱人'。"《孟子·公孙丑上》曾言："恻隐之心，仁之端也。"韩愈《原道》亦言："博爱之谓仁。"亚圣孟子还在孔子"仁"的基础上，提出仁政说。认为民生是治国之本，倡导满足人们的基本欲求，强调利民、富民、保民、爱民，体察和顺应民心的向背。

代孕有限开放模式切合儒家"仁"的精神，这是因为：其一，有限开放模式下的代孕是一种博爱、无私的利他行为。代孕有限开放模式禁止商业代孕和非治疗性代孕，代孕者出于同理心、恻隐心，帮助不孕夫妻拥有自己的儿女，助其实现人生的圆满和幸福，是典型的互助、互爱，切合"仁"的理念。其二，代孕有限开放模式体现利民、保民、爱民精神。为人父母，养育儿女的乐趣是人的天性，借由另一生命延续自己的身体与个性，是对人类生命价值与意义的肯定。代孕生殖是无子宫、子宫病变不能怀孕或因身体机能异常不宜怀孕的不孕症患者拥有自己子嗣的唯一途径。有限承认代孕生殖的合法性有助于保障不孕夫妻的生育人权。其三，代孕有限开放模式能够保障人性尊严和婚姻家庭伦理。代孕有限开放模式秉持无偿原则，可以避免子宫工具化和贩卖儿童之嫌；该模式对精卵、人类胚胎等生殖细胞有严格的获取、保存和销毁规则，有利于保障人性尊严，维护婚姻家庭伦理。

（二）体现社会互助价值观

代孕有限开放模式禁止商业代孕。助人为乐、成人之美是代孕者从事代孕的主要动机。一些代孕者为委托夫妻提供代孕，可能只是深感兄弟姐妹、亲朋好友没有子嗣的痛苦，自愿伸出援手。甚至那些通过代孕获得报酬的代孕者在提到她们的代孕动机时，也表示为人代孕主要出于责任感和同理心，是为了帮助那些不顾一切想要一个孩子的父母。美国记者在暗访印度代孕机构时，代孕者狄克莎就坦言："我们很想家人，但是我们也知道，待在这里，可以让想拥有家庭的女人能够拥有一个家。"[1]英国剑桥大学研究员杰德瓦（Jadva）的研究显示，代孕者代孕之动机约有91%是"希望帮助不孕夫妻"，其次是怀孕带来之快乐与自我实现。

（三）体现人道主义精神

人道主义坚持以人为中心的世界观，提倡关怀人、尊重人，主张人格平

---

[1] [美]斯科特·卡尼：《人体交易》，姚怡平译，中国致公出版社2013年版，第116页。

等,相互尊重,强调人的价值,维护人的尊严及权利。人道主义反对一切基于种族的、国别的、宗教的、性别的、年龄的歧视,在伦理上与博爱主义相同,主张超越人种、国家、宗教等所有的差别,承认人格的平等,提倡人与人之间相互扶助,相互尊重,以谋人类全体之安宁幸福。

代孕生殖作为一种人类辅助生殖手段,旨在帮助不孕症患者实现由于生理缺陷而不能实现的自然功能。缺少子宫或子宫病变不能怀孕,是目前人类不可弥补的身体缺陷,应被公平地视为生殖机能上的残障。代孕生殖是子宫不孕的不孕症患者拥有子女的最后手段,法律应当为其提供帮助和保障,而非剥夺其最后的救济手段。在重视传宗接代的社会价值观未能彻底改变前,帮助这些残障者生育后代,而非一味要求他们放弃生育权,无疑对不孕夫妻而言更为人道。

更何况先天没有子宫、子宫内膜异位等不孕症患者数量巨大。如女性生殖道畸形综合征(MRKH)[1]在临床上并不罕见,发生概率约为1/5000,即全世界每5000名妇女中就有一人患有这种子宫发育畸形的先天疾病。据日本一研究机构统计,先天性子宫缺失综合征以及因癌症治疗等丧失子宫的患者在日本约有6万人至7万人。[2]代孕有限开放模式将使数量庞大的不孕夫妻能够拥有自己的子女,让其为人父母的愿望、享受天伦之乐的夙愿成为可能。

四、有限开放模式的心理学依据

与能够自然生育的夫妻相比,不孕夫妻常有较大的心理压力和情绪上的不良反应,不孕妇女承受的心理压力更甚。代孕有限开放模式有助于帮助不孕夫妻从这些巨大的精神压力中解脱出来。

(一)化解传宗接代的社会文化压力

传宗接代思想在我国可谓历史久远。《孟子·离娄上》曾言:"不孝有三,无后为大。"《大戴礼记》记载:"妇有七去:不顺父母去,无子去,淫去,妒去,有恶疾去,多言去,窃盗去。"《唐律疏议》亦认为:"七出者,依令:一无子,二淫泆,三不事舅姑,四口舌,五盗窃,六妒忌,七恶疾。""无子"

---

[1] 女性生殖道畸形综合征(MRKH),是指生殖器官苗勒管在发育的过程中产生变异,表现为无子宫、无阴道或子宫、宫颈和上三分之二阴道的发育不良。

[2] 参见王欢:"日本研究团队对猴子实施子宫移植使其怀孕",载http://www.sohu.com/a/231545160_162522,2023年4月22日访问。

不仅列为不孝之首，而且是七出之一，是古代男子休妻的七个正当理由之一。妻子不孕，丈夫休妻、娶妾、收养或过继就有了正当理由。不孕妇女还须承担被污名化的各种社会文化压力，传宗接代的义务与责任最终归由女性承担。这些思想虽然是封建社会的糟粕，[1]但在血缘观念深厚、重视血脉传承的我国，这些传统封建观念在现今社会并未完全改变。因妻子不孕，丈夫家暴、婚外情、离婚、重婚等现象便常常出现，甚至被社会接受并认为理所当然。不孕妻不但身处期许怀孕——受孕失败——再次备孕——不断失败的恶性循环中，还深陷担心被配偶嫌弃、婚姻幸福受影响的压力旋涡，并承担被亲友询问"关怀"、遭社会不当评价的压力等。香港艺人梅艳芳在罹患宫颈癌后，因担心切除子宫会失去生育能力而不肯治疗，在很短时间便离开人世。[2]有限开放代孕能够帮助不孕夫妻拥有自己的子女，使其从传宗接代的社会文化压力中解脱出来。

(二) 清除个人角色任务与角色期待带来的压力

依据心理学理论，夫妻双方在生命各阶段皆有不同的发展任务，成人时期的角色特点为生育及教育、引导下一代。当不孕夫妻无法生育时，将会导致生育停滞与自我角色期待的瓦解，进而妨碍其下一阶段的发展与自我完善。[3]不孕妻也常常会因其生理机能的障碍，产生强烈的自责感、愧疚感等负面情绪，甚至产生严重的自我否定倾向，并通过自残、自杀等方式进行自我惩罚。有限开放代孕，不孕夫妻得以生儿育女，有助于清除其个人角色任务与角色期待带来的压力，有助于不孕夫妻完成自我角色设定，增加自我认同感。

代孕生殖否定论者认为，承认代孕合法化会强行割裂代孕者与代孕子女之间的情感联系，解构父母子女之爱，损害代孕者的心理健康。但代孕有限开放模式明确规定代孕子女自受胎时起即视为委托夫妻的婚生子女，且通过充分的术前告知，使代孕者明确自己从事代孕行为的法律性质与法律后果。

---

[1] 须强调的是，从人类传承接续的角度而言，传宗接代是人类的重要本能，希望自己的血脉和性格在子女身上延续，也是人之常情，此种意义上的传宗接代并无可非难性。作为封建糟粕存在的"传宗接代"特指仅由女性承担生育的义务与责任，并承受不孕招致的婚姻、家庭地位的不公正对待及被污名化的社会文化压力。

[2] 参见"梅艳芳死因揭秘：拒切子宫恐致不育"，载http://news.sina.com.cn/o/2004-01-01/08001483415s.shtml，2023年6月3日访问。

[3] Erikson, E (1950), *Childhood and society*, N.Y.: W. W. Norton.

代孕者在分娩后向委托夫妻交付代孕子女时，就不会产生过多的负面情绪。英国学者杰德瓦（Jadva）的调研结果似乎令人们无需再担忧这一方面的问题。其调研结果表明，代孕者在交付代孕子女之后的确很快经历了一些心理及感情等方面的问题，但并不严重，通常时间比较短而且会随着时间的流逝而逐渐消融。就此而言，代孕对代孕者来说似乎是一种积极的经历。[1]更何况在代孕有限开放模式中，在代孕生殖手术实施前、代孕者妊娠期间以及代孕者生产分娩后，代孕中介机构都可以为代孕者提供有关代孕的法律咨询与心理咨询，就代孕者的亲子分离焦虑等提供心理疏导，有效帮助代孕者缓解心理焦虑与心理不适。

五、尚无替代措施

在现有医疗技术水平下，对于无子宫、子宫病变不能怀孕或因身体机能异常不宜怀孕的不孕症患者而言，代孕生殖是其延续血脉的唯一途径与有效手段，收养、婚外生养子女、子宫移植与人造子宫等皆无法替代。

（一）收养不能替代代孕生殖

收养虽然也能帮助不孕夫妻实现为人父母的愿望，但收养制度不仅条件严苛、程序繁琐，而且易生纠葛，与代孕是完全不同的法律制度，不能混为一谈。代孕不能为收养所替代，主要因为：

第一，两者目的存在差异。无论从当事人的主观愿望还是法律后果来看，代孕比收养更接近自然生育，代孕子女较收养子女与父母的血统关系更为亲密。代孕有限开放模式禁止无血缘代孕，要求孕育代孕子女的生殖细胞至少来源于委托夫妻一方，有些国家（地区）甚至只承认全血缘代孕。但在收养中，养子女与养父母均不存在遗传上的血缘关系，一定程度上会给不孕夫妻带来没有血亲子女的遗憾，不能完全填补不孕夫妻的心理需求。

第二，收养与代孕彰显两种不同的生育决定权。生育权的首要内容即为生育方式的选择权。不孕夫妻不能通过自然方式生育时，有权选择收养，也有权选择通过人类辅助生殖方式进行生育。泛道德论要求不孕夫妻勇敢面对并坦然接受不孕的客观事实，要求不孕夫妻发挥大爱去领养别人的子女。但延续自己的血脉，拥有与自己具有相同血缘的子女，营造健全的家庭生活，

---

〔1〕 参见刘长秋："代孕的合法化之争及其立法规制研究"，载《伦理学研究》2016年第1期。

是人的正常需求和基本自由，旁人无权决定不孕夫妻应否拥有与自己具有相同血缘的子女，也不能断然认定收养一定优于代孕。收养既然并非应对不孕的唯一途径，社会就不应强制不孕夫妻仅以收养来满足其养育下一代的愿望。生育权是不孕夫妻的基本人权，其有权选择收养，当然也应当有权选择代孕生殖。倘若仅允许子宫不孕者借助收养拥有子女，却允许其他不孕者借助人类辅助生殖技术拥有子女，对子宫不孕者而言也是一种不公平与不平等。

第三，收养更易滋生纠纷。有限开放模式下的全血缘代孕，只有子宫属于他人，孕育子女的精卵源自委托夫妻，但收养却形同借精+借卵+借子宫。代孕生殖比收养更为单纯，更接近自然生育，纠纷发生的可能性往往更小。收养可能衍生养子女重新适应家庭环境、养子女与养父母的情感隔阂、生父母与养父母之间的纠葛等更多的法律、心理和社会问题。美国有关机构的统计数据显示，收养的纠纷率高于15%，但代孕的纠纷率却小于0.3%。

第四，收养条件严苛，且尚无足够的儿童待收养。收养不仅程序繁琐，而且条件严苛。各国均为收养设置了严格的实质要件，主要表现为：（1）须有收养的合意。收养合意不仅要求收养人与送养人达成收养合意，若被收养人达到一定年龄，还须征求被收养人意愿。我国《民法典》第1104条就规定："收养人收养与送养人送养，应当双方自愿。收养八周岁以上未成年人的，应当征得被收养人的同意。"（2）被收养人需满足严格的条件限制。我国《民法典》第1093条规定："下列未成年人，可以被收养：（一）丧失父母的孤儿；（二）查找不到生父母的未成年人；（三）生父母有特殊困难无力抚养的子女。"[1]（3）收养人需满足严格的条件限制。我国《民法典》第1098条规定："收养人应当同时具备下列条件：（一）无子女或者只有一名子女；（二）有抚养、教育和保护被收养人的能力；（三）未患有在医学上认为不应当收养子女的疾病；（四）无不利于被收养人健康成长的违法犯罪记录；（五）年满三十周岁。"[2]（4）收养人与被收养人须存在一定的年龄差距。我国《民法典》第1102条规定："无配偶者收养异性子女的，收养人与被收养人的年龄应当相差四十周岁以上。"《法国民法典》第344条规定收养人与被收养人

---

[1] 其他国家关于被收养人的条件限制，参见《法国民法典》第347条、《意大利民法典》第293条、《日本民法典》第793条、《俄罗斯家庭法典》第124条等。

[2] 其他国家关于收养人的条件限制，参见《法国民法典》第343条、《意大利民法典》第291条、《德国民法典》第1743条、《瑞士民法典》第264条等。

的年龄至少相差15岁,《瑞士民法典》第265条规定为16岁等。为使养子女与养父母之间的年龄差距尽可能接近亲生父母,《荷兰民法典》第228条还规定收养人与被收养人的年龄差距不得超过50岁等。(5)其他限制条件。如收养人与被收养人须辈分相当。《日本民法典》第793条规定:"不得把尊亲属或年长者收养为子女。"又如收养人与被收养人须有一定时间的共同生活经历等。《法国民法典》第345条第1款就规定:"仅有年龄在15岁以下,且在收养人或诸收养人家庭中接纳至少已有6个月的儿童,始允许收养之。"

收养不仅实体要件严格,程序要件也多被严格限定。收养为要式法律行为,有的国家要求须在法院或公证人面前订立收养合意,或以公证证书为之,有的国家要求须经当事人双方及成年证人两人以上口头或书面申报。[1]如在德国,为防止收养制度被滥用,收养不能仅仅通过私法行为成立,必须通过法院裁定才能完成。[2]我国《民法典》第1105条也规定:"收养应当向县级以上人民政府民政部门登记。收养关系自登记之日起成立。收养查找不到生父母的未成年人的,办理登记的民政部门应当在登记前予以公告。收养关系当事人愿意签订收养协议的,可以签订收养协议。收养关系当事人各方或者一方要求办理收养公证的,应当办理收养公证。县级以上人民政府民政部门应当依法进行收养评估。"

而且待收养的儿童多为孤儿,数量非常有限,有的是存在先天疾病或残障的弃婴,不能充分实现不孕夫妻为人父母的夙愿。

(二)婚外生养子女不能替代代孕生殖

当妻子因无子宫、子宫病变不能怀孕或因身体机能异常不宜怀孕时,其配偶如果通过婚外生养子女的方式拥有子女,会引发以下消极影响:依据现代民法理念,非婚生子女与婚生子具有同等的法律地位,任何人不得加以歧视,则该非婚生子女可以获得与婚生子女在财产及身份上相同的权利。不孕妻只能接受,无法也不能拒绝。不孕妻的配偶以妻子不孕为由婚外生养子女,不仅贬抑了不孕妻的人格尊严,有时甚至会被不孕妻的配偶与婚外第三人利用,间接破坏一夫一妻制。有的不孕妻自认不能生育有亏职守,不敢拒绝配

---

[1] 其他国家关于收养的程序限制,参见《德国民法典》第1750条、《法国民法典》第351条、《瑞士民法典》第267条、《日本民法典》第799条与第739条、《韩国民法典》第878条等。

[2] 参见[德]迪特尔·施瓦布:《德国家庭法》,王葆莳译,法律出版社2010年版,第254页。

偶婚外生养子女。有的不孕妻甚至为了维持婚姻，积极帮助配偶借腹生子。

然而，婚外生养子女只满足了不孕妻配偶的生育愿望，对不孕妻的生育权与婚姻家庭幸福视而不见。代孕生殖技术之所以被创制发展出来，就是因为女权意识高涨之后，法律不得不强制规范并平等保障一夫一妻制。否则只要不孕妻配偶婚外生养子女就能解决子嗣问题，一定不会发展出大费周章的代孕生殖技术。可以说，代孕生殖与婚外生养子女相比，能够保障女权，维护不孕妻的人格尊严，实现不孕妻的生育愿望，减少家庭纠纷，给予一夫一妻制更大保障。

（三）子宫移植不能替代代孕生殖

倘若先天无子宫或后天子宫被切除的不孕女性可以进行子宫移植，则可以通过移植的子宫怀孕生产，无须借助代孕生殖技术。但事实证明，子宫移植在现阶段根本不可能代替代孕生殖。

子宫移植，是指通过移植子宫，帮助无子宫的不孕妇女实现怀孕生育梦想的医疗行为。子宫移植手术以及随后的受孕分娩过程主要包括以下6个环节：①供体须自愿捐赠子宫，并且事先在器官捐赠中心进行至少6个月的匹配试验，以确保供体和受体遗传匹配；②因切除的子宫只具有12个小时的存活能力，子宫切除后须及时进行子宫移植手术；③受体接受子宫移植手术后至成功受孕前，须服用至少3个月的防排异药物；④在确定所移植的子宫功能正常的情况下，医生将受体之前的冷冻胚胎移植到移植的子宫内；⑤胎儿发育成熟后，通过剖腹产方式分娩；⑥子女出生后或移植子宫2年至3年后，若不需生育，移植的子宫将会被切除，以彻底消除受体的排异反应。

沙特阿拉伯和土耳其曾有两例子宫移植案例，但都未能成功怀孕生子。2000年4月，在沙特阿拉伯吉达市法赫德医院进行了世界上第一例子宫移植手术。一名26岁的妇女在1994年因卵巢瘤手术严重内出血而切除子宫，从而失去生育能力。后来，一名46岁的女性捐献了她的子宫。但子宫移植手术3个月后，移植的子宫出现血栓和细胞组织坏死等情况，被迫从受体体内取出。2012年9月，土耳其安塔利亚市（Antalya）阿克代尼兹大学医院为一名出生即没有子宫的女性赛特实施了子宫移植手术，手术异常复杂，历时7个小时。后来，赛特进行体外授精，成功怀孕，但之后不幸流产。[1]

---

[1] 参见黄丁全：《医疗　法律与生命伦理》（上），法律出版社2015年版，第589~591页。

2010年10月10日，英国《星期日快报》报道，瑞典哥德堡大学产科和妇科系主任马茨·布兰特罗姆教授宣称，已经找到了成功移植子宫的奥秘，并已在动物实验中取得了成功。瑞典科学家先是对一些实验鼠进行了子宫移植手术，移植子宫的实验鼠不仅通过自然交配怀孕，并且顺利产下幼仔。研究人员还对羊和猪进行了子宫移植实验，效果也相当理想。2011年6月14日，英国《每日电讯报》报道，瑞典一名56岁的女性伊娃·奥拓森将其子宫捐献给女儿萨拉。25岁的萨拉患有女性生殖道畸形综合征（MRKH），生来就没有生殖器。医疗组负责人马茨·布伦斯特伦博士表示，子宫移植是目前医学上最复杂的一项手术，"从技术上来说，它比移植肾脏、肝脏或心脏还困难。这项手术的难点是必须避免大出血，并要确保有充足的血管与子宫相连。在骨盆区域做手术就如同在漏斗里做手术，非常受限制。这不像移植一颗肾，因为肾脏很容易接触到"。[1]2012年9月19日，两名瑞典女子接受了子宫移植手术，其中一人因为接受子宫颈癌治疗切除了子宫，另一人先天无子宫。捐赠者为她们各自的母亲。2014年1月，医生将一枚受精卵植入其中一名接受子宫移植的女性体内，随后该女子成功受孕。怀孕期间，植入的子宫曾出现短期排异现象，后来通过增加皮质类固醇的剂量来抑制免疫系统，成功解决了排异问题。怀孕31周时，受体出现威胁母子生命安全的并发症。2014年10月3日，这名女子通过剖腹产生下一名体重约1.8千克的男婴，全球首个在移植子宫内孕育的婴儿在瑞典出生。[2]

2015年11月25日，我国第四军医大学西京医院召开新闻发布会，宣布中国首例子宫移植手术获得成功。西京医院11个学科协作、38位专家教授联手，成功将一位母亲的子宫移入女儿体内。患者恢复良好，移植的子宫已经成活。该手术的成功，标志着我国在该领域取得突破性进展，为众多先天性无子宫，或后天因肿瘤、产后出血等被迫切除子宫的患者带来福音。[3]但截至目前，我国并未出现通过移植的子宫成功怀孕并顺利生产的案例。

由此可见，就目前的医疗技术而言，通过移植的子宫成功怀孕并生产的

---

〔1〕 黄丁全：《医疗 法律与生命伦理》（上），法律出版社2015年版，第590~591页。

〔2〕 参见"瑞典女子接受子宫移植后产子 创全球首例"，载http://www.chinanews.com/gj/2014/10-05/6650714.shtm，2023年3月12日访问。

〔3〕 参见孙永旺、罗政锋："中国首例人子宫移植成功 患者术后恢复良好"，载http://xian.qq.com/a/20151125/033788_all.htm，2023年4月26日访问。

案例，世界范围内都极为罕见，子宫移植不能替代代孕生殖。主要因为：

第一，子宫移植的可能性较小，难以满足不孕夫妻的客观需要。器官移植虽然可以拯救人类免于病症，但其发展仍然举步维艰。子宫移植的成功有赖于成熟的器官移植医学理论、精湛的医疗技术和精良的医疗设备等。不仅如此，子宫移植多限于活体捐献，供体捐献的子宫数量有限，往往供不应求，也常常因供体与受体的遗传不甚匹配，使得不孕夫妻难以进行子宫移植。

第二，与代孕相比，子宫移植手术风险巨大，子宫移植手术与受孕分娩成功率极低。子宫移植是目前医学上最为复杂的器官移植手术，人体其他器官需要大动脉维持功能，子宫与此不同，须依赖无数微小的血管，而确保移植子宫获得足够血液供给非常复杂和困难。研究人员称，在子宫移植手术中，他们会通过复杂的手术将捐赠子宫上的血管和不孕妇女体内的血管连接起来，从而使捐赠子宫能够获得足够的血液供应，手术难度可想而知。即使手术顺利完成，受体对移植的子宫往往会产生排异反应。而且子宫移植手术并没有将子宫连结至输卵管，接受移植子宫的女性无法自然怀孕，仍需借助体外授精与胚胎移植术受孕。在妊娠期间，为子宫输送的血液须扩张三倍才能维持胎儿正常成长，移植子宫的血流是否足够良好，胎儿能否自移植子宫的胎盘取得足够养分，均未可知。

第三，子宫移植对受体产生不良影响。即使子宫成功移植，受体须长期服用抑制免疫系统的药物，而抑制排异会连带压制身体对抗感染的能力，引发败血症，这些排异类药物还会带来癌症、中风、心脏病等副作用。移植外科医生无不战战兢兢游走于排异作用和败血症之间狭窄的灰色地带，不抑制病人的免疫系统，所移植的器官很快就会遭到排拒，而如果太热衷于压抑免疫，又将面临可怕的感染。不仅如此，由于移植的子宫不能承受自然分娩时肌肉自然收缩等压力，通过移植的子宫孕育的胎儿都必须通过剖腹产手术接生。一旦通过移植的子宫生育儿女后，移植的子宫必须在接受剖腹产的同时或者于移植子宫手术后 2 年至 3 年内被摘除，从而降低受体由于长期服用抗排异药物带来的副作用和其他风险。

第四，子宫移植对所生子女存在致畸风险。移植子宫的妇女须长期服用抗排异药物，而服用此类药物可能影响胎儿的正常发育，使孕妇产下畸形婴儿。

第五，子宫移植引发伦理道德风险。子宫移植术在伦理学界引发了巨大争议，子宫移植一般须从活着的捐献者体内取出子宫，受体接受复杂的子宫移植术后仍须长期服用抗排异药物，对于供体和受体双方而言，都存在巨大风险。更何况如果子宫移植能够取得成功，则意味着一个男人在理论上也能够移植一名女性捐赠的子宫，从而令男性也能怀上身孕。将子宫移植进男性体内，通过体外授精、胚胎移植术并借助注射激素使其受孕妊娠，在技术上完全可行，但这将颠覆人类对婚姻家庭、对父母以及对男女的基本认知。

第六，子宫移植不能满足委托夫妻的全部生育需求。实施代孕生殖的不孕症患者包括无子宫、子宫病变不能怀孕或因身体机能异常不宜怀孕的女性，无子宫、子宫病变不能怀孕的女性姑且可以通过子宫移植实现为人母的愿望。但身体机能异常不宜怀孕的女性并不能借助子宫移植繁衍后代，唯有代孕一途。

（四）人造子宫不能替代代孕生殖

人造子宫是一种人造的繁衍装置，它通过模拟哺乳动物子宫的条件，使受精卵在人造环境下发育，从而摆脱胚胎对母体的依赖。人造子宫内充满类似羊水的液体，自带血液循环系统，胎儿脐带会和人工胎盘相连，从而接受氧气和营养。人造子宫上还会安装各种传感器，帮助检测胎儿的体温、心跳等指标。

据世界卫生组织统计，全球的早产儿平均占所有新生儿的1/10，在早产儿中，每年又有约110万的新生儿由于发育不充分而无法存活。在目前的医疗水平下，22周至23周的早产儿是医学救治的极限。由于心肺等重要脏器发育不完全，早于22周的婴儿，其存活概率非常低。[1]为帮助早产儿获得类似母体子宫的生存环境，人造子宫技术应运而生。1969年，法国科学家率先尝试，将羊的胚胎置于人造子宫内，但仅存活了两天。1992年，日本东京大学用人造子宫成功诞下一只小羊。科学家在母羊的胎儿发育120天时，给母羊做剖腹产，取出胎儿置于人造子宫内。在人造子宫存活17天后，小羊诞生。但由于镇静剂等的作用，小羊无法自主呼吸及站立。2017年，美国费城儿童医院艾伦·弗雷克（Alan Flake）等人开创新记录，让早产小羊在人造子宫内存活了4周之久，是相关试验中存活时间最长的一次。诞生后的小羊发育状况良好，与正常出生的小羊并无区别。[2]对于人类治疗早产婴儿来说，这或

---

[1] 参见张田勘："人造子宫初现曙光"，载《南方周末》2017年5月4日。

[2] 参见燕小六："人造子宫来了，未来女性不用怀孕了！"，载 https://new.qq.com/omn/20191011/20191011A0PQ7T00.html，2023年4月26日访问。

许是一个极其重要的阶段性胜利。人造子宫的现实意义绝不仅仅是治疗流产、早产、不孕不育,其将怀孕脱离人体,这无疑是人类社会自有婚姻以来最大的变革:男女在生理上的区别逐渐消失,生育将与性别甚至人体无关。

然而,不可否认的是,人造子宫技术尚不成熟。以美国费城儿童医院的人造子宫为例,它仍是一个孵化器,仅能在胎儿孕育的最后阶段发挥子宫功能,以提高早产儿的存活率。现有技术并不足以支撑全部的胚胎孕育过程。人造子宫尚处于医学研究和实验阶段,未见临床应用于人体的相关报道,也未见在人造子宫内成功孕育人类胚胎并顺利生产的现实案例。借助人造子宫实现不孕夫妻拥有子嗣的愿望,恐怕遥不可及。

第三节　有限开放模式在我国的现实基础

代孕有限开放模式不仅具有深厚的法理、伦理、心理学基础,在我国人口出生率持续低迷,不孕不育率高发,失独家庭数量巨大,社会少子化、老龄化日趋严重的当下,有限开放代孕生殖还具有更为重要、更为紧迫的现实意义。

一、我国生育政策的发展与演变

我国的生育政策基于人口形势的变化和社会经济的发展,逐步进行积极调整并日趋完善,公民的生育自由不断拓展,生育权正逐步回归个人和家庭。自新中国成立至今,我国的生育政策主要经历了以下阶段:

(一) 严格实施计划生育政策阶段

20世纪50、60年代,我国社会生产力逐步提高,科学技术飞速发展,人口死亡率大幅降低,人口出生率维持在较高水平(平均每个妇女生育6至7个孩子),我国人口增长率骤然提高。在6亿人口的基数上,60年代我国每年平均出生人数高达2700万人,每年净增长人数达到2300万人以上,人口增长率高达2.5%。[1]庞大的人口基数成为制约国家发展的沉重负担。

20世纪70年代初,为了控制人口过快增长,我国开始实行计划生育政

---

[1] 参见翟振武:"'单独二孩'政策:时代的呼唤",载https://news.ruc.edu.cn/archives/74467,2023年3月12日访问。

策。1978年，第五届全国人民代表大会第一次会议通过《宪法》，第53条第3款规定："国家提倡和推行计划生育。"计划生育政策载入宪法，第一次以法律的形式明确了计生政策。为完成在20世纪末把人口总量控制在12亿人以内的目标，1978年中央下发《关于国务院计划生育领导小组第一次会议的报告》，明确提出"提倡一对夫妇生育子女数最好一个，最多两个"。1980年9月，中共中央发表《关于控制我国人口增长问题致全体共产党员、共青团员的公开信》，指出"提倡一对夫妇只生育一个孩子"。从此旨在控制人口数量的"独生子女政策"在全国全面实施。

1982年9月，计划生育国策被写入中共十二大报告。1982年《宪法》第一章"总纲"第25条规定："国家推行计划生育，使人口的增长同经济和社会发展计划相适应。"第二章"公民的基本权利和义务"第49条明确规定："婚姻、家庭、母亲和儿童受国家的保护。夫妻双方有实行计划生育的义务。父母有抚养教育未成年子女的义务，成年子女有赡养扶助父母的义务。禁止破坏婚姻自由，禁止虐待老人、妇女和儿童。"2001年《人口与计划生育法》为实现人口控制的法治化，第17条对此作了重申："公民有生育的权利，也有依法实行计划生育的义务，夫妻双方在实行计划生育中负有共同的责任。"第18条第1款还规定："国家稳定现行生育政策，鼓励公民晚婚晚育，提倡一对夫妻生育一个子女；符合法律、法规规定条件的，可以要求安排生育第二个子女。具体办法由省、自治区、直辖市人民代表大会或者其常务委员会规定。"

(二) 计划生育政策逐步放开阶段

计划生育政策实施以来，我国人口过快增长的势头得到有效遏制，人口增长率已经降到0.5%以下。在13亿人口的基数上，每年出生人口1600万人，净增长人数650万人左右，平均每个妇女生育的子女数下降到1.5至1.6个水平。因计划生育政策的实施，累计少生了4亿多人，有效缓解了人口对资源、环境的压力，有力地促进了经济发展和社会进步。[1]

进入21世纪后，我国的人口形势发生了重大变化。生育率持续低于更替水平，人口老龄化加速发展，劳动力长期供给呈现短缺趋势，导致家庭养老

---

[1] 参见翟振武："'单独二孩'政策：时代的呼唤"，载 https://news.ruc.edu.cn/archives/74467，2023年3月12日访问。

和抵御风险的能力有所降低,直接促成了计划生育政策的多次调整。

1. "双独二孩"政策

2000年,我国政府出台了"双独二孩"政策,即夫妻双方均为独生子女的,可以生育两个子女。各省的人口与计划生育条例做了相应调整。如2003年北京市《人口与计划生育条例》第17条就规定:"一对夫妻生育一个孩子。有下列情形之一的,由夫妻双方申请,经区、县级以上计划生育行政管理部门批准,可以生育第二个孩子:(一)只有一个子女,经指定医疗机构诊断证明为非遗传性病残,不能成长为正常劳动力的;(二)夫妻双方均为独生子女,并且只有一个子女的;(三)婚后五年以上不育,经指定医疗机构诊断证明为不孕症,依法收养一个子女后又怀孕的;(四)再婚夫妻双方只有一个子女的;(五)从边疆调入本市工作的少数民族职工,调入前经当地县级以上计划生育行政部门批准允许生育第二个子女的;(六)兄弟二人或者二人以上均系农村居民,只有一对夫妻有生育能力,又只生育一个子女,其他兄弟不收养他人子女的;(七)男性农村居民到有女无儿家结婚落户并书面表示自愿赡养老人的(女方家姐妹数人只照顾一人);(八)远郊区、县农村居民,夫妻一方为二等乙级以上伤残军人,或者一方残疾基本丧失劳动能力的;(九)在深山区长期居住并以农业生产为主要生活来源的农村居民,只有一个女孩,生活有实际困难的。有其他特殊情形要求再生育一个子女的,需经市计划生育行政部门批准。"

2. "单独二孩"政策

根据国家统计局公布的数据,截至2012年末,我国15岁至59岁劳动年龄人口比上年末减少345万人,这是改革开放以来我国劳动力人口首次下降。2013年,中共十八届三中全会决定实施"单独二孩"政策,即夫妻一方为独生子女的,可以生育两个子女。2013年12月28日,第十二届全国人大常委会第六次会议表决通过《关于调整完善生育政策的决议》,决定:"根据我国经济社会的发展和人口形势的变化,逐步调整完善生育政策是必要的。同意启动实施一方是独生子女的夫妇可生育两个孩子的政策。"自此,"单独二孩"政策正式启动。

3. "全面二孩"政策

"单独二孩"政策实施效果未达预期。2015年10月29日,党的十八届五中全会公报提出:"促进人口均衡发展,坚持计划生育的基本国策,完善人口发展战略，全面实施一对夫妇可生育两个孩子政策，积极开展应对人口老龄化行动。"开始实施"全面二孩"政策，即一对夫妻可以生育两个子女。

为落实"全面二孩"政策，2015 年 12 月 27 日第十二届全国人民代表大会常务委员会第十八次会议通过《人口与计划生育法》修正案，第 18 条第 1 款被修改为："国家提倡一对夫妻生育两个子女。"不仅如此，《人口与计划生育法》（2001 年）第 25 条曾规定："公民晚婚晚育，可以获得延长婚假、生育假的奖励或者其他福利待遇。"《人口与计划生育法》（2015 年）删除了对晚婚晚育夫妻进行奖励的规定，将该条修正为："符合法律、法规规定生育子女的夫妻，可以获得延长生育假的奖励或者其他福利待遇。"第 26 条还设置了详细的生育鼓励措施："妇女怀孕、生育和哺乳期间，按照国家有关规定享受特殊劳动保护并可以获得帮助和补偿。公民实行计划生育手术，享受国家规定的休假；地方人民政府可以给予奖励。"可见，国家放宽生育限制，进一步鼓励生育的立场十分明确。

4."一对夫妻可以生育三个子女"政策

"全面二孩"政策仍未能扭转生育低迷的趋势。2013—2015 年我国出生人口数量分别为 1640 万人、1687 万人、1655 万人。2015 年末中央决定全面放开二孩，2016 年出生人口数量虽然增至 1786 万人，但 2017 年又下滑至 1723 万人，2018 年、2019 年连续下降至 1523 万人、1465 万人。（见表 3-1 我国近年人口总数及出生率统计表）

表 3-1　我国近年人口总数及出生率统计表（数据来源于国家统计局官网）

年份	年末总人口（万人）	自然增长数（万人）	自然增长率（‰）	出生数（万人）	出生率（‰）	死亡数（万人）	死亡率（‰）
2010	134 091	641	4.79	1588	11.9	948	7.11
2011	134 735	644	4.79	1604	11.93	960	7.14
2012	135 404	669	4.95	1635	12.1	966	7.15
2013	136 072	668	4.92	1640	12.08	972	7.16
2014	136 782	710	5.21	1687	12.37	977	7.16
2015	137 462	680	4.96	1655	12.07	975	7.11

续表

年份	年末总人口（万人）	自然增长数（万人）	自然增长率（‰）	出生数（万人）	出生率（‰）	死亡数（万人）	死亡率（‰）
2016	138 271	809	5.86	1786	12.95	977	7.09
2017	139 008	737	5.32	1723	12.43	986	7.11
2018	139 538	530	3.81	1523	10.94	993	7.13
2019	140 005	467	3.34	1465	10.48	998	7.14

2021年6月26日，中共中央、国务院发布《关于优化生育政策促进人口长期均衡发展的决定》，明确指出："（八）依法实施三孩生育政策。修改《中华人民共和国人口与计划生育法》，提倡适龄婚育、优生优育，实施三孩生育政策。各省（自治区、直辖市）综合考虑本地区人口发展形势、工作基础和政策实施风险，做好政策衔接，依法组织实施。"2021年8月20日，第十三届全国人民代表大会常务委员会第三十次会议通过《关于修改〈中华人民共和国人口与计划生育法〉的决定》，将第18条第1款修改为："国家提倡适龄婚育、优生优育。一对夫妻可以生育三个子女。"不仅如此，《人口与计划生育法》（2015年）第2条第2款曾规定："国家采取综合措施，控制人口数量，提高人口素质。"被2021年《人口与计划生育法》修改为："国家采取综合措施，调控人口数量，提高人口素质，推动实现适度生育水平，优化人口结构，促进人口长期均衡发展。"明确将"控制人口数量"修正为"调控人口数量"；强调"推动实现适度生育水平"，取代多年来党政文件中一贯奉行的"稳定低生育水平"。《人口与计划生育法》（2021年）不仅规定"一对夫妻可以生育三个子女"，还设计完善了一系列配套的生育支持措施，包括：①删掉了第41条、第42条关于社会抚养费的规定。[1]取消社会抚养费，意味着一对夫妻即使生育四个甚至更多子女，也无须缴纳社会抚养费。②采取积极的生育支持措施，减轻家庭生育、养育、教育负担。如支持有条件的地方

---

[1]《人口与计划生育法》（2015年）第41条规定："不符合本法第十八条规定生育子女的公民，应当依法缴纳社会抚养费。未在规定的期限内足额缴纳应当缴纳的社会抚养费的，自欠缴之日起，按照国家有关规定加收滞纳金；仍不缴纳的，由作出征收决定的计划生育行政部门依法向人民法院申请强制执行。"第42条规定："按照本法第四十一条规定缴纳社会抚养费的人员，是国家工作人员的，还应当依法给予行政处分；其他人员还应当由其所在单位或者组织给予纪律处分。"

探索设立父母育儿假;推动建立普惠托育服务体系、在居住社区建设婴幼儿活动场所及配套服务设施、在公共场所和工作场所按规定配置母婴设施等。③保障计划生育家庭的合法权益。如在老年人福利、养老服务等方面给予必要的优先和照顾;独生子女发生意外伤残、死亡的,给予全方位帮扶保障等。

可见,从"双独二孩""单独二孩""全面二孩",再到"一对夫妻可以生育三个子女",我国生育政策不断优化,逐步放宽。但从实际效果来看,历次生育政策的调整并未改变我国人口发展的基本趋势,出生率低、老龄化加剧等问题仍然突出。面临严峻的人口形势,2017年《人民日报》首次刊文讨论"代孕能否合法化"问题,引发全国热议。2018年第十三届全国人大一次会议决定组建国家卫生健康委员会,不再保留国家卫生和计划生育委员会,这是自1981年以来国务院组成部门中第一次没有使用"计划生育"的名称,充分体现了政府工作理念与工作重点的转变,一定程度上彰显了国家增强生育政策的包容性、进一步放开管制的倾向。

二、有限开放代孕在我国的现实基础

我国当下人口出生率持续低迷,人口老龄化加剧,不孕不育率高发,失独家庭数量庞大,劳动力萎缩,人口红利消失,为应对国家人口危机,应积极放开并鼓励生育,有限开放代孕生殖在我国当下具有重要的现实意义。

(一) 人口出生率持续低迷,人口老龄化加剧

当前,我国人口出生率持续低迷,少子化现象突出。在计划生育政策落地之前,我国是世界上人口出生率最高的国家。计划生育政策实施后,我国人口出生率逐步下降,近年来出生人口出现断崖式下跌,如今更是跌到了国家预测范围之外。早在2018年,《人民日报(海外版)》就依据统计数字发出预警,"2018年初,国家统计局公布了中国2017年新生人口数据。数据显示,2017年中国出生人口1723万人,比2016年减少63万人。人口出生率为12.43‰,比2016年下降了0.52‰。但低出生率对经济社会的影响开始不断显现。中国的人口红利基本已经用完,老龄化加剧,用工成本上升,社会保障压力大……要解决这些问题,不能仅仅靠家庭自觉,还应该制定更为完整的体制机制。说白了,生娃不只是家庭自己的事,也是国家大事。生娃是家

事也是国事。"[1]即使"单独二孩""全面二孩"政策有效地释放了之前被压抑的部分生育需求，2016年和2017年出生人口出现了小幅增长，均超1700万人。但国家统计局人口统计数据显示，在"全面二孩"政策实施的第一年2016年，我国人口出生率达到12.95‰，自然增长率为5.86‰。2017年人口出生率即降至12.43‰，自然增长率降至5.32‰，两项指标均较2016年明显下滑，并于2018年、2019年持续下降。（见图3-1 我国历次人口普查全国人口及年均增长率统计图）

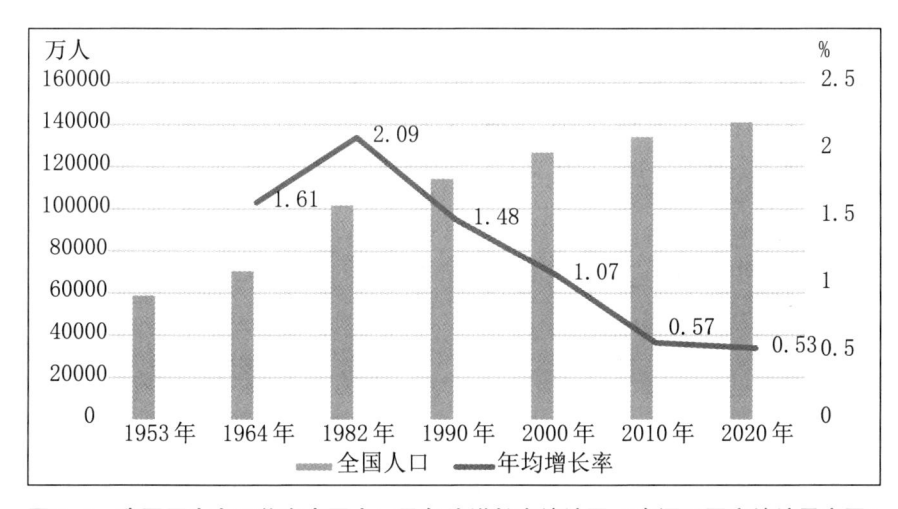

图3-1 我国历次人口普查全国人口及年均增长率统计图（来源于国家统计局官网）

国家卫计委在"全面二孩"政策实施之初曾预测人口出生高峰将在2018年出现，对2017年出生人口的最低预测为2023.2万人。而最新统计数据表明，出生高峰为2016年，2017年出生人口比卫计委的最低预测少了整整300万人。人口学者梁建章也撰文称，随着生育堆积结束后育龄女性数量的锐减，出生人口将在2018年进入雪崩状态，在之后10年将以每年减少30万人到80万人的速度萎缩。但现在看来，出生人口雪崩比我们预料的来得更早，也更加迅猛。[2]2021年5月11日，国务院第七次全国人口普查领导小组副组长、

---

[1] 张一琪:"生娃是家事也是国事"，载《人民日报（海外版）》2018年8月6日。

[2] 参见"中国人口形势雪崩，大多数人却根本没想太多……"，载《中国经营报》2018年1月24日。

国家统计局局长宁吉喆在答记者问中表示，普查数据显示，2010年到2020年我国人口增速放缓，过去十年间年均增长率是0.53%，较前一个十年下降了0.04个百分点。2018年以来出生人口的数量有所回落，第七次全国人口普查初步汇总的结果显示，2020年我国出生人口为1200万人。主要受到育龄妇女数量持续减少和"二孩"效应逐步减弱的影响，2020年我国育龄妇女总和生育率为1.3%，已经处于较低水平。[1]2010年以来的十年中，我国每年出生人数一直在1500万人左右徘徊。2020年出生人口为1200万人，创60年来人口出生数量新低。当前我国总和生育率水平不仅低于全球平均的2.47%，还低于高收入经济体的1.67%。[2]2022年1月17日在国务院新闻办举行的2021年国民经济运行情况新闻发布会上，国家统计局局长宁吉喆介绍，2021年末全国人口141 260万人，比上年末增加48万人。全年出生人口1062万人，人口出生率为7.52‰；死亡人口1014万人，人口死亡率为7.18‰；人口自然增长率为0.34‰。[3]2021年全国人口净增长48万人。对比近五年的数据，2017年全国净增人口737万人，2018年全国净增人口530万人，2019年全国净增人口467万人，2020年全国净增人口204万人，2021年全国净增人口仅为48万人，再次刷新自1961年以来历史最低数据。相较于14亿人口基数而言，48万人的净增人口已逼近零增长。

不仅如此，我国人口老龄化日益加剧。据联合国定义，一个国家（地区）60周岁以上的老年人口占总人口的10%，或65周岁以上的老年人口占总人口的7%，该国家（地区）便被认定进入老龄化社会。第七次全国人口普查结果显示，我国60周岁及以上人口为264 018 766人，占18.7%，其中65周岁及以上人口为190 635 280人，占13.5%。与2010年第六次全国人口普查相比，60周岁及以上人口的比重上升5.44个百分点，65周岁及以上人口的比重上升4.63个百分点。[4]中国老龄化程度日益凸显，而且速度惊人。发达国家老

---

[1] 参见"第七次全国人口普查主要数据结果新闻发布会答记者问"，载http://www.stats.gov.cn/ztjc/zdtjgz/zgrkpc/dqcrkpc/ggl/202105/t20210519_1817702.html，2023年6月12日访问。

[2] 参见恒大研究院："中国生育报告2020"，载https://www.thepaper.cn/newsDetail_forward_9539003，2023年6月12日访问。

[3] 参见吴斌："刚刚发布！出生人口数又又又降了"，载《南方都市报》2022年1月17日。

[4] 2021年5月11日，国家统计局发布"第七次全国人口普查公报（第五号）——人口年龄构成情况"，载http://www.stats.gov.cn/tjsj/tjgb/rkpcgb/qgrkpcgb/202106/t20210628_1818824.html，2023年1月6日访问。

龄化进程一般长达几十年，甚至一百多年。法国用了 115 年，瑞士用了 85 年，英国用了 80 年，美国用了 60 年，而我国只用了 18 年。据联合国预测，1990 年至 2020 年世界老龄人口平均年增速度仅为 2.5%，而同期我国老龄人口的递增速度为 3.3%，并且一直在加速。[1]中国发展基金会发布的《中国发展报告 2020》预测，到 2022 年左右，我国 65 周岁以上人口将占总人口的 14%；到 2050 年，65 周岁及以上的人口老龄化率将高达 27.9%，这意味着届时中国老龄人口将达到总人口的 1/3。[2]

人口低出生率、少子化、老龄化不仅对社会经济发展带来负面影响，也会对现有的社会保障体系带来冲击。少子化、老龄化的加剧，会带来劳动力短缺、人口消费能力降低、总需求萎缩、社会创新能力弱化、经济发展动力不足、减少社会总储蓄、增加家庭养老负担和基本公共服务供给压力等问题，间接影响奶制品、妇产科医疗、教育、建筑等行业，造成经济颓废、未富先老、大国空巢，不利于我国经济与社会的长期发展。与中国具有较高文化相似度的新加坡、日本和韩国分别于 1987 年、1990 年和 2005 年采取生育鼓励政策。

面对如此严峻的人口形势，国务院第七次全国人口普查领导小组副组长、国家统计局局长宁吉喆明确表示要按照党的十九届五中全会的明确要求，优化生育政策，增强生育政策的包容性，[3]代孕有限开放模式无疑应是题中之义。

(二) 育龄夫妻不孕比例畸高

一般而言，成功受孕须满足以下条件：有正常的卵子和精子，卵子和精子能够成功结合形成受精卵，受精卵能够在子宫正常着床并发育成长。其中任何一环出现问题均可诱发不孕不育。据世界卫生组织的定义，在不采取避孕措施的情况下，规律性生活尝试怀孕超过 12 个月，仍未能实现妊娠的，即为不孕不育。2009 年，由中国妇女儿童事业发展中心、中国人口协会共同发布

---

[1] 参见霍思伊："专家：鼓励生育政策没有切中要害 首先要彻底放开"，载《中国新闻周刊》2018 年第 30 期。
[2] 参见 "未来 13 亿人口，5 亿老年人？80 后最焦虑，退休赶上老龄化峰值"，载 https://xw.qq.com/cmsid/20210511A04NQA00，2023 年 1 月 6 日访问。
[3] 参见 "第七次全国人口普查主要数据结果新闻发布会答记者问"，载 http://www.stats.gov.cn/ztjc/zdtjgz/zgrkpc/dqcrkpc/ggl/202105/t20210519_ 1817702.html，2023 年 1 月 6 日访问。

的《中国不孕不育现状调研报告》称，我国不孕不育率从 20 年前的 2.5%至 3%攀升到 12.5%至 15%，也就说每八对育龄夫妇，就有一对面临生育不能的问题，我国总共有 5000 万左右不孕不育患者。[1] 2021 年 2 月 10 日，国家卫健委对于《十三届全国人大三次会议第 7858 号建议〈关于增加辅助生殖技术机构数量，放宽辅助生殖技术准入的建议〉》进行了答复。答复中称，目前学者较为公认的我国不孕不育合并患病率为 7%至 10%，[2] 也就是说每 100 对夫妇中就有约 7 对至 10 对夫妇患有不孕不育症。

女性不孕不育的原因主要表现为：卵巢功能不全、输卵管阻塞、子宫内膜异位、染色体异常、后天罹患疾病等。男性不育的原因主要表现为：精索静脉曲张、射精障碍、抗体攻击精子等。有的不孕不育，可以通过服用药物获得治愈。有的不孕不育，如无卵子或输卵管阻塞，可以通过卵子捐献或体外授精等辅助生殖技术满足生育愿望。而有的不孕不育，却只能通过他人代孕生殖方能实现孕育子女的梦想。这些女性或先天无子宫，或子宫发育不全，或子宫被切除，根本无法为胚胎提供正常的着床孕育场所，只能求助于代孕生殖。其不孕不育原因主要表现为：其一，子宫发育异常、子宫功能异常或子宫被切除。子宫发育异常，主要包括先天无子宫、子宫发育畸形、子宫发育不全等。如女性生殖道畸形综合征（MRKH），生殖器官苗勒管在发育的过程中产生变异，表现为无子宫、无阴道或子宫、宫颈和上 2/3 阴道发育不良。女性生殖道畸形综合征在临床上并不罕见，发生概率约为 1/5000，罹患此类疾病的女性通常会缺少子宫和上段阴道，但仍有正常的卵巢，可以正常排卵、分泌荷尔蒙。子宫功能异常而不孕不育的女性，虽有子宫，但因患有严重的子宫肿瘤、严重的子宫炎症等导致胚胎不能正常着床。因子宫病变、产后大出血等原因切除子宫也会导致不孕不育。其二，因身体机能异常不宜怀孕。虽然子宫发育正常、功能正常，但因患有其他不适宜怀孕的疾病，同样导致不孕不育。这些疾病主要包括：①若怀孕将加重孕妇病情或危及孕妇、胎儿生命的，如患有严重的心脏病、高血压、高血糖、红斑狼疮、血友病、肾衰竭、癌症、严重子宫畸形、严重子宫粘连、严重精神疾病或遗传类疾病等。

---

[1] 参见沈浣：“我国不孕不育现状堪忧　专家详解辅助生殖”，载 http://www.chinanews.com/shipin/spfts/20140819/343.shtml，2023 年 4 月 16 日访问。

[2] 参见"对十三届全国人大三次会议第 7858 号建议的答复"，载 http://www.nhc.gov.cn/wjw/jiany/202102/2d975bd1c251495c9b1a1c3408cab8d0.shtml，2023 年 4 月 16 日访问。

②须长期服用药物,而药物可能影响胎儿正常发育的,如患有癌症或严重精神疾病,须长期服药,而服用的药物会危及胎儿正常发育等。

(三) 失独家庭数量庞大

现代社会特别是随着计划生育政策的推广,我国家庭模式已从传统的大家庭向核心家庭转变。第七次全国人口普查结果显示,全国共有家庭户49 416万户,家庭户人口为129 281万人。平均每个家庭户的人口为2.62人,比2010年的3.10人减少0.48人。[1]家庭规模继续缩小,家庭小型化趋势进一步加剧。

与传统大家庭相比,独生子女家庭的抗风险能力明显降低。一旦独生子女离世,失独家庭往往陷入经济生活和精神支柱双坍塌的悲惨境地。失独夫妻因受丧子打击,往往失去精神依靠和情感寄托,常常自我封闭,精神抑郁,意志消沉,拒绝与社会接触。有的因精神痛苦过早离世,有的则因子女离世导致夫妻感情破裂,家庭分崩离析。我国失独家庭数量众多,实施计划生育政策40多年,已形成2亿多个独生子女家庭。据中国致公党发布的调查报告,中国15岁至30岁的独生子女总人数约1.9亿人,而这一年龄段的年死亡率为4‰。也就意味着,中国每年将新增"失独家庭"7.6万户。根据全国老龄办发布的《中国老龄事业发展报告(2013)》,2012年中国失独家庭已超百万户。一些人口学家甚至预计我国失独家庭未来将达1000万户。[2]即使2015年国家开放"全面二孩"政策,绝大多数失独家庭夫妻已超过育龄期,丧失生育能力。我国虽然制定了许多扶助失独家庭的相关制度,如失独夫妻物质扶助、社会服务和社会优待、商业保险等,[3]但这些制度多从物质利益

---

[1] 2021年5月11日,国家统计局发布"第七次全国人口普查公报(第二号)——全国人口情况",载 http://www.stats.gov.cn/tjsj/tjgb/rkpcgb/qgrkpcgb/202106/t20210628_1818821.html,2023年6月2日访问。

[2] 参见张雯雯、张恒:"莫言两会提议关注失独家庭:非跨界 与创作有关",载 http://news.sohu.com/20140306/n396121383.shtml,2023年6月2日访问。

[3] 如我国《人口与计划生育法》(2021年)第32条规定:"获得《独生子女父母光荣证》的夫妻,独生子女发生意外伤残、死亡的,按照规定获得扶助。县级以上各级人民政府建立、健全对上述人群的生活、养老、医疗、精神慰藉等全方位帮扶保障制度。"《老年人权益保障法》(2018年)第3条第2款规定:"老年人有从国家和社会获得物质帮助的权利,有享受社会服务和社会优待的权利,有参与社会发展和共享发展成果的权利。"《社会保险法》(2018年)第2条规定:"国家建立基本养老保险、基本医疗保险、工伤保险、失业保险、生育保险等社会保险制度,保障公民在年老、疾病、工伤、失业、生育等情况下依法从国家和社会获得物质帮助的权利。"

与经济扶助着眼,不能对失独夫妻提供有效的精神慰藉。失独夫妻若想弥补丧子之痛,重新拥有自己的儿女,唯有代孕一途。

还有学者从国家责任角度为失独家庭有限开放代孕寻找理论依据。他们认为失独家庭的损失与国家的计划生育政策存在一定程度的因果关系,失独家庭因响应国家计生政策而承受失独的不利后果,属于为实现国家控制人口数量、稳定低生育水平而产生的特别牺牲。代孕生殖是失独家庭实现再生育的主要途径,基于私法公平责任原则,失独家庭选择代孕生殖实现再生育,就理应获得国家保障。[1]还有学者认为,禁止代孕会使国家司法行政的某些错误无法得到弥补,对公民产生严重不公。如结扎、绝育等国家司法行政错误导致公民部分丧失生育能力,这本身已经构成对公民生育权极端不公正的对待。如果再不允许这些公民通过实际可行的代孕生殖技术生育子女,无疑会对这些公民构成再次伤害。[2]

综上所述,基于我国当前严峻的人口形势以及不孕不育率高发、失独家庭数量巨大的现实国情,鼓励生育,增强生育政策的包容性,尽快全面放开生育管制,允许公民在法律框架内选择多样化的生育方式,应是我国当下人口政策的努力方向,而有限开放代孕当属其中重要一环。代孕有限开放模式不仅能够满足我国大量不孕不育夫妻、中年失独人群的生育意愿,而且对于缓解我国少子化、老龄化的人口危机具有重要的现实意义。

---

[1] 参见郑英龙:"失独家庭特殊保障问题研究",载《山东师范大学学报(人文社会科学版)》2019年第6期。

[2] 参见刘长秋:"代孕的合法化之争及其立法规制研究",载《伦理学研究》2016年第1期。

第四章 有限开放模式下代孕的法律规制

有限开放模式并非单纯要求开放代孕,更要求对代孕生殖技术设置严密的法律规制措施。只有在全面系统的法律规制框架体系内实施代孕生殖,才能防免相关风险,最大程度保护当事人权益,发挥代孕生殖技术应有的功能与价值。笔者认为,这些规制措施主要包括基本原则规制、代孕类型规制、合同主体资格规制、代孕合同内容规制、亲子关系规制及合同终止规则规制等。

第一节 基本原则规制

为维护婚姻家庭秩序的和谐稳定,保障代孕技术的有序进行与健康发展,公平制衡代孕当事人的合法权益,代孕生殖技术的开展应当遵循以下原则:

一、无偿原则

无偿原则,即利他原则,是指代孕者为委托夫妻怀孕生产、交付子女而不得向委托夫妻主张对价。代孕生殖应否有偿,学界莫衷一是,争论不息。

有偿说认为,代孕是一种劳动形式,代孕者牺牲自己的行动自由和身体舒适代委托夫妻怀孕生产,自应获取报酬。[1]从准备人工生殖手术到顺利生产,代孕者所花费的人力、心力往往超过一年。十月怀胎的辛苦,不仅仅是身体必须承受日益成长的胎儿的重量,代孕者在怀孕期间也会因个人体质有异,而有不同程度的身体变化和情绪波动。代孕者理应因其提供的代孕劳务

---

[1] 参见〔美〕斯科特·卡尼:《人体交易》,姚怡平译,中国致公出版社2013年版,第114页。

获得报酬。若代孕者孕育两名以上婴儿，所花费劳务与心力更高于单胞胎，还应依胎儿数量增加一定比例的报酬。[1]美国、俄罗斯等国立法多采此模式。1988年2月美国统一州法研讨制定委员会通过的《人工辅助生殖子女法律地位统一法》第9条（a）即规定代孕合同允许向代孕者提供报酬。对立法产生深远影响的1988年美国律师公会《代孕法范本草案》第5条（e）也允许有偿代孕，但同时要求当事人若约定报酬，应记载明确。在草拟《代孕法范本草案》时，与会的绝大多数委员都认为，给付代孕者报酬是合理的，但是应当设定合理的上下限，且每两年可以调整一次。2017年美国《统一亲子地位法》第804条（b）也明文承认代孕合同可以约定报酬。[2]据美国学者朗贡（Rangone，1994年）研究显示，报酬并非代孕者代孕的主要动机，受访者更强调利他的理由。故虽允许代孕者获得酬金，但代孕生殖仍须秉持互助原则，严厉禁止商业代孕。

无偿说认为，若允许当事人约定报酬，会诱发富人竞相出价寻求代孕，穷人迫于经济困境为富人代孕的窘境，无异于允许富人将生育风险转嫁给穷人，形成富有者对贫穷妇女的盘剥。有偿代孕无异于女性出租子宫，使子宫变为收费的"人工孵化器"，造成人的物化，严重辱没人类尊严，因此代孕应秉持无偿原则。目前，无偿原则已得到世界各国（地区）的普遍认可，英国、加拿大、以色列、南非、新西兰、澳大利亚维多利亚州等仅承认无偿代孕，明文禁止有偿代孕和商业代孕。[3]1990年英国《人类授精与胚胎法》第30条（7）规定，代孕无酬，亲权命令的颁布、代孕者放弃亲权及任何与亲权命令颁布相关的安排，都不得涉及金钱利益。商业代孕，是以有偿代孕为业的经营性代孕，是有偿代孕的极端表现形式，更被法律严格禁止。老挝、柬埔寨、泰国等曾被誉为"代孕圣地"的东南亚国家，由于缺乏必要的监管措施和执法能力，近年来也纷纷出台法律禁止商业代孕。

笔者认为，代孕生殖应恪守无偿原则，代孕者不得基于代孕行为向委托夫妻主张对价。当前，代孕生殖长期为人们诟病和抵制的主要理由即在于有

---

[1] 参见陈凤珠："代孕合同法律关系研究"，成功大学2003年硕士学位论文，第76页。

[2] 英文原文为：(b) A surrogacy agreement may provide for: (1) payment of consideration and reasonable expenses.

[3] 参见刘长秋："权利视野下的代孕及其立法规制研究"，载《河南大学学报（社会科学版）》2015年第4期。

偿代孕。在有偿代孕中，代孕极易演变为富人对穷人的盘剥，导致子宫物化，与传统人伦道德相悖。而无偿原则恰恰能够填补代孕生殖的道德"空白点"，有效防止代孕的职业化与营利化，防止子宫商品化与代孕者机器化，避免社会不平等的加剧，减缓代孕生殖对传统道德的冲击与破坏。事实上，作为道德原则法律化的公序良俗原则，对于人的道德准则的要求也经历了由"勿害他人"到"适当的关爱他人"的转变，无偿代孕是典型的利他互助行为，符合人性的要求，符合公序良俗原则，[1]应被法律鼓励和嘉许。不仅如此，基于禁止对人体商业化利用的国际共识，人类生殖细胞、组织器官的使用秉持无偿原则也为各国（地区）遵循共守。1985年在比利时举行的第37届世界医学大会上，与会国签署了《制止人体器官交易宣言》，号召全球各国政府采取有效措施制止人体器官的商业化利用。该意见得到了1987年10月在西班牙举办的第39届医学大会的确认，并被世界卫生组织第WHO40.13号决议采纳。2000年《欧盟基本权利宪章》第2条也规定："禁止利用人体及其组成部分牟利。"《法国民法典》第16-5条明确规定："任何赋予人体、人体各部分以及人体所生之物以财产性价值的协议，均无效。"我国《民法典》第1007条也规定："禁止以任何形式买卖人体细胞、人体组织、人体器官、遗体。违反前款规定的买卖行为无效。"

　　需要提及的是，代孕生殖秉持无偿原则，并不意味着代孕者须自行负担怀孕生产期间的一切费用。因代孕生殖为委托夫妻而生，基于公平原则，委托夫妻应承担代孕者在此期间的一切必要合理费用，包括术前检查与评估费、代孕生殖手术费、产检费、置装费、营养费、交通费、误工费、分娩费、为代孕者提供的一定期限的保险费、代孕者就代孕事项寻求的法律咨询与心理咨询费、意外流产费及多胎补偿金等必要合理费用。委托夫妻向代孕者支付的必要合理费用是代孕者为完成委托事务须花费的必要有益费用，并非代孕者实施代孕行为的报酬与对价。委托夫妻向代孕者支付必要费用有助于肯定并鼓励代孕行为，有助于消除代孕者从事代孕行为的后顾之忧，与代孕生殖的无偿性、利他性并不矛盾。为防止当事人规避法律，将必要合理费用异化为代孕报酬，许多国家对必要合理费用的内容及监督作了严格规范。如1996

---

〔1〕 参见罗满景："中国代孕制度之立法重构——以无偿的完全代孕为对象"，载《时代法学》2009年第4期。

年以色列议会通过了《代孕合同法》，该法规定由专门机构对委托夫妻向代孕者支付的费用进行监督，这些费用并非代孕者所获得的报酬，仅用来弥补代孕者的损失，包括保险费、法律咨询费、误工损失等。

二、医疗需要原则

医疗需要原则，是指代孕生殖技术须基于医疗需要方得使用。代孕生殖技术是针对不孕症患者，为不孕夫妻能够拥有自己的子嗣在不得已的情况下实施的必要的医疗行为，医疗需要以外的其他目的均不构成实施代孕的正当事由。如委托妻本身具有自然生殖能力，但出于担心怀孕生产会影响其工作，担心怀孕生产会致其身材走样，或者害怕孕期不适或分娩阵痛而委托代孕的，均不被允许。秉持医疗需要原则，是对代孕生殖技术固有医疗功能的坚持，有助于防止富人向穷人不当转嫁生育风险。

代孕生殖技术的适应症主要表现为：委托妻应限于无子宫、子宫病变不能怀孕以及身体机能异常不宜怀孕的不孕妇女。无子宫、子宫病变不能怀孕，主要包括先天无子宫、子宫发育畸形、子宫萎缩、子宫后天因病被切除等情形。身体机能异常不宜怀孕，主要包括患有严重心脏病、高血压、高血糖、红斑狼疮、血友病、肾衰竭、癌症、严重子宫畸形、严重子宫粘连、严重精神疾病或遗传类疾病等，或患有须长期服用药物而药物可能影响胎儿发育的疾病，如患有癌症或严重精神疾病的妇女须长期服用致畸药物等情形。代孕生殖的适应症须经卫生健康主管部门指定的医疗机构严格认定。

医疗需要原则不仅是代孕生殖的基本原则，也是人类辅助生殖技术的基本原则，各国（地区）立法多对此做了明文规定。卫生部 2001 年颁布的《人类辅助生殖技术管理办法》第 3 条就规定："人类辅助生殖技术的应用应当在医疗机构中进行，以医疗为目的，并符合国家计划生育政策、伦理原则和有关法律规定。……"我国广州地区代孕八胞胎案即是滥用代孕生殖技术的典型，严重违反了自然法则，扭曲了家庭关系和人伦价值观。

三、技术准入原则

代孕生殖常借助于生殖细胞采集、体外授精、胚胎移植等生殖技术，稍有不慎即会导致代孕失败，或对代孕者、代孕子女造成严重损害。代孕生殖技术并非任一医疗机构都可以胜任，须仰赖精湛的医疗技术和精良的医疗设备。除医学问题外,代孕生殖还涉及伦理、道德、法律等诸多问题。为降低代孕者的生育风险,促进人口优生,保障代孕生殖技术有序开展,代孕生殖应适用技术准入原则。

代孕生殖技术准入原则,是指代孕生殖技术从业人员须具备卫生健康主管部门认可的技术资质,代孕生殖从业机构须具有卫生健康主管部门审核的执业资质并具有符合国家法律规定的在编人员、执业场所和设备条件等。实际上,技术准入原则历来是我国开展人类辅助生殖技术的基本原则,《人类辅助生殖技术管理办法》(2001年)、《人类精子库管理办法》(2001年)、《实施人类辅助生殖技术的伦理原则》(2001年)、《人类辅助生殖技术规范》(2003年)均对人类辅助生殖技术的开展设置了详细的技术规范、基本标准和伦理原则。2019年国家卫健委发布《关于加强辅助生殖技术服务机构和人员管理的若干规定》第4条进一步明确:"辅助生殖技术服务机构应当配备与开展业务相适应的场所、设施、设备和专业技术人员。全面建立严格的内部管理制度,明确岗位职责和服务流程,完善自我检查、整改和责任追究机制。严格落实医疗质量安全核心制度,遵守临床、实验室等操作规范,加强医疗机构感染预防与控制管理。严格执行患者身份查对制度和配子、合子、胚胎核查制度,配子、合子和胚胎的处理、转移、保存、使用等关键环节应当由2人以上同时现场核对。对胚胎实验室等关键区域实时监控,监控录像至少保存30天。建立应急预案,配备预警设备,加强人员演练,提高突发事件应急处置能力。保护遗传资源安全、生物安全和信息安全。"第7条规定:"辅助生殖技术从业人员应当具备所需的专业背景、资质和能力,熟悉辅助生殖技术有关政策,并按照规定接受培训,提高管理和专业技术水平。辅助生殖技术服务机构应当为从业人员接受培训提供条件。"2021年国家卫健委发布《人类辅助生殖技术应用规划指导原则(2021版)》(国卫办妇幼函〔2021〕20号)进一步强调"要从区域经济社会发展和医疗供需实际出发,合理控制辅助生殖机构规模,坚持公益性,严禁商业化和产业化。对新筹建开展的人类辅助生殖技术要强化准入管理,分年度有计划审批,合理预留审批空间,避免盲目建设和无序竞争。要加强对辅助生殖机构的日常监管,建立动态退出机制,对辅助生殖机构进行定期校验和随机抽查,对检查中发现重大管理和技术问题的辅助生殖机构,按照有关规定严肃处理"。

四、儿童最佳利益原则

儿童最佳利益原则，是指凡涉及有关儿童的事务，均应以儿童最佳利益作为优先考虑。儿童最佳利益原则起源于英美家事纠纷，始自离婚时子女抚养权的确定。现代婚姻家庭法的重心已由婚姻中心主义转向亲子中心主义；在亲子关系中，也由父母本位转变为子女本位。儿童在婚姻家庭及社会生活中的地位日益凸显，不仅在亲权的行使、收养的认可及父母离婚时抚养权的确定等婚姻家庭法领域奉行该原则，凡是与儿童权益有关的法律关系均应遵循该原则。

1989年11月，第44届联合国大会第25号决议通过《儿童权利公约》，该公约是第一部有关保障儿童权利且具有法律约束力的国际公约。公约明确规定了儿童最佳利益原则，将其作为亲子法的首要原则，第3条规定："关于儿童的一切行动，不论是由公私社会福利机构、法院、行政当局或立法机构执行，均应以儿童的最大利益为一种首要考虑。"1991年12月，我国第七届全国人民代表大会常务委员会第二十三次会议批准了《儿童权利公约》。作为《儿童权利公约》的签署国，我国应在所有涉及儿童权益的法律关系中遵循这一原则。我国《未成年人保护法》（2021年）第4条规定："保护未成年人，应当坚持最有利于未成年人的原则。处理涉及未成年人事项，应当符合下列要求：（一）给予未成年人特殊、优先保护；（二）尊重未成年人人格尊严；（三）保护未成年人隐私权和个人信息；（四）适应未成年人身心健康发展的规律和特点；（五）听取未成年人的意见；（六）保护与教育相结合。""最有利于未成年人原则"是儿童最佳利益原则在我国的本土化表达。我国《民法典》第1084条也规定："父母与子女间的关系，不因父母离婚而消除。离婚后，子女无论由父或者母直接抚养，仍是父母双方的子女。离婚后，父母对于子女仍有抚养、教育、保护的权利和义务。离婚后，不满两周岁的子女，以由母亲直接抚养为原则。已满两周岁的子女，父母双方对抚养问题协议不成的，由人民法院根据双方的具体情况，按照最有利于未成年子女的原则判决。子女已满八周岁的，应当尊重其真实意愿。""最有利于未成年子女的原则"是《民法典》对儿童最佳利益原则在婚姻家庭领域的贯彻和落实。

在代孕生殖中，委托夫妻、代孕者、医疗机构等共同参与，每个参与者的利益、目的均存在差异，作为胎儿或婴儿的代孕子女，其利益很容易被忽略和侵害。因此代孕合同的条款、代孕合同的履行、代孕合同的终止、代孕子女亲子关系的确定等均应遵循儿童最佳利益原则。譬如代孕合同的条款应当利于优生;可以参考德国附保护第三人作用契约理论,将代孕子女视为合同效力所及的第三人,从而使其获得基于违约产生的损害赔偿请求权;代孕者应从维护胎儿利益出发,承担胎儿健康发育的附随义务;严格限制代孕合同的终止事由并明确终止后果等;以儿童最佳利益原则为理论依据,确定代孕子女亲子关系等。代孕生殖遵行儿童最佳利益原则,有助于充分保障代孕子女的正当权益,有效化解代孕生殖贩卖婴儿的疑虑。

五、代孕者生命健康权优先保护原则

代孕者生命健康权优先保护原则,是指在代孕者怀孕生产期间,若委托夫妻的意愿、代孕生殖的进行与代孕者的生命安全和身体健康发生冲突时,应当优先保护后者。该原则体现了对代孕者正当权益的维护,有助于防止子宫工具化、辱没代孕者人格尊严。代孕生殖应遵循代孕者生命健康权优先保护原则,主要基于以下考量:

第一,利益位阶理论。所谓利益位阶,是指各种民事利益的顺位排列。通过利益位阶来解决利益冲突,实际上是要解决权益保护的先后顺序问题,即在各项利益存在冲突时,哪一种利益应当优先得到实现。在两大法系中,几乎都确立了人身利益优先保护规则,即在财产利益和人身利益发生冲突的情况下,应当优先保护人身利益。[1]在代孕合同中,委托夫妻享有的请求代孕者怀孕生产的权利是基于代孕合同产生的债权,根据生命健康权优位于债权的权利位序,代孕者的人身权益自然应当得到优先保护。即在代孕者怀孕生产期间,当怀孕生产的进行与代孕者的生命健康发生冲突时,代孕者有权单方终止合同而无须承担违约责任。

第二,公平和诚信原则使然。公平原则是民法的基本原则,它要求当事人在民事活动中以社会公平正义的观念指导自己的行为,以实现各方利益的公平制衡。当事人的权利与义务相一致,任何一方既不能享有任何特权,也无须承担任何不公平的义务。诚信原则在民法领域中被称为"帝王条款",要求人们在民事活动中行使权利和履行义务应当诚实守信,在不损害他人利益

---

[1] 参见王利明:"民法上的利益位阶及其考量",载《法学家》2014年第1期。

的前提下谋取自己的利益,其本质在于实现当事人之间以及当事人与社会之间的利益平衡,保证社会秩序和谐稳定。代孕合同虽旨在通过人类辅助生殖技术加惠于不孕夫妻,但不得以侵犯代孕者的基本人权和生命健康利益为代价。代孕者在代孕期间面临巨大生育风险,只有坚持代孕者生命健康权优先保护原则,才能维护代孕者的正当权益,保障代孕者的基本人权,从而实现委托夫妻生育权与代孕者生命健康权之间的利益衡平。

代孕者生命健康权优先保护原则在代孕生殖技术中有诸多体现,如在代孕者妊娠期间,代孕者倘若患有严重威胁到代孕者生命健康以至于需要终止妊娠的妊娠并发症等疾病时,代孕者有权单方终止妊娠。即使该疾病为代孕者事前刻意隐瞒,其亦享有单方终止权。在生产分娩时,若发生不可测的风险,仅能就胎儿与代孕者择其一时,应以代孕者优先等。各国(地区)立法多将代孕者生命健康权优先保护原则作为代孕生殖立法的基本原则。如美国1988年统一州法研讨制定委员会《人工辅助生殖子女法律地位统一法》第9条(b)就明确规定,代孕合同不能限制代孕者关于自己、胚胎和胎儿健康保健的自主决定权。美国2002年《统一亲子地位法》第801条(f)重申了该原则,其认为:"代孕合同不能限制代孕者优生保健自主权,即以代孕者的健康利益为优先考量。"[1]

代孕者生命健康权优先保护原则与儿童最佳利益原则并不矛盾。儿童最佳利益原则主要在代孕子女亲子关系认定、代孕者附随义务、代孕合同不得随意终止等方面发挥作用,代孕者生命健康权优先保护原则主要体现在妊娠、分娩突发风险时的利益取舍。代孕者生命健康是维持妊娠和顺利分娩的前提,亦是维护代孕胎儿生命健康利益的前提,因此妊娠分娩期间,若代孕者生命健康与委托夫妻合同债权、代孕胎儿利益发生冲突只能二者择一时,代孕者的生命健康权应当优先保护。

不仅如此,各国(地区)的代孕生殖立法还通过具体列举或抽象兜底的方式对代孕合同订立、履行期间代孕者的正当权益做了规范,以保障其意思自决、行为自由、个人隐私与生命健康利益。如明确规定代孕者享有代孕生殖相关信息的知情权、身体自主决定权、必要合理费用请求权、生育保险请

---

[1] 英文原文为:A gestational agreement may not limit the right of the gestational mother to make decisions to safeguard her health or that of the embryos or fetus.

求权、损害赔偿请求权、一定条件下的合同解除权、私生活不受干扰的隐私权、依照约定对代孕子女的探视权及相关个人信息权益等。美国1998年《人工辅助生殖子女法律地位统一法》为代孕者的法律保护设置了兜底条款，其第6条（b）（10）规定，代孕合同不能对任何个人造成实质上的不利益。2004年加拿大《人工辅助生殖技术法案》通过基本原则规定代孕者的身心健康和福利必须得到更多的保护。

六、保密原则

保密原则，是指代孕合同当事人及其他参与者对代孕实施过程中知悉的他人个人信息负有保密义务，不得擅自收集、使用、加工、传输和披露。

为稳定婚姻家庭关系，保障代孕子女的健康成长，确保代孕者的正常生活，防止产生不必要的纠纷，委托夫妻、代孕者、精子或卵子捐献者、医疗机构和卫生健康主管部门等代孕合同当事人及其他参与者均须履行保密义务。我国卫生部发布的《人类辅助生殖技术和人类精子库伦理原则》（2003年）就规定："精子库的医务人员有义务为供者、受者及其后代保密，精子库应建立严格的保密制度并确保实施，……"我国《医师法》（2021年）第23条也明确规定："医师在执业活动中履行下列义务：……（三）尊重、关心、爱护患者，依法保护患者隐私和个人信息；……"《个人信息保护法》（2021年）第28条对敏感个人信息的处理规则做了特别规定："敏感个人信息是一旦泄露或者非法使用，容易导致自然人的人格尊严受到侵害或者人身、财产安全受到危害的个人信息，包括生物识别、宗教信仰、特定身份、医疗健康、金融账户、行踪轨迹等信息，以及不满十四周岁未成年人的个人信息。只有在具有特定的目的和充分的必要性，并采取严格保护措施的情形下，个人信息处理者方可处理敏感个人信息。"保密原则已成为世界各国（地区）人类辅助生殖立法所共同遵循的基本原则。

为了保护精卵捐献者、精卵接受者及人工生殖子女的利益，降低对当事人婚姻家庭关系的冲击，各国（地区）立法多对精卵捐献者、受方夫妻、出生的子女实施严格的互盲制。如《实施人类辅助生殖技术的伦理原则》规定："三、互盲和保密的原则 凡是利用捐赠精子、卵子、胚胎实施的辅助生殖技术，捐赠者与受方夫妇、出生的后代须保持互盲，参与操作的医务人员与捐赠者也须保持互盲。医疗机构和医务人员须对捐赠者和受者的有关信息保密。"但代孕合同为继续性合同，具有极强的人身信赖性，委托夫妻与代孕者在订立合同前与合同履行过程中，需要长期接触和密切交流，双方当事人有权互相了解对方的基本信息。因此，与精卵捐献不同，代孕合同不宜也不可能采行互盲制。为确保代孕合同目的的达成，英国代孕中介组织（COTS）的代孕合同备忘录甚至规定，委托夫妻与代孕者初步接触后，双方可以利用3个月的时间互动，双方可以造访对方子女，了解代孕者的居家环境及其对于代孕的看法和需求，决定是否进行下一步的合作。代孕者甚至有权请求未来与代孕子女通过会面等方式了解其成长情况等。但笔者认为，出于对个人隐私、子女健康成长及婚姻家庭关系稳定性的考虑，委托夫妻、代孕者无正当理由不得向外界甚至向代孕子女泄露代孕生殖的相关信息，代孕者的身份信息原则上对代孕子女保密。代孕者原则上不得与代孕子女建立任何形式的联系，除非当事人另有约定，并做妥善安排。倘若代孕者与代孕子女联络后发生不利于代孕子女身心健康的情势，委托夫妻有权变更联络方式、联络频次等，甚至有权终止代孕者与代孕子女的联络。

代孕生殖虽秉持保密原则，但在捐精代孕、捐卵代孕中，代孕子女存在血缘上的拟制与变更，可能发生民法上禁止近亲结婚和禁止收养等情形，当发生结婚对象在血缘上有违反民法禁止近亲结婚的可能，或在血缘上有违反民法禁止收养的可能时，代孕子女享有代孕生殖信息的知情权，可向实施代孕生殖的医疗机构和负责代孕生殖监管的卫生健康主管部门查询代孕生殖的相关信息。为防止代孕子女的知情权被滥用，对婚姻家庭关系的稳定造成不利影响，并防止代孕子女贸然查询出现心理不适，除严格限定代孕子女知情权的法定事由外（即可能发生民法上禁止近亲结婚和禁止收养等情形），代孕子女行使知情权时须以年满18周岁，并须通过心理咨询与评估作为限制条件。

第二节　代孕类型规制

就医疗技术而言，除单纯子宫不育外，子宫不育有时还会与无精、无卵等不孕相结合，形成全血缘代孕、半血缘代孕及无血缘代孕。但这些代孕类型仅就医疗技术的可能性而言，若采代孕有限开放模式，立法应对代孕类型有所取舍，不能全盘承认。结合我国传统伦理道德与家庭文化价值，基于家庭关系的稳定性和儿童最佳利益原则，我国立法应当仅允许全血缘代孕及第三人捐精代孕、第三人捐卵代孕，严厉禁止无血缘代孕、代孕者捐卵代孕、代孕者配偶捐精代孕、商业代孕与非治疗性代孕。

一、禁止无血缘代孕

无血缘代孕，是指委托夫妻将第三人捐赠的精子与第三人捐赠的卵子于体外授精后，将受精卵植入代孕者体内进行的代孕。所生子女与委托夫妻都不具有遗传上的血缘关系。这种代孕发生于委托夫无精且委托妻无卵，而且委托妻子宫不育或不宜怀孕时。

无血缘代孕子女与委托夫妻均不存在遗传上的血缘关系，与收养并无实质差异，不应被立法采纳。这是因为：

第一，无血缘代孕与我国传统文化相悖。我国历来注重血脉传承，委托夫妻之所以选择代孕，是想通过代孕生殖技术生下与自己具有相同血缘的子女。而在无血缘代孕中，委托夫妻与所生子女既无遗传上的血缘关系，又无孕育分娩关系，甚至还存在定制婴儿、买卖婴儿的嫌疑，因此我国立法应当禁止无血缘代孕。

第二，无血缘代孕违反经济效率原则。从经济成本角度考虑，无血缘代孕较收养花费的成本往往更高。无血缘代孕不仅需要委托夫妻花费巨大财力实施代孕生殖手术，还需要委托夫妻、代孕者在漫长的代孕期间花费巨大心力，当然还包括精卵捐赠者捐赠精卵所必需的生殖细胞提取与保存成本，于社会而言并不经济。

第三，禁止无血缘代孕的立场已被世界各国（地区）普遍采纳。如英国1990年《人类授精与胚胎法》第30条第4款即规定，代孕子女至少与委托夫妻一方具有血缘关系。美国1988年《人工辅助生殖子女法律地位统一法》第6条b规定，委托夫妻须至少有一方提供生殖细胞。

二、禁止代孕者捐卵代孕及代孕者配偶捐精代孕

代孕者捐卵代孕，又称部分代孕（partial surrogate）、基因型代孕（genetic surrogate）、局部代孕、"借卵借腹"代孕，是指经委托夫妻同意，委托夫之精子与代孕者的卵子于体外授精后，将受精卵植入代孕者体内进行的代孕。代孕者捐卵代孕是半血缘代孕的一种，所生子女与委托妻不具有血缘关系，

177

与委托夫和代孕者具有遗传上的血缘关系。该种代孕发生于委托妻无卵，且子宫不育或不宜怀孕时。

代孕者捐卵代孕，卵子由代孕者提供，无须通过腹腔取卵、体外授精与胚胎移植，仅须医师对代孕者实施简单的体内人工授精即可受孕怀胎。代孕者捐卵代孕较第三人捐卵代孕具有医疗过程简易便捷、医疗费用相对低廉等优势，往往成为委托妻无卵且子宫不育或不宜怀孕时首选的代孕类型。但代孕者捐卵代孕无法阻断代孕者与代孕子女的血缘关系与感情关联，极易造成代孕者对代孕子女产生感情，诱发代孕者怀孕生产后反悔，拒不交付代孕子女的情形。即使代孕者交付子女，其也容易介入委托夫妻家庭，不仅影响委托夫妻、代孕者的家庭稳定，而且影响代孕子女的身份认同与健康成长，徒增道德上的困扰与法律上的纠纷，故应当被法律所禁止。1986年轰动全球的美国新泽西州婴儿科顿（Baby Cotton）案就是典型的代孕者捐卵代孕。代孕者捐卵代孕造成代孕子女在两个家庭之间徘徊拉锯，遭受同时拥有两对父母的痛苦，并不符合儿童最佳利益原则。

代孕者配偶捐精代孕，是指经委托夫妻同意，委托妻之卵子与代孕者配偶之精子于体外授精后，将受精卵植入代孕者体内进行的代孕。代孕者配偶捐精代孕是半血缘代孕的一种，所生子女与委托夫不具有血缘关系，与委托妻和代孕者配偶具有遗传上的血缘关系。该种代孕发生于委托夫无精，且委托妻子宫不育或不宜怀孕时。在代孕者配偶捐精代孕中，由于代孕者配偶与代孕子女具有遗传上的血缘关系，代孕者也极易事后反悔，拒不交付代孕子女，滋生亲权纠纷，故应当被法律所禁止。

将代孕者捐卵代孕、代孕者配偶捐精代孕排除在外，有利于减少亲权纠纷；允许其他形态的半血缘代孕，有利于最大程度实现不孕夫妻的生育自由，代孕类型选择不仅精细而且公允。

三、承认全血缘代孕、第三人捐精代孕与第三人捐卵代孕

全血缘代孕，又称完全代孕（full surrogate）、妊娠代孕（gestational surrogate）、"借腹"代孕、传统型代孕，是指委托夫之精子与委托妻之卵子于体外授精后，将受精卵植入代孕者体内进行的代孕。全血缘代孕所生子女与委托夫妻具有完全血缘关系，多发生于委托妻卵巢功能正常，能够提供卵子，但子宫不育或不宜怀孕时。第三人捐精代孕与第三人捐卵代孕皆为半血缘代

孕的一种，所生子女仅与委托妻或委托夫一人具有遗传上的血缘关系。第三人捐精代孕，是指经委托夫妻同意，委托妻之卵子与第三人捐献者之精子于体外授精后，将受精卵植入代孕者体内进行的代孕。所生子女与委托夫不具有血缘关系，与委托妻和第三人捐精者具有遗传上的血缘关系。该种代孕发生于委托夫无精且委托妻子宫不育或不宜怀孕时。第三人捐卵代孕，是指经委托夫妻同意，委托夫之精子与第三人捐献者之卵子于体外授精后，将受精卵植入代孕者体内进行的代孕。所生子女与委托妻不存在血缘关系，与委托夫和第三人捐卵者具有遗传上的血缘关系。该种代孕发生于委托妻无卵且子宫不育或不宜怀孕时。

人类在应用辅助生殖技术造福不孕夫妻的同时，还应当消除或降低其对婚姻家庭稳定性可能造成的不利影响，力求保持亲子关系与血缘遗传关系、孕育分娩关系的一致。在全血缘代孕、第三人捐精代孕与第三人捐卵代孕中，代孕者、代孕者配偶与代孕子女均不存在遗传上的血缘关系，委托夫妻与代孕子女的血缘关系较为紧密，要么具有完全血缘关系，要么具有一半血缘关系，能够最大程度地保持亲子关系与血缘遗传关系、孕育分娩关系的一致。而且，在第三人捐精代孕与第三人捐卵代孕中，精卵捐献施行严格的保密和互盲制，第三捐赠人无法与所生子女建立情感联系或追认亲子关系。因此，全血缘代孕、第三人捐精代孕与第三人捐卵代孕不会发生代孕者捐卵代孕、代孕者配偶捐精代孕可能引发的情感纠葛和亲权纠纷，代孕子女的身心健康和身份认同不受影响，委托夫妻、代孕者和第三捐赠人的婚姻家庭关系能够保持稳定，自然应为法律所允许。

前文已述，代孕生殖须秉持无偿原则、医疗需要原则，商业代孕极易引发贩卖儿童、出卖子宫、出卖生育能力、富人盘剥穷人等问题，非治疗性代孕存在侵害代孕者正当权益、不当转嫁生育风险、助长剥削与对立等隐患，故商业代孕、非治疗性代孕均应严厉禁止。

综上所述，基于婚姻家庭关系的稳定性及子女最佳利益原则，我国立法应当只允许全血缘代孕、第三人捐精代孕与第三人捐卵代孕，严厉禁止无血缘代孕、代孕者捐卵代孕、代孕者配偶捐精代孕、商业代孕与非治疗性代孕。

第三节　合同主体资格规制

代孕生殖技术在实施过程中往往涉及多种合同关系，如委托夫妻与代孕者订立的代孕合同关系，委托夫妻、代孕者与医疗机构订立的医疗合同关系，有时还涉及委托夫妻、代孕者与代孕中介机构订立的代孕中介服务合同关系。其中，代孕合同关系是代孕法律关系的中心，是架构代孕当事人权利义务关系的基础和依据，也是各国（地区）代孕生殖法律法规调整与规范的核心内容。[1]代孕合同由委托夫妻与代孕者订立，委托夫妻与代孕者自应为代孕合同的当事人，但当事人应当满足哪些资格限制，若代孕者已婚或嗣后结婚，其配偶是否同为合同当事人，各国立法不尽一致，学理尚存争议。

一、委托夫妻的主体资格

笔者认为，委托夫妻应当具备以下资格：

（一）委托夫妻须为合法夫妻

为维护代孕子女所在家庭的稳定与完整，保障代孕子女的身心健康，委托夫妻必须是合法夫妻。同居未婚男女、单身男女及同性恋者均不具有代孕合同的委托资格。

有学者认为具有生育及养育能力的单身男女，无论是否结婚，都应当享有委托资格。甚至对人工生殖科技管控最为严苛的德国都承认单身女性的人工生殖权。同居未婚男女、单身男女及同性恋者亦不乏域外成功代孕的案例。如英国著名流行歌手埃尔顿·约翰爵士与同性伴侣大卫·费尼什通过代孕技术生下长子与次子等。[2]

但笔者认为，家庭结构决定家庭功能，并间接影响子女的情感交流与人格塑造。家庭功能不健全是儿童性格偏差及行为异常的主要原因，倘若代孕子女一出生就生活在单亲家庭，此种代孕有意阻绝代孕子女的亲子认同，不

---

〔1〕需要强调的是，代孕合同关系虽然是代孕法律关系的核心，但代孕法律关系所包含的代孕合同关系、医疗合同关系和中介服务合同关系并非完全独立、相互分割。代孕合同的订立往往借助于中介服务合同，代孕合同的实现又须依赖医疗合同的顺利履行。

〔2〕参见谢小晚："埃尔顿·约翰再得一子　自曝找同一孕母"，载《武汉晚报》2013年1月29日。

利于代孕子女的健康成长。因此单身男女不宜作为委托人寻求代孕。同居未婚男女亦无法为代孕子女提供稳定完整的家庭关系，也不应被法律所认可。我国《民法典》第 1041 条第 2 款规定："实行婚姻自由、一夫一妻、男女平等的婚姻制度。"第 1046 条规定："结婚应当男女双方完全自愿，禁止任何一方对另一方加以强迫，禁止任何组织或者个人加以干涉。"可见，《民法典》规定的婚姻关系主体只能是男女双方，我国目前不承认同性婚姻。虽然现今社会公众对同性伴侣的认识有所改变、接受度有所提高，但是在现阶段彻底否定传统婚姻制度，赋予同性婚姻与异性婚姻同等的法律地位，在主流社会并未得到真正的认可，也不符合中国的具体国情。[1]若存在巨大伦理争议的同性恋者享有代孕合同的委托资格，将为代孕有限开放模式设置巨大障碍。即使我国有限承认代孕生殖的合法性，也因代孕技术甫一放开，未臻完善，此类复杂的法律关系宜留待制度成熟后再做考量。

代孕合同委托人须具有合法夫妻关系，已被各国（地区）立法普遍采纳。如英国 1990 年《人类授精与胚胎法》第 30 条第 4 款就规定，委托夫妻须有婚姻关系。1988 年美国统一州法研讨制定委员会《人工辅助生殖子女法律地位统一法》第 1 条（3）规定，委托夫妻，是指订立代孕合同，并意欲成为代孕子女法定父母的已婚夫妻。1988 年美国律师公会《代孕法范本草案》第 2 条（c）亦规定，委托夫妻（intended parent），是指与代孕者订立代孕合同，并有意成为代孕子女法律上父母的人，须为合法夫妻。2002 年《美国统一亲子地位法》第 801 条（b）规定，委托夫妻须为夫妻，且双方均为契约当事人。

（二）委托夫妻须身心健康，且通过术前检查与评估

代孕生殖中的精卵一般由委托夫妻提供，其生理健康对代孕子女影响甚巨，委托夫妻心理健康同样影响代孕子女出生后的健康成长，因此应当将委托夫妻生理、心理健康，并通过术前检查与评估，适合接受代孕生殖作为限制条件。

英国代孕中介组织（COTS）的代孕合同备忘录就要求委托夫妻须接受身体检查，并将检查报告提交 COTS。1988 年美国统一州法研讨制定委员会《人工辅助生殖子女法律地位统一法》第 6 条（b）（3）（7）（8）要求儿童福利

---

[1] 参见夏吟兰："民法分则婚姻家庭编立法研究"，载《中国法学》2017 年第 3 期。

机构对委托夫妻及代孕者做家庭调查（home study），并将副本提交至法院。当事人均须接受合格的健康保健专家、社工人员对于代孕影响的咨商，当事人是否符合资格的报告应在契约中载明，所有病例、心理检查、基因检测等相关报告，均须提供给对方当事人，并提交到法院。2002年美国《统一亲子地位法》第803条（b）(2) 要求儿童福利局须制作委托夫妻的家庭调查，委托夫妻须符合收养父母的要件。

（三）委托夫妻至少一方具有健康的生殖细胞

代孕生殖手术使用的精卵至少一方来自委托夫妻，并且代孕者只单纯提供子宫，不得同时提供卵子，代孕者配偶也不得同时提供精子，即将代孕类型严格限定为全血缘代孕、第三人捐精代孕和第三人捐卵代孕，严厉禁止无血缘代孕、代孕者捐卵代孕和代孕者配偶捐精代孕。

英国、美国、加拿大、新西兰等国承认全血缘代孕与半血缘代孕，仅禁止无血缘代孕。如英国1990年《人类授精与胚胎法》第30条第1款a规定，代孕行为，系由委托夫妻以外的女性，利用其卵子或他人卵子，经人工生殖手术后怀孕生产，生产后将所生子女及对该子女的亲权移转于他人。第30条第4款规定，代孕子女至少与委托夫妻一方有血缘关系。美国1988年《人工辅助生殖子女法律地位统一法》（第6条b）规定委托夫妻的资格，要求至少有一方提供生殖细胞，即不承认无血缘代孕。此种模式允许代孕者捐卵代孕、代孕者配偶捐精代孕，极易滋生亲权纠纷，不足采。

部分国家（地区）立法较为严苛，要求委托夫妻须同时提供精、卵，仅承认全血缘代孕，不仅禁止无血缘代孕，而且否定所有半血缘代孕。笔者认为，此种立法模式对代孕生殖的限制过于严苛。全血缘代孕有助于维系委托夫妻与代孕子女之间的血缘关系，在重视血脉传承关系的我国，全血缘代孕能为社会普遍接受。但第三人捐精代孕和第三人捐卵代孕，代孕子女与委托夫妻一方具有血缘关系，为维护不孕夫妻的生育自由，第三人捐精代孕、第三人捐卵代孕应被法律所允许。仅须排除半血缘代孕中易滋生亲权纠纷的代孕者捐卵代孕、代孕者配偶捐精代孕即可。

（四）委托夫妻的年龄须在法律规定的限度内

委托夫妻须符合法定年龄的上限和下限。只有成年人才能对复杂的代孕关系做出准确分析与理性判断，因此委托夫妻须为完全民事行为能力人。又因委托夫妻须为合法夫妻，自应达到法定婚龄，因此在我国，委托夫妻的法定年龄下限应设计为：委托夫须年满22周岁，委托妻须年满20周岁。

对于是否应当为委托夫妻设定年龄上限，存在学理争议。否定说认为，若设置年龄上限，似乎有剥夺高龄委托夫妻生育权之嫌。英国、美国的代孕制度均未对委托夫妻设定年龄上限。如英国《人类授精与胚胎法》第30条第4款仅规定，委托夫妻须有婚姻关系；年满18岁；代孕子女至少与委托夫妻一方有血缘关系；委托夫妻须为英国公民。美国1988年律师公会《代孕法范本草案》规定委托夫妻及代孕者须均已成年即可。

但笔者认为，为委托夫妻设定年龄上限实有必要。一方面，委托夫妻年龄过大，精子、卵子品质欠佳，易产生染色体异常的后代。如唐氏综合征的发病率与年龄存在密切关联，25岁的孕妇生下唐氏患儿的概率仅为1/1300，35岁概率就高达1/365，45岁时概率高达1/30。[1]对委托夫妻进行法定最高年龄的限制，可以提高受孕率，降低胎儿患病风险，保证优生优育。另一方面，设定委托夫妻年龄上限可为代孕子女的成长提供更为稳定的家庭环境。倘若委托夫妻年龄过大，可能发生代孕子女未成年委托夫妻就先衰或死亡的情形，导致代孕子女在单亲或父母双亡的家庭成长，不利于代孕子女的教养和身心成长。我国《人类精子库管理办法》（2001年）第15条规定："供精者应当是年龄在22~45周岁之间的健康男性。"2016年10月25日，中共中央、国务院印发《"健康中国2030"规划纲要》，指出"2015年我国人均预期寿命已达76.34岁"，"2030年人均预期寿命达到79.0岁"。[2]2021年12月21日，国家统计局发布《中国妇女发展纲要（2011—2020年）》终期统计监测报告，表明我国"女性平均预期寿命突破80岁。继2000年我国进入长寿国家行列之后，我国人均预期寿命持续提高，其中，女性人均预期寿命从2010年的77.37岁提高到2015年的79.43岁，2020年进一步提高到80.88岁"。[3]笔者认为，对委托夫妻年龄上限的设置较为严苛，不利于充分维护不孕夫妻的生育自由。结合遗传规律及我国人口平均寿命，可将委托夫妻年龄

---

[1] Newberger, D., "Down Syndrome: Prenatal Risk Assessment and Diagnosis", *American Family Physician*, 2001, 转引自林竹萧萧："羊水穿刺做不做？这是个问题"，载http://songshuhui.net/archives/86792，2023年6月2日访问。

[2] 参见"'健康中国2030'规划纲要"，载http://www.gov.cn/zhengce/2016-10/25/content_5124174.htm，2023年6月2日访问。

[3] 参见"中国妇女发展纲要（2011—2020年）"，载http://www.stats.gov.cn/xxgk/sjfb/zxfb2020/202112/t20211221_1825526.html，2023年6月2日访问。

上限适当拓宽为：委托夫须未满 60 周岁，委托妻须未满 55 周岁。

（五）委托妻须因无子宫、子宫病变不能怀孕或因身体机能异常不宜怀孕

基于代孕生殖嘉惠不孕妇女的初衷，委托妻应限于无子宫、子宫病变不能怀孕以及身体机能异常不宜怀孕的不孕妇女，即禁止非治疗性代孕。

为防止子宫工具化、代孕者物化，出现转嫁生育风险等问题，各国（地区）立法多将委托妻无子宫、子宫病变不能怀孕或因身体机能异常不宜怀孕作为委托夫妻寻求代孕生殖技术的适应症。如美国 1988 年统一州法研讨制定委员会《人工辅助生殖子女法律地位统一法》第 6 条（b）（2）规定，委托妻须有医学上的证据证明其不孕，或亲自怀孕会对未来将出生的子女有不合理的危险，或有精神、心理上的理由可能遗传给子女。美国 2000 年《统一亲子地位法》第 803 条 B2 规定，委托妻须经医学证明无法怀孕，或必须冒极大风险才能怀孕生产，且须经医师出具诊断证明。

无子宫、子宫病变不能怀孕，主要包括先天无子宫、子宫后天被切除、子宫发育畸形、子宫萎缩等情形。身体机能异常不宜怀孕，主要包括患有严重心脏病、高血压、高血糖、红斑狼疮、血友病、肾衰竭、癌症、严重子宫畸形、严重子宫粘连、严重精神疾病或遗传类疾病等，或患有须长期服用药物而药物可能影响胎儿发育的疾病，如患有癌症或严重精神疾病的妇女等情形。无子宫、子宫病变不能怀孕的认定一般较为单纯，但"因身体机能异常不宜怀孕"的认定，则有很大的灰色地带，为防止被滥用，应当设定严格的认定条件和认定程序，如须经卫生健康主管部门指定的两家医疗机构进行专业医学认定等。

（六）委托夫妻须现无共同子女

若委托夫妻现已育有共同子女，包括养子女，则其已达到养育子女的目的，并无通过代孕生殖技术生育子女的必要。要求委托夫妻于代孕生殖时无共同子女，也有利于防免已有共同子女的夫妻通过代孕技术变相违反我国计生政策。我国《人口与计划生育法》（2021 年）第 18 条第 1 款修改为："国家提倡适龄婚育、优生优育。一对夫妻可以生育三个子女。"即使我国允许一对夫妻可以生育三个子女，但代孕生殖技术仅限于治疗性代孕，是为不孕夫妻能够拥有自己的子嗣在不得已的情况下实施的必要的医疗行为。如果委托夫妻已育有共同子女，其养育子女的目的已实现，亦不得寻求代孕生殖技术生育第二或第三个子女。

(七) 成功代孕的次数以一次为限

委托夫妻寻求代孕合同的目的在于养育自己的儿女,一旦代孕生殖成功,代孕子女出生,委托夫妻的代孕目的便获得实现,不得再次寻求代孕。为防止委托夫妻同时委托多名代孕者获得数个代孕子女,法律还应当明确规定委托夫妻不得同时在不同医疗机构寻求代孕生殖。

二、代孕者的主体资格

笔者认为,代孕者应当具备以下资格:

(一) 代孕者须身心健康,且通过术前检查与评估

代孕者代孕前应通过身体检查及心理评估,不得患有有碍优生的精神疾病和传染性疾病等,并确保能够对代孕行为完全了解并作出理性判断。代孕者通过身心健康评估和心理咨询,有助于降低怀孕分娩的生理及心理风险,保障优生优育,还可以通过评估咨询确定代孕者并非为获得报酬提供商业代孕,有效防止代孕商业化。

美国1988年统一州法研讨制定委员会《人工辅助生殖子女法律地位统一法》第6条(b)就规定,儿童福利机构须对委托夫妻及代孕者做家庭调查(home study),副本提交至法院;所有病例、心理检查、基因检测等相关报告,均须提供给对方当事人,并提交到法院。1988年美国律师公会《代孕法范本草案》第5条(b)规定,生殖细胞提供者与代孕者在生殖手术前,已经由医师筛查过血型相容及遗传性疾病。

(二) 代孕者的年龄须在法律规定的限度内

美国1988年律师公会《代孕法范本草案》第3条(d)仅规定了代孕者的年龄下限:代孕合同的当事人必须已成年。笔者认为,代孕者须为完全民事行为能力人,且年龄应介于20周岁到40周岁之间。对代孕者年龄的限制是基于优生原则及对代孕者身心承受能力的考虑。代孕者须在完全理解代孕性质、法律后果的情况下自愿与他人签订代孕协议。在我国,20周岁为女性法定婚龄,一般而言20周岁以上的女性才会有婚姻生育经验,思想才够成熟稳定,能够充分理解委托夫妻的盼子心愿,理智应对代孕生殖中可能发生的各种风险与问题。因此,应当将代孕者的年龄下限设定为年满20周岁。又因怀孕生产是一项消耗大量体力、心力的事务,40岁以上的女性恐难负荷,不仅徒增代孕者身心负担,还难以为胎儿提供充足营养,代孕生殖无法顺利进

行。因此，年满40周岁为代孕者的年龄上限。

（三）代孕者须有生产经验，且生理上适宜再次怀孕

有生育经验的女性能够充分知晓妊娠分娩期间应当注意的事项，能够理性判断、冷静应对代孕期间的生育风险，能够更好地适应怀孕生产带来的不适与不便。让缺乏孕产经验者提供代孕会不当增加风险，如突发孕晚期阴道出血、羊水破裂，缺乏孕产经验的代孕者若处置不当，会危及胎儿与代孕者的生命健康安全。

代孕者须有生产经验，已被多国（地区）采行。如美国1988年统一州法研讨制定委员会《人工辅助生殖子女法律地位统一法》第6条（b）（6）就规定，代孕者至少有一次怀孕或分娩经验，代孕者代孕对其本人及所生子女，并无生理、心理上不合理的危险。美国弗吉尼亚州要求代孕者至少活产一次，即不仅有怀孕经验还须有顺利生产的经验。

值得注意的是，其一，生产经验与婚姻状况无涉。代孕者有无生产经验与其婚姻状况无关，因此无须对代孕者的婚姻状况作出要求。各国（地区）立法对代孕者的婚姻状况均未作限制性规定。其二，生产经验与怀孕经验不能等同。怀孕期间漫长复杂，历时十月，随着孕期周数的增加，孕期不便和风险会随之增长，若代孕者仅有怀孕一两个月的孕期经验，还不足以体验整个妊娠过程，不足以理性应对孕后期及分娩时的各种风险。因此，代孕者不宜仅有怀孕经验，而且须有生产经验。美国1988年统一州法研讨制定委员会《人工辅助生殖子女法律地位统一法》第6条（b）（6）规定："代孕者至少有一次怀孕或分娩经验，代孕者怀孕对其本人及所生子女，并无生理、心理上不合理危险。"该条将怀孕经验与分娩经验混同，认为两者具备其一即可，不足采。

（四）代孕者不得为委托夫妻的直系血亲或者辈分不相当的四代以内旁系血亲

域外立法对代孕者与委托夫妻之间的亲属关系进行限制的较为少见，但我国素来尊重伦常辈分，且代孕在亲属之间实施较为常见，为防止违反人伦，引发亲等关系的混乱，对当事人间的亲属关系予以限制实有必要。笔者认为，代孕者与委托夫妻之间的亲属关系应当遵循如下限制规则：

第一，禁止直系血亲之间相互代孕。若允许直系血亲之间相互代孕，如母亲为子女代孕、女儿为父母代孕等，则分娩母可能同时为所生子女的祖母、外祖母或姐姐，引起亲等关系的混乱，应被法律所禁止。

第二，禁止辈分不相当的四代以内旁系血亲之间相互代孕。四代以内的旁系血亲，亲属关系较为紧密，只要辈分相当，不仅不会引发人伦关系的混乱，而且有助于代孕合同的顺利履行，如同辈分的兄弟姐妹之间的互助代孕等，应被法律所认可。四代以内的旁系血亲，若辈分不相当，同样会引起亲等关系的混乱，不宜相互代孕。四代以外的旁系血亲，亲属关系较为松散和疏离，无论辈分是否相当，均应允许代孕。

因此，为防止伦理关系、亲等关系发生混乱，代孕者不得为委托夫妻的直系血亲或者辈分不相当的四代以内旁系血亲。有学者认为，代孕者与委托夫妻为四亲等内亲属且辈分不相当者，不得实施代孕。辈分不相当的四亲等内亲属，实际包括四亲等内直系血亲与辈分不相当的四亲等内旁系血亲两种情形。辈分不相当的四亲等内旁系血亲与本书所称辈分不相当的四代以内旁系血亲系属一致；就现有医疗技术与自然规律而言，四亲等外的直系血亲年龄差距悬殊，相互代孕根本不可能实现，故对直系血亲附加"四亲等内"的限定实无必要，故笔者直接表述为直系血亲。且从直系血亲、旁系血亲两个层面分别限定，逻辑关系更为清晰。

(五) 代孕者实施代孕以三次为限

为防止代孕职业化、子宫工具化，减少多次代孕给代孕者带来的身体伤害，应当对代孕者实施代孕的次数进行强行性限制，以三次为限。

2009年印度通过法案规定代孕者必须放弃亲权，21岁以下且45岁以上妇女不得从事代孕，且妇女一生最多只能代孕三次。[1] 以色列规定代孕者不得超过五次生产经验，以及不可超过二次剖腹生产经验。

为防止代孕者所怀胎儿出现亲子关系的混乱，并保证优生优育，法律还应规定代孕者每次提供的代孕只能针对一对委托夫妻，禁止为两对及两对以上的委托夫妻同时提供代孕。否则会发生代孕者分娩的双胞胎（或多胞胎）其亲权却分属不同委托夫妻的情况，不仅违反人伦，也不利于优生优育。[2]

(六) 代孕者须现育有子女

若代孕者并无子女，较易对代孕子女产生感情，事后反悔，主张对代孕

---

[1] 参见黄丁全：《医疗 法律与生命伦理》（下），法律出版社2015年版，第1094页。
[2] 1997年，意大利一名代孕者同时接受两对委托夫妻的委托，并将两对委托夫妻的受精卵同时植入体内，顺利产下双胞胎。参见杨佳君："论代理孕母所生子女之法律地位"，成功大学2003年硕士学位论文，第6页。

子女的亲权，滋生亲权纠纷。笔者认为，代孕者实施代孕手术时须育有子女，有助于降低代孕者拒绝交还代孕子女的风险，易实现代孕生殖目的。

英美法系为保证代孕合同的顺利履行，降低代孕者拒绝交付代孕子女的风险，多要求代孕者须育有子女。需要注意的是，"现育有子女"不同于"曾育有子女"。"现育有子女"，是指在代孕手术实施时代孕者育有子女。"曾育有子女"，是指代孕者曾经育有子女，但在代孕手术实施时，代孕者的子女可能已经死亡。代孕者"现育有子女"较不易与代孕子女产生亲情，出现反悔并争抢代孕子女的纠纷。"曾育有子女"的代孕者往往无法摆脱丧子之痛，再次怀孕生产会激发代孕者为人母的记忆和诉求，反倒不利于亲子关系的稳定。因此，应以代孕者"现育有子女"为限。

三、代孕者配偶的当事人地位

代孕者不以已婚为资格要件，代孕合同订立时，代孕者可能已婚，也可能未婚嗣后又结婚。代孕者配偶是否为代孕合同的当事人，殊值探讨。笔者认为，代孕者配偶是否具有合同当事人的法律地位，应视不同情形分别认定。[1]

（一）代孕合同订立时代孕者已婚

代孕合同订立时，代孕者已婚的，其配偶是否为代孕合同的当事人，学界存在争议。否定说认为，若代孕子女的亲子关系采契约说，代孕子女自受胎时起即视为委托夫妻的婚生子女，不存在代孕者配偶成为代孕子女法定父亲的可能，代孕者配偶不会因此承担义务与风险，代孕合同就无须经其同意，当然也无须将其作为代孕合同的当事人。[2]

但笔者认为，代孕合同订立时，代孕者已婚的，代孕子女的亲子关系无论采契约说、分娩说，还是其他学说，均应将代孕者配偶认定为代孕合同的当事人。理由主要有：其一，有助于维护代孕者配偶的正当权益。代他人怀孕生产乃关系婚姻家庭生活的重大事项。代孕生殖期间，代孕者怀孕生产会长期影响代孕者的生活起居，进而影响代孕者配偶的正常生活，代孕者配偶

---

[1] 因代孕者不以已婚为要件，且代孕者配偶须满足相应条件方可成为代孕合同当事人，为表述上的简洁与严谨，本书其他章节仅将代孕合同当事人表述为委托夫妻与代孕者。

[2] 参见陈凤珠："代孕合同法律关系研究"，成功大学2003年硕士学位论文，第108页。

当然享有家庭重大事务的知情权与决定权。其二，有助于维护代孕者婚姻家庭关系的稳定。代孕合同订立时，代孕者有配偶的，须经其配偶的书面同意，能够避免日后诱发家庭矛盾，维护代孕者家庭关系的和谐与稳定。其三，符合民法私法自治原则。民法私法自治原则崇尚意思自治，禁止未经本人同意为其设定义务。为防止代孕者配偶与代孕者因其性生活影响代孕子女健康，在胚胎移植前，代孕者配偶亦须接受艾滋病、乙肝等足以影响胎儿健康成长的传染病等疾病的筛查以及必要的心理评估。在代孕者怀孕期间，其配偶亦有从事家务、照护代孕者等协助义务，以及禁房事等合同义务。若不将其作为合同当事人，相当于强制性为其设定了义务和负担，违反民法私法自治理念。其四，有助于确定亲子关系，有利于代孕子女身心健康。代孕者配偶参与代孕合同的订立，并于合同中自愿放弃代孕子女的亲权，有助于自始确定代孕子女的亲子关系，避免出现代孕子女在两个家庭之间"拔河拉锯"的尴尬局面。

代孕合同订立时，代孕者已婚的，将代孕者配偶作为代孕合同的当事人，已为各国（地区）立法所采。美国 1988 年律师公会《代孕法范本草案》第 2 条（f）明确规定，契约当事人，是指委托夫妻、代孕者及其配偶（若已婚）。第 6 条规定，代孕者已婚，则其配偶亦为当事人。第 5 条第 H 项第 3 款规定，代孕者配偶必须与代孕者一同被完全告知代孕合同内容；否则，契约不生效力。

（二）代孕合同订立时代孕者未婚嗣后又结婚

代孕合同订立时，代孕者未婚，代孕合同生效后或者成功受孕后又结婚的，笔者认为，此时不应将代孕者配偶作为合同当事人。这是因为：其一，合同效力认定规则使然。依据法律行为和合同法的一般理论，法律行为的效力主要存在有效、无效、可撤销和效力待定四种类型。法律行为的效力不存在由确定有效变为效力待定的可能。代孕者结婚时代孕合同已经订立，部分国家（地区）甚至还要求代孕合同须经行政许可和司法公证。若将代孕者配偶作为合同当事人，对合同效力享有追认权，会出现合同效力由确定生效变为效力待定的情形，违反合同效力认定的一般规则。其二，对委托夫妻不甚公平。代孕合同订立后，代孕者结婚的，若将代孕者配偶作为代孕合同的当事人，并赋予其合同效力决定权，其一旦否定合同效力，会使委托夫妻合同目的落空，对已花费巨大财力和心力的委托夫妻甚为不公。其三，损害代孕子女的正当利益。代孕合同订立后，代孕者结婚的，代孕者配偶若具有代孕合同当事人的地位，并行使了合同效力的否决权，当事人间的法律关系将处于两难境地：代孕合同若终止履行，代孕者腹中的胎儿会遭强制流产；代孕合同若继续履行，代孕子女的亲子关系将处于不确定状态，不利于婚姻家庭关系的稳定。

因此，代孕合同订立时，代孕者未婚嗣后又结婚的，不应当将代孕者的配偶认定为代孕合同当事人，亦即代孕者嗣后结婚的，代孕合同效力不受影响。美国1988年统一州法研讨制定委员会《人工辅助生殖子女法律地位统一法》采此立场，第9条（c）明确规定，当事人订立契约并经法院许可后，代孕者结婚的，不影响命令的有效性。

四、代孕子女的第三人地位

代孕子女并未参与代孕合同的订立，因此并非代孕合同的当事人，但是代孕合同的内容设计及妥当履行对代孕子女影响甚重，代孕子女在代孕合同中的正当利益应当予以保护。笔者认为，可以参考德国附保护第三人作用契约理论，对代孕子女的法律地位予以认定，并对其提供相关救济。

附保护第三人作用契约，是指特定契约一经成立，不仅在当事人之间发生权利义务关系，债务人对于与债权人具有特殊关系的第三人，亦负有照顾、保护等义务。债务人违反此项义务时，就该第三人所受之损害，亦应依契约法之原则，承担损害赔偿责任。附保护第三人作用契约旨在加强保护与债权人具有特殊关系第三人的利益，填补侵权法的空白，突破了合同相对性理论，使与合同当事人有特殊关系的第三人能够基于合同获得损害赔偿。[1]如甲客厅内的吊灯出现故障，委托电器行A维修。电器行A派技工B前去修理。在修理期间，因技工B疏忽致吊灯坠落，造成甲及其妻子乙同时受伤。甲就其身体所受损害当然有权依据债务不履行责任向电器行主张损害赔偿。但甲的妻子乙并非合同当事人，不能依据合同法主张违约损害赔偿，只能依据侵权责任法主张侵权损害赔偿。对受害人乙而言，在举证责任等方面，违约责任往往较侵权责任更为便易。此时将乙作为附保护第三人作用契约中的第三人，直接赋予其违约损害赔偿请求权，无疑对其保护更为周密。拉伦茨教授认为，在附保护第三人作用契约中，债务人仅对特定范围内的第三人负一定注意义务及保护义务，第三人对债务人并无给付请求权，仅于债务人违反其注意义务时，有权依据契约主张损害赔偿。该理论被德国联邦法院采用，已成为德

---

[1] 参见［德］海因·克茨：《欧洲合同法》，周忠海等译，法律出版社2001年版，第363页。

国民法的基本概念，是德国契约理论上判例促进法律进步的一项重大成就。[1]为防止对合同相对性构成严重冲击，附保护第三人作用契约一般要求债权人与所保护的第三人之间具有特别的利益关系，比如债权人必须对第三人的幸福和痛苦负共同责任，债权人对第三人负有保护照顾义务，损害第三人的利益亦会使债权人受牵连等。[2]显然，在代孕合同中，委托夫妻是代孕子女的父母，对代孕子女负有保护照顾义务，委托夫妻对代孕子女的幸福痛苦负有责任，因此代孕子女符合附保护第三人作用契约理论中债权人须与第三人具有特别利益关系的要求，将代孕契约认定为附保护第三人作用契约，并赋予代孕子女以第三人地位，有助于充分保障代孕子女的正当权益。

第四节　代孕合同内容规制

只有明确代孕合同的法律属性才能确定代孕合同中当事人的权利义务关系、代孕合同的履行与违约责任的承担等问题。

一、代孕合同的法律属性

我国《民法典》合同编典型合同分编规定了买卖合同、赠与合同、租赁合同等19种有名合同，第467条第1款还对无名合同的法律适用作了规定："本法或者其他法律没有明文规定的合同，适用本编通则的规定，并可以参照适用本编或者其他法律最相类似合同的规定。"代孕合同，是指委托夫妻与代孕者订立的，将人工授精培育成功的受精卵移植入代孕者的子宫着床，待生育后由委托夫妻以父母身份抚养所生子女的合同。代孕合同属于无名合同，探究其本质[3]属于何种类型的合同，不仅有助于明确调整当事人之间权利义务关系的法律依据，还可以通过该有名合同的任意性规范补足当事人约定的

---

[1] 参见王泽鉴：《民法学说与判例研究》（第2册），北京大学出版社2009年版，第32~35页。

[2] 参见［德］迪特尔·梅迪库斯：《德国债法总论》，杜景林、卢谌译，法律出版社2004年版，第592页。

[3] 需要说明的是，本书第一章对代孕合同的界定系立足于世界范围及现有医疗技术水平。本章则立足于有限开放模式的语境，因本书否定代孕者捐卵代孕，故此处与第一章对代孕合同的界定存在差异。

缺失与不足，从而保障当事人合同目的实现，维护法律秩序。

(一) 代孕合同为委托合同

代孕合同的标的为代孕者代委托夫妻怀孕生产，并将代孕子女交付给委托夫妻。关于代孕合同的法律属性，学界聚讼盈庭，主要存在买卖合同说、保管合同说、租赁合同说、雇用合同说、承揽合同说和委托合同说等争议。

1. 买卖合同说

买卖合同，是指出卖人转移标的物的所有权于买受人，买受人支付价款的合同。其中交付标的物并转移标的物所有权的一方，称为出卖人。支付价款的一方，称为买受人。

买卖合同具有以下法律特征：其一，买卖合同是出卖人移转标的物所有权的合同。买卖合同的目的在于移转标的物的所有权，与租赁合同、借用合同等移转标的物使用权的合同不同。其二，买卖合同是有偿合同。在买卖合同中，出卖人取得价款以移转标的物的所有权为代价，买受人取得标的物的所有权以支付价款为代价，为有偿合同。其三，买卖合同的标的物多为有体物。广义买卖合同，标的物不限于有体物，还包括债权、知识产权以及其他财产权等无体物。[1] 狭义买卖合同，标的物仅限于有体物，不包括权利等无体物。我国《民法典》第595条规定："买卖合同是出卖人转移标的物的所有权于买受人，买受人支付价款的合同。"可见，出卖人移转的仅为"标的物的所有权"，而所有权的客体以有体物为限。因此在我国，鉴于无体物买卖有其特殊规则，《民法典》仅调整规范狭义买卖，将权利等无体物的买卖排除在外。其四，出卖人对其交付的标的物承担权利瑕疵和物的瑕疵担保责任。

买卖合同说认为，代孕合同为代孕子女的买卖合同。代孕者是出卖人，委托夫妻是买受人，标的物是代孕子女。笔者认为，代孕合同并非买卖合同，这是因为：其一，代孕合同与买卖合同的标的存在根本差异。买卖合同的标的物为有体物，买卖合同的标的为交付并移转标的物的所有权。在代孕合同中，代孕子女作为人，只能是法律关系的主体，不存在移转代孕子女"所有权"的可能。其二，代孕合同的无偿性与买卖合同的有偿性明显相悖。买卖

---

[1] 在传统大陆法系民法中，买卖合同的标的物除有体物之外，还包括债权、知识产权等具有经济利益而得为让与的财产权。参见《德国民法典》第433条、《日本民法典》第555条、《法国民法典》第1582条、《意大利民法典》第1470条、《葡萄牙民法典》第874条等。

合同为有偿合同，但代孕合同是利他行为的典型表现，为防止人的物化，出现富人对穷人的盘剥，代孕合同须遵循无偿原则。其三，当事人是否承担瑕疵担保责任并不相同。在买卖合同中，出卖人既然获得对价，就理应确保买受人取得无权利瑕疵和品质瑕疵的标的物，瑕疵担保义务是出卖人的主给付义务。但在代孕合同中，代孕者对所生子女并不承担瑕疵担保责任。即使医学技术再发达，生下先天残障的婴儿也在所难免，倘若代孕者须对此承担瑕疵担保责任，负有修理、更换、重作、退货、减少价款等义务，不仅在事实上根本无法实现，而且会严重挫伤代孕者的利他精神，更遑论人的先天残障不可与物的瑕疵相提并论。

2. 保管合同说

保管合同，又称寄托合同、寄存合同，是指当事人一方将物交付于他方，他方允为保管的合同。其中交付保管物的一方，称为寄存人，又称寄托人。替他人保管物品的一方，称为保管人，又称受寄托人。保管人保管的标的物，称为保管物，包括动产与不动产。

依保管物的所有权是否移转给保管人，保管合同又可以分为一般保管合同与消费保管合同。在一般保管合同中，保管物的所有权并不移转给保管人，标的物多为非代替物，保管期限届满保管人须返还保管物原物。在消费保管合同中，保管物的所有权移转给保管人，标的物为货币等代替物，保管期限届满保管人无须返还保管物原物，仅须返还相同种类、数量之物。[1]一般保管合同是保管合同的典型，具有以下法律特征：其一，以保管人对保管物进行保管为直接目的。在保管合同中，保管人的主给付义务为保管标的物，属于提供服务的合同。保管合同以保管物品为直接目的，在承揽、运输、委托、行纪等合同中，虽然当事人也负有保管对方交付物品的义务，但其保管义务仅为从给付义务，并非合同的直接目的和主要义务。其二，保管人不得使用保管物。保管人只能消极维持保管物的既有状态，不能对保管物进行使用、收益和处分。这就使得保管合同区别于租赁、借用等移转标的物使用权的合同。其三，保管人负返还保管物的义务。当事人约定的保管期限届满，或者

---

[1] 我国《民法典》第901条规定："保管人保管货币的，可以返还相同种类、数量的货币；保管其他可替代物的，可以按照约定返还相同种类、品质、数量的物品。"即是对消费保管合同的承认和规定。

发生其他合同终止事由时，保管人应当将保管物原物返还给寄存人。

保管合同说认为，代孕合同是保管合同，委托夫妻是寄存人，代孕者是保管人，委托夫妻将其精卵寄存至代孕者子宫，待代孕子女出生后取回，并支付价金。笔者认为，代孕合同与保管合同存在本质区别，这是因为：其一，合同目的不同。一般保管合同以消极保管物品为直接目的。但代孕合同的目的在于代孕者代委托夫妻怀孕生产，由委托夫妻取得代孕子女的亲权，并非在于由代孕者对委托夫妻的生殖细胞进行消极保管。其二，合同内容不同。在一般保管合同中，保管人不得使用保管物，保管期限届满，保管人须向寄存人返还保管物原物。但在代孕合同中，委托夫妻的生殖细胞植入代孕者子宫着床后，生殖细胞会孕育发展成为人，在物理形态上会发生根本变化，代孕者在事实上不可能将生殖细胞原物返还给委托夫妻。代孕者返还的亦非相同种类、数量之物，与消费保管合同也存在显著差异。其三，生殖细胞并非保管物。保管合同的标的物为物，以动产为常态，以不动产为例外。[1]而代孕合同中的人类生殖细胞是具有发展为生命潜能的特殊之物，与一般动产存在显著差异。[2]更何况委托夫妻的受精卵一旦植入代孕者子宫并孕育成为胎儿，则视为享有民事权利能力、具有民事主体资格的人，与作为客体的动产和不动产存在根本区别。

3. 租赁合同说

租赁合同，是指出租人将租赁物交付承租人使用、收益，承租人支付租

---

[1] 各国（地区）立法均将保管合同的标的物限定为有体物，但是否限于动产，立法不尽一致，主要存在两种立法模式：其一，限于动产模式，即保管合同的标的物仅限于动产，将不动产排除在外。如《德国民法典》第688条、《法国民法典》第1918条、《意大利民法典》第1766条、《西班牙民典》第1761条、《瑞士债务法》第472条等。其二，动产及不动产兼容模式，即保管合同的标的物既包括动产又包括不动产。如《奥地利民法典》第960条、《日本民法典》第657条、《葡萄牙民法典》第1185条、《俄罗斯联邦民法典》第886条等。虽然保管合同以保管动产为常态，但不动产作为保管合同的标的物亦无不可。我国《民法典》第888条第1款规定："保管合同是保管人保管寄存人交付的保管物，并返还该物的合同。"对保管合同标的物的范围未做限制，系采第二种立法模式。

[2] 关于冷冻胚胎等人类生殖细胞的法律属性，学界存在主体说、客体说和折中说等争议，通说认为冷冻胚胎等人类生殖细胞是应受法律特别保护的特殊物。参见杨立新："人的冷冻胚胎的法律属性及其继承问题"，载《人民司法（应用）》2014年第13期；杜换涛："民法视角下冷冻胚胎的法律属性与处分规则"，载《苏州大学学报（哲学社会科学版）》2016年第4期；吴坤、夏吟兰："论冷冻胚胎的法律性质及处置原则——以宜兴冷冻胚胎继承案为切入点"，载《法律适用（司法案例）》2017年第22期；冷传莉："'人格物'的司法困境与理论突围"，载《法学研究》2018年第5期；吴桂德："德国法上人类体外胚胎的法律保护及其借鉴"，载《交大法学》2020年第3期等。

金的合同。其中交付租赁物供对方使用、收益的一方，称为出租人。使用租赁物并支付租金的一方，称为承租人。承租人使用、收益的标的物，称为租赁物。

租赁合同具有以下法律特征：其一，租赁合同是转让财产使用权的合同。租赁合同以承租人使用、收益租赁物为直接目的，租赁期限届满承租人须向出租人返还租赁物原物，与移转标的物所有权的买卖合同并不相同。其二，租赁合同为有偿合同。承租人取得对租赁物的使用、收益须以支付租金为对价，与无偿使用他人之物的借用合同并不相同。其三，出租人须向承租人交付租赁物。出租人须移转租赁物的占有给承租人，以实现承租人使用、收益租赁物的合同目的。其四，在租赁期限内，出租人对租赁物承担维修及瑕疵担保义务。如我国《民法典》第708条规定："出租人应当按照约定将租赁物交付承租人，并在租赁期限内保持租赁物符合约定的用途。"第712条规定："出租人应当履行租赁物的维修义务，但是当事人另有约定的除外。"

租赁合同说认为，代孕合同类似于出租保温箱给早产儿的租赁合同。在代孕合同中，代孕者将其子宫出租给委托夫妻，代孕者为出租人，委托夫妻为承租人，代孕者的子宫为租赁物。笔者认为，代孕合同并非租赁合同，两者的区别主要表现为：其一，合同标的物不同。租赁合同的标的物为有体物，可以为动产，也可以为不动产。但子宫是人体的组成部分，并非物，不得出租，否则将贬低人的价值、辱没人类尊严。其二，代孕合同为无偿合同，与租赁合同的有偿性相悖。其三，合同内容不同。在租赁合同中，出租人须移转租赁物的占有给承租人，以便承租人使用、收益。但在代孕合同中，代孕者的子宫与代孕者的身体并未分离，代孕者在事实上和法律上均不可能移转其子宫的占有给委托夫妻，供其占有、使用和收益。其四，当事人的权利义务关系不同。在租赁期限内，出租人对租赁物承担维修及瑕疵担保义务，租赁期限届满，承租人须返还租赁物给出租人。但在代孕合同中，代孕者对其子宫无须也不可能承担维修及瑕疵担保义务，因代孕者并未移转子宫的占有给委托夫妻，当然也不存在委托夫妻向代孕者返还子宫的可能和必要。

4. 雇用合同说

雇用合同，是指当事人约定一方于一定或不定期间内为他方提供劳务，他方给付报酬的合同。其中提供劳务的一方，称为受雇人。接受劳务的一方，称为雇用人。[1]

雇用合同具有以下法律特征：其一，雇用合同纯粹以提供劳务为目的。在雇用合同中，受雇人向雇用人提供劳务是合同的唯一目的和内容。而承揽、运输、保管等合同，提供劳务仅为完成工作的手段，并非合同的唯一内容，与雇用合同并不相同。其二，雇用合同的标的在于提供劳务，并非完成工作。在雇用合同中，受雇人提供的劳务是否发生当事人预计的结果，在所不问。雇用合同的目的仅在于提供劳务，而非工作的完成，与承揽合同等完成工作的合同并不相同。其三，雇用合同为有偿合同。雇用人获得受雇人提供的劳务须以支付劳务报酬为代价，为有偿合同。其四，受雇人对工作内容并无决定权。在雇用合同中，受雇人仅须消极听从雇用人的指挥监督，对工作内容不具有决定权，具有从属性。[2]受雇人提供的为纯粹劳务，不以具备专业技能或专业知识为必要。

雇用合同说认为，代孕合同为雇用合同，委托夫妻为雇用人，代孕者为受雇人，代孕者提供劳务的内容是为委托夫妻怀孕生产并交付代孕子女。但笔者认为，代孕合同与雇用合同存在本质区别：其一，代孕合同为无偿合同，雇用合同为有偿合同。代孕合同的无偿性与雇用合同通过提供劳务获取报酬的有偿性存在本质区别。其二，当事人对事务处理是否享有决定权存在差异。在雇用合同中，受雇人仅需消极接受雇用人指令，对工作内容毫无自由裁量权。而在代孕合同中，代孕者享有事务处理决定权。在代孕期间，为保障胎儿能够健康孕育并顺利出生，代孕者有权根据自身的健康状况及其孕育、生产经验，自主决定、灵活应对处置各种生育风险，代孕者甚至享有合同效力的最终决定权。其三，合同内容不同。在代孕合同中，代孕者的义务为接受人类辅助生殖手术，代委托夫妻怀孕生产，并交付代孕子女。提供劳

---

[1] 我国《民法典》未将雇用合同作为有名合同进行规范，但仍有部分学者基于雇用合同与劳动合同的差异，力倡将雇用合同引入民法典。由梁慧星教授主持编纂的《中国民法典草案建议稿》及王利明教授主持编纂的《中国民法典学者建议稿及立法理由》均将雇用合同列为有名合同进行规范。相关文献参见：梁慧星主编：《中国民法典草案建议稿》，法律出版社2005年版，第219~220页；王利明主编：《中国民法典学者建议稿及立法理由　债法总则编·合同编》，法律出版社2005年版，第463~480页；郑尚元：“民法典制定中民事雇佣合同与劳动合同之功能与定位”，载《法学家》2016年第6期；谢增毅："民法典引入雇佣合同的必要性及其规则建构"，载《当代法学》2019年第6期等。

[2] 此处的"从属性"仅指受雇人只能消极听从雇用人指示行事，对其所提供的劳务不能自主决定。非指其社会地位和法律地位具有从属性。

务并非代孕合同的唯一内容,与纯粹以提供劳务为直接目的的雇用合同存在差异。

5. 承揽合同说

承揽合同,是指承揽人按照定作人的要求完成工作,交付工作成果,定作人支付报酬的合同。其中完成工作并交付工作成果的一方,称为承揽人。接受工作成果并支付报酬的一方,称为定作人。

承揽合同具有以下法律特征:其一,承揽合同为有偿合同。定作人获得承揽人提供的工作成果须以支付报酬为代价,承揽人获得报酬须以交付工作成果为代价,承揽合同为有偿合同。其二,标的物具有特定性。承揽合同的标的物并非种类物,而是为满足定作人的特殊需求,由承揽人提供劳务独立制作的特定物。其三,承揽人独立完成工作。承揽人以自己的技术、能力、设备独立工作,对其工作内容享有独立决定权,并非消极接受定作人的指示与命令。其四,具有一定的人身信赖性。定作人之所以委托承揽人完成承揽工作,全凭对承揽人知识技能和专业经验的信赖,因此承揽人原则上须亲自完成主要工作,不得擅自将主要工作转包他人。如我国《民法典》第772条就规定:"承揽人应当以自己的设备、技术和劳力,完成主要工作,但是当事人另有约定的除外。承揽人将其承揽的主要工作交由第三人完成的,应当就该第三人完成的工作成果向定作人负责;未经定作人同意的,定作人也可以解除合同。"其五,定作人享有合同单方变更权和任意解除权。承揽合同系为满足定作人的特殊需求而设,倘若合同订立后,定作人的合同目的发生变更,若仍维持合同效力,承揽人的继续履行对定作人而言将变得毫无意义,因此定作人享有合同单方变更权和任意解除权。当然,定作人中途变更承揽工作要求,造成承揽人损失的,应当承担损害赔偿责任。定作人解除承揽合同,造成承揽人损失的,亦应承担损害赔偿责任。如我国《民法典》第777条规定:"定作人中途变更承揽工作的要求,造成承揽人损失的,应当赔偿损失。"第787条规定:"定作人在承揽人完成工作前可以随时解除合同,造成承揽人损失的,应当赔偿损失。"其六,承揽人承担工作物的瑕疵担保责任。承揽人交付的工作成果不符合质量要求的,定作人可以要求承揽人承担修理、重作、减少报酬、赔偿损失等违约责任。

承揽合同说认为,代孕合同为承揽合同,委托夫妻为定作人,代孕者为承揽人,工作内容为代孕者代委托夫妻怀孕生产,并交付代孕子女。笔者认为，代孕合同与承揽合同存在本质区别，主要表现为：其一，标的物不同。承揽合同的标的物是承揽人制作的特定工作物。而代孕子女只能是民事主体，并非代孕者"制作"的工作物。其二，合同目的不同。承揽合同的目的在于制作工作物，属于完成工作的合同。代孕合同仅以代孕者代为怀孕生产为目的，属于提供劳务的合同，并非完成工作的合同。虽然成功怀孕、顺利生产为代孕合同双方当事人的共同希冀，但即使在现代社会，孕育生产过程仍然存在诸多不可控的风险，代孕子女顺利降生并非代孕者的合同义务。其三，瑕疵担保责任不同。在承揽合同中，承揽人须对其制作的工作物承担瑕疵担保责任。而在代孕合同中，怀孕生产过程充满风险，并非人的经验可以预见和控制，代孕者只要尽到合理注意义务即可免责，无须也不可能对代孕结果承担瑕疵担保责任。其四，人身专属性不同。承揽合同以完成工作成果为目的，提供劳务仅为完成工作的手段，其虽强调人身信赖性，但依然承认次承揽，承揽人可以将其承揽的辅助工作交由第三人完成。如我国《民法典》第773条规定："承揽人可以将其承揽的辅助工作交由第三人完成。承揽人将其承揽的辅助工作交由第三人完成的，应当就该第三人完成的工作成果向定作人负责。"而代孕合同具有极强的人身专属性，代孕者不得将代孕行为转交他人实施。其五，当事人的合同单方变更权和任意解除权不同。在承揽合同中，承揽合同系为满足定作人的特殊需求而设，定作人的合同目的若发生变更，自然享有合同单方变更权和任意解除权。而在代孕合同中，代孕者一旦受孕，即关涉代孕子女的生命安全与代孕者的身体健康，委托夫妻并不享有合同的单方变更权和任意解除权。

6. 委托合同说

委托合同，是指委托人和受托人约定，由受托人处理委托人事务的合同。其中委托他人处理事务的一方，称为委托人。接受委托，为他人处理事务的一方，称为受托人。

委托合同具有以下法律特征：其一，标的是受托人为委托人处理事务。受托人处理事务的范围除专属性事务外，依合同自由原则，当事人有权任意约定，精神性事务、物质性事务，法律行为、事实行为，均无不可。其二，委托合同以委托人和受托人之间的相互信任为基础。委托人信任受托人的专业知识和经验技能，才会将相关事务交由受托人处理，因此受托人负有亲自处理委托事务的合同义务。其三，委托合同既可以有偿，也可以无偿。[1]其四，受托人对事务处理享有决定权。委托合同以委托人利用受托人的知识技能为目的，受托人自得在委托人的授权范围内自行裁量事务处理方法。其五，当事人双方享有合同任意解除权。委托合同以当事人间的相互信赖为基础，若信任不存在，当事人双方均享有合同任意解除权，可以随时终止委托合同。我国《民法典》第933条就规定："委托人或者受托人可以随时解除委托合同。因解除合同造成对方损失的，除不可归责于该当事人的事由外，无偿委托合同的解除方应当赔偿因解除时间不当造成的直接损失，有偿委托合同的解除方应当赔偿对方的直接损失和合同履行后可以获得的利益。"

委托合同说认为，代孕合同是委托合同，委托夫妻为委托人，代孕者为受托人，委托事务为怀孕生产。笔者认为，在代孕合同中，委托夫妻委托代孕者代为怀孕生产，性质上与委托合同委托人委托受托人处理事务相近，两者具有同质性，代孕合同应属委托合同。这是因为：其一，合同标的相同。委托合同为提供劳务的合同，标的为受托人为委托人处理事务，至于是否达到预计结果，均非所问。代孕合同的标的为代孕者代委托夫妻怀孕生产，代孕子女是否顺利出生，亦非所问，与委托合同相同。其二，均以相互信任为基础。在代孕合同中，委托夫妻和代孕者存在极强的人身信赖关系，代孕者不得将代孕事务转交他人。与委托合同以委托人和受托人之间的相互信任为基础，受托人负有亲自处理事务的义务具有同质性。其三，受托人均享有事务处理决定权。委托合同的受托人虽须依委托人指示处理事务，但对具体事务如何处理享有独立裁量权。在代孕合同中，代孕者依据其怀孕生产经验，有权裁量妊娠分娩过程中应为及不为的行为，与委托合同本质相合。其四，代孕合同为无偿委托。委托合同可以有偿，也可以无偿。为避免出现身体出租、子宫物化及人格减损等问题，代孕合同严守无偿原则，属于无偿委托。

因此，笔者认为代孕合同在性质上与委托合同最相近似，两者具有同质

---

[1] 委托合同究竟有偿抑或无偿，主要存在两种立法模式：其一，无偿模式。该模式认为委托合同限于无偿，为德国所采。参见《德国民法典》第662条。其二，有偿、无偿兼容模式。该模式认为，委托合同有偿、无偿均可，为奥地利、瑞士、西班牙、葡萄牙、日本所采。参见《奥地利普通民法典》第1004条、《瑞士债法典》第394条、《葡萄牙民法典》第1158条、《西班牙民法典》第1711条、《日本民法典》第648条第1款。我国《民法典》第928条第1款规定："受托人完成委托事务的，委托人应当按照约定向其支付报酬。"系采第二种模式。

性。在瑞士，委任是最广义的劳务合同，《瑞士债法典》第 394 条第 2 款规定："委任合同的条款，应当适用于全部不属于本法规定的其他类型的服务内容的合同。"该条明确了其他无名之劳务合同可以适用委任合同的相关规定。因此，在瑞士，代孕合同作为提供劳务的无名合同，可以直接依据该规定适用委任合同的相关规定。

（二）代孕合同为特殊的委托合同

代孕合同的标的为代孕者接受委托夫妻的委托，代委托夫妻孕育生命、怀孕生产，并将代孕子女交付给委托夫妻，因关涉胎儿生命与代孕者身体健康，因此代孕合同与一般委托合同略有不同，属于特殊委托合同，民法调整委托合同的部分规定在代孕合同中应做适当调整与限制，甚至排除适用。笔者认为，与一般委托合同相比，代孕合同的特殊之处主要表现为：

1. 强化法律限制

一般委托合同为财产合同，与公共利益无涉，为纯粹的私法合同，合同内容与合同形式交由当事人自治，法律对其一般不加干涉。

代孕合同不仅与代孕者、代孕子女的生命健康息息相关，而且关涉亲子关系与婚姻家庭秩序，代孕合同并非单纯的债权合同，兼具身份合同的法律属性，富有强烈的公共利益色彩。诚如史尚宽先生所言："亲属的身份关系，为吾人生活之基础，不独在财产法上有重大影响，而于社会秩序及道德之影响亦至深且巨，故法律对于形成亲属身份关系之行为，较之财产上之法律行为更为积极，一方面使其关系内容为定型，不容他人任意变更，他方面原则上使为要式行为。"[1]代孕合同涉及代孕者、委托夫妻与代孕子女之间复杂的债权关系与人身关系，一般委托合同难以完全涵盖。为防止当事人的任意约定违反法律规定和公序良俗，立法机关应将代孕合同作为一种特殊类型的委托合同进行特别规范，在权衡代孕合同目的、考量潜在风险的基础上，对代孕合同的当事人及其资格、代孕合同的形式、代孕合同的主要条款、代孕合同的法律效力与终止规则等作出特别的限制性规定。

2. 合同形式的限定

一般委托合同为不要式合同，只要当事人双方意思表示达成一致，合同即可成立，无须履行特定形式，口头形式、书面形式均无不可。但代孕合同

---

[1] 史尚宽：《亲属法论》，中国政法大学出版社 2000 年版，第 10 页。

关系代孕者和代孕子女的生命健康，关涉亲子关系和婚姻家庭秩序，法律关系重要且复杂，为敦促当事人谨慎行事，明确双方的权利义务关系，代孕合同的形式应做如下限定：其一，代孕合同应为法定要式合同。要式行为的规范意旨主要在于经由仪式或书面的庄严方式，达到警示及存证的目的。[1]代孕合同须以书面形式订立，否则不产生法律拘束力。其二，代孕合同应为定型化合同。国家立法机关应当通过法律明确规定代孕合同的必要条款，卫生健康主管部门还应当细化代孕合同基本条款，发布代孕合同示范文本，为当事人订立代孕合同提供参考。[2]代孕合同必要条款与示范文本的设计，对于科学设置代孕合同条款，规范代孕合同内容，明确当事人的权利义务关系具有重大意义。[3]其三，代孕合同须经卫生健康主管部门许可，属于须经批准始能生效的合同。我国《民法典》第502条即规定："依法成立的合同，自成立时生效，但是法律另有规定或者当事人另有约定的除外。依照法律、行政法规的规定，合同应当办理批准等手续的，依照其规定。未办理批准等手续影响合同生效的，不影响合同中履行报批等义务条款以及相关条款的效力。应当办理申请批准等手续的当事人未履行义务的，对方可以请求其承担违反该义务的责任。依照法律、行政法规的规定，合同的变更、转让、解除等情形应当办理批准等手续的，适用前款规定。"代孕合同订立后，双方当事人应将代孕合同送交卫生健康主管部门许可，对合同内容的真实性、合法性进行审查，始生效力。加强对代孕合同的外部监管，有助于强化代孕合同管理，维护健康有序的代孕医疗秩序。

3. 典型的继续性合同

继续性合同，是指于一定期间内连续性给付劳务，并非因一次给付合同目的即可实现的合同。一般委托合同可以为继续性合同，如一定期间内代委托人看护儿童；也可以为非继续性合同，如代委托人出卖其特定房产等。

代孕合同是典型的继续性合同。在代孕准备阶段，代孕者须通过身体检

---

[1] 参见黄茂荣：《债法通则之一：债之概念与债务契约》，厦门大学出版社2014年版，第284页。

[2] 代孕合同示范文本的设计，详见本书第五章：代孕的实施与监管。

[3] 实际上，自《合同法》实施以来，我国住房和城乡建设部、国家工商行政管理总局和其他行业主管部门针对房屋买卖、房屋租赁、建设工程施工、供用电、保险等领域颁布了大量的合同示范文本，如《商品房买卖合同（预售）示范文本》《建设工程施工合同示范文本》《建设项目工程总承包合同示范文本》《住房租赁合同示范文本》等。

查和心理测试,进行血液、B超等各项检查,服用或注射助孕药物,接受胚胎移植手术等。在怀孕期间,代孕者须接受血常规检查、B超检查、唐氏筛查、排畸检查等一系列产前检查。从胚胎移植、受精卵着床到十月怀胎和生产分娩,往往经历一年以上的时间,代孕者在此期间须经历用药、检查、手术等漫长的医疗过程,因此代孕合同是典型的继续性合同,委托夫妻与代孕者之间存在极为紧密的、持续的人身信赖关系。

4. 受托人提供的劳务具有一定的风险性

在一般委托合同中,受托人处理的事务常为代为看护、代为租赁或代为买卖等事实行为或法律行为,劳务内容多不具有人身危险性。

但代孕合同以怀孕生产为事务处理内容,即使在医学技术发达的今天,依然隐含宫外孕、前置胎盘、流产、羊水栓塞、大出血等生育风险,并可能伴有妊娠高血压、糖尿病、心脏病、肾脏疾病、子痫前症等妊娠并发症。[1] 不仅如此,代孕者还须经历身心不适、分娩阵痛、身材走样、性格转变、多次产检等生理、心理上的不适,均非一般委托合同所能比拟。

5. 代孕者负具体轻过失责任

在一般委托合同中,受托人处理委托事务的注意义务视委托合同有偿、无偿而有不同。在有偿委托,受托人既然接受报酬,处理事务就应履行善良管理人的注意义务,负抽象轻过失责任。在无偿委托,受托人未获得报酬,其责任自应从轻酌定,推己及人,仅须与处理自己事务为同一注意,负具体轻过失责任。我国《民法典》第929条即规定:"有偿的委托合同,因受托人的过错造成委托人损失的,委托人可以请求赔偿损失。无偿的委托合同,因受托人的故意或者重大过失造成委托人损失的,委托人可以请求赔偿损失。受托人超越权限造成委托人损失的,应当赔偿损失。"

在代孕合同中,代孕者与处理自己事务为同一注意进行怀孕生产,足以保障胎儿利益,因体质等差异,怀孕期间出现异常现象也非当事人能力所及。况且代孕为无偿利他行为,不宜课以代孕者较高注意义务。因此,代孕者仅负与处理自己事务同一注意之义务,仅就故意或者重大过失承担债务不履行

---

[1] 2019年我国孕产妇死亡率为17.8/10万,其中城市16.5/10万,农村18.6/10万。参见2020年6月6日国家卫生健康委发布的《2019年我国卫生健康事业发展统计公报》,载国家卫生健康委员会官网,http://www.nhc.gov.cn/guihuaxxs/s10748/202006/ebfe31f24cc145b198dd730603ec4442.shtml,2020年6月28日访问。

责任。

6. 转委托的排除

一般委托合同建立在委托人与受托人相互信任的基础上,具有较强的人身信赖性,原则上受托人应当亲自处理委托事务。但经委托人事先同意或者事后追认,或者在紧急情况下为维护委托人的利益,受托人可以转委托。我国《民法典》第923条规定:"受托人应当亲自处理委托事务。经委托人同意,受托人可以转委托。转委托经同意或者追认的,委托人可以就委托事务直接指示转委托的第三人,受托人仅就第三人的选任及其对第三人的指示承担责任。转委托未经同意或者追认的,受托人应当对转委托的第三人的行为承担责任;但是,在紧急情况下受托人为了维护委托人的利益需要转委托第三人的除外。"

代孕合同与此不同,委托夫妻基于对代孕者良好的生理心理条件、既往生育经验以及代孕者允诺在生产后交还代孕子女的信赖,才与其签订代孕合同。代孕者是委托夫妻经过漫长考虑和审慎选择的不二人选,当事人之间存在极强的人身信赖关系。因此为保障当事人的信赖利益,避免合同目的落空,无论发生何种情形,代孕者均不得转委托。更何况在代孕者成功受孕后,在客观上也不存在转委托的可能。可见,代孕合同较一般委托合同具有更强的人身专属性,转委托的禁止使其有别于一般委托。

7. 合同终止事由受限

一般委托合同以当事人的信赖关系为基础,若当事人的信任基础丧失,当事人双方均享有合同任意解除权,任何一方均得随时解除委托合同。不仅如此,委托合同得因委托人死亡、受托人死亡或者丧失民事行为能力等法定事由而终止。我国《民法典》第934条即规定:"委托人死亡、终止或者受托人死亡、丧失民事行为能力、终止的,委托合同终止;但是,当事人另有约定或者根据委托事务的性质不宜终止的除外。"

在代孕合同中,因代孕者怀有身孕,出于维护胎儿权益的需要,多不允许代孕者随意终止妊娠。而且人工流产亦会对代孕者的身体健康带来风险和损害。因此委托合同中双方当事人的任意解除权在代孕合同中应当被严格限制,代孕者一旦成功受孕,当事人的任意解除权会被排除。不仅如此,代孕合同终止的法定事由亦应做严格限定,只有代孕者因身体原因无法继续怀孕才构成代孕合同终止的法定事由,委托夫妻一方死亡、代孕者丧失行为能力等均不构成代孕合同终止的法定事由。[1]

二、代孕合同的内容规制

依照传统民法理论，在无偿委托合同中，委托人主要负有预付必要费用的义务、清偿受托人因事务处理所生债务的义务、赔偿受托人因事务处理所受损害的义务等。受托人主要负有处理委托事务的义务、报告义务、忠诚和勤勉义务、交付财产和移转权利的义务等。代孕合同一旦生效，会对委托夫妻和代孕者产生法律拘束力。与一般委托合同略有不同，委托夫妻和代孕者的权利义务关系具有自身的特点。

（一）委托夫妻的权利与义务

代孕合同为无偿委托，委托夫妻无须承担报酬支付义务，但负有向代孕者预付必要代孕费用的义务、清偿代孕者因代孕所生债务的义务、赔偿代孕者因代孕所受损害的义务，享有请求代孕者交付代孕子女的权利并承担受领代孕子女的义务等。以下分述之：

1. 向代孕者预付必要代孕费用的义务

（1）必要代孕费用的范围

必要代孕费用，是指代孕者为处理代孕事务，如接受人工生殖手术、孕育胎儿及分娩等所不可缺少的费用，是为完成代孕事务客观上确有必要花费的合理费用。由于该费用是为实现委托人利益而生，即使在无偿委托，委托人仍然负有支付必要费用的义务。必要费用具有预付性质，代孕合同生效后受托人即享有预付请求权。我国《民法典》第921条就规定："委托人应当预付处理委托事务的费用。受托人为处理委托事务垫付的必要费用，委托人应当偿还该费用并支付利息。"委托夫妻向代孕者预付必要费用有助于代孕事务的顺利进行，是各国（地区）代孕生殖法的通例。如1988年美国统一州法研讨制定委员会通过的《人工辅助生殖子女法律地位统一法》第6条（c）规定，委托夫妻负担自人工生殖手术起至分娩时止的所有必要合理费用。

委托夫妻预付的必要费用具体包括以下内容：其一，代孕者受孕前的必要费用。主要包括：代孕者术前检查和评估费、人工生殖手术费、医药费、

---

[1] 代孕合同的终止规则，详见本书第四章：有限开放模式下代孕的法律规制，第六节：合同终止规则规制。

交通费、代孕者就代孕进行的心理咨询与法律咨询费等。代孕者能否取得误工费，学理尚存争议。否定说认为，误工费是侵权损害赔偿的项目与内容，代孕合同并非侵权行为，委托夫妻自然无须支付代孕者的误工费。笔者认为不然，代孕者在代孕期间会因妊娠产生收入损失，因代孕行为为委托夫妻利益计算，依据"利之所在损之所归"理论，由此引发的代孕者的误工损失，委托夫妻自然应当支付。更何况代孕为无偿的利他行为，由代孕者承担利益损失会沉重打击代孕者从事利他行为的积极性。其二，代孕者妊娠期间的必要费用。主要包括：产检费、医药费、置装费、营养费、交通费、意外人工流产费、家事协助费、代孕者就代孕进行的心理与法律咨询费、误工费等。其三，代孕者分娩时及生产后的必要费用。主要包括：生产费、住院费、医药费、营养费、交通费、产后照护费、家事协助费、代孕者就代孕进行的心理与法律咨询费、误工费等。有些国家对代孕者必要费用的计算截止于分娩时。有些国家还认可了后续必要医疗费用，并对后续必要医疗费用的合理期间做了适当限制，如 1988 年美国律师公会《代孕法范本草案》第 5 条（c）规定，委托夫妻承担代孕者接受人工生殖手术、怀孕及后续的所有医疗费用。但后续医疗费用，以子女出生后 6 个月内、胚胎完成 6 个月内或代孕者非自愿终止妊娠 6 个月内的费用为限。将后续必要医疗费用纳入委托夫妻的预付范围，有助于维护代孕者的正当权益，可资参考。其四，其他必要费用。如向卫生健康主管部门申请审核代孕合同的审核费、向公证机关申请公证代孕合同的公证费、代孕者生育意外险的保险费等。代孕者在妊娠期间须承担妊娠风险，存在遭遇宫外孕、大出血、羊水栓塞等重大伤害或死亡的可能，为代孕者投保生育意外险十分必要。英国代孕中介组织（COTS）的代孕合同备忘录将为代孕者投保为期两年的保险纳入必要费用范围，有助于解除代孕者的后顾之忧，充分保障代孕利他行为，殊值参考。

（2）必要代孕费用的支付时间与支付方式

必要代孕费用既然为预付费用，就应当在代孕合同生效之始预先给付。但在合同生效时当事人难以准确预判预付费用的总金额，双方当事人可以预估大致金额，并可以约定分期支付，协商确定分期支付的各期间及具体金额。代孕者在怀孕期间，倘若发生不可预测的意外情形，该必要费用还可能相应增加，如代孕者突发先兆流产或罹患妊娠糖尿病，需要紧急就医或额外服用药物等。

必要费用通常金额巨大，且关系胎儿成长发育与代孕者的身体健康，为确保必要费用能够如期支付，并避免不当挪用或者肆意挥霍，委托夫妻应当将必要费用提存至提存机关，或交由信托机构存放管理。1988年美国律师公会《代孕法范本草案》第5条（f）即规定，在人工生殖手术实施前，所有已知、预估的费用，应以信托基金的方式事先存放，以确保如期支付，可资参考。

（3）委托夫妻未预付必要费用的法律后果

在一般委托合同中，必要费用并非处理受托事务的对价，与处理事务不构成对待给付关系。传统民法理论认为，委托人应预付却未预付必要费用的，受托人虽不享有同时履行抗辩权，但必要费用是委托事务顺利开展的前提，此时受托人拒绝处理委托事务构成正当理由，不具有可归责性，无须承担债务不履行责任。[1]但在代孕合同中，委托夫妻应预付却未预付必要费用时，代孕者能否拒绝处理委托事务不能一概而论。在代孕者成功受孕前，与胎儿利益无涉，代孕者有权拒绝处理委托事务，无须承担债务不履行责任。但在代孕者成功受孕后，基于人身利益优先保护的规则，在财产利益和人身利益发生冲突时，应当优先保护人身利益。[2]因此，为保护腹中胎儿的生命健康利益，应作例外规定，即代孕者不得拒绝处理委托事务，其有权请求委托夫妻支付必要费用并可主张强制执行。委托夫妻应承担债务不履行责任。

（4）代孕者垫付必要费用时委托人的偿还义务

受托人为委托人利益处理事务，不应遭受不利，因此受托人处理委托事务期间先行垫付的必要费用，委托人应当偿还并支付自费用产生之日起所生利息。在妊娠期间，代孕者倘若突遭异常出血，出现流产或早产征兆等突发情况，紧急入院并垫付了医药费、诊疗费、手术费等费用，代孕者事后有权凭借相关证明材料向委托人主张偿还该费用及其衍生利息。

2. 清偿代孕者因代孕所生债务的义务

代孕者因代孕所生债务亦为委托人所生，委托人应当代为清偿。[3]受托

---

〔1〕 参见魏振瀛主编：《民法》，北京大学出版社、高等教育出版社2000年版，第544页；史尚宽：《债法各论》，中国政法大学出版社2000年版，第403页；黄立主编：《民法债编各论》（下），中国政法大学出版社2003年版，第521页。

〔2〕 参见王利明："民法上的利益位阶及其考量"，载《法学家》2014年第1期。

〔3〕《日本民法典》第650条第2款规定："在处理委任事务的过程中，受任人负担被认定为必要的债务时，可以请求委托人代替自己清偿债务。在此情形，该债务未届清偿期时，可以让委托人提供相当的担保。"类似立法参见《瑞士债务法》第402条第1款等。

人请求委托人代为清偿债务的请求权属于免责请求权，只能请求委托人代其向第三人清偿，不得请求委托人对受托人支付。且委托人的清偿属于有利害关系的第三人的清偿，债权人不得拒绝。我国《民法典》第524条规定："债务人不履行债务，第三人对履行该债务具有合法利益的，第三人有权向债权人代为履行；但是，根据债务性质、按照当事人约定或者依照法律规定只能由债务人履行的除外。债权人接受第三人履行后，其对债务人的债权转让给第三人，但是债务人和第三人另有约定的除外。"[1]如代孕者怀孕期间，发生意外流产，入院手术而拖欠的手术费，委托夫妻负有代为清偿的义务。委托夫妻应清偿而未清偿的，应当承担债务不履行责任。

3. 赔偿代孕者因代孕所受损害的义务

受托人处理委托事务是为委托人利益计算，自不应因此遭受损害，因此传统民法理论认为，非因可归责于受托人的事由致其遭受损害的，委托人应当承担损害赔偿责任。我国《民法典》第930条就规定："受托人处理委托事务时，因不可归责于自己的事由受到损失的，可以向委托人请求赔偿损失。"在代孕生殖中，倘若代孕者在代孕手术中因医疗机构诊疗失误，造成身体损害，委托夫妻应对代孕者承担损害赔偿责任。此赔偿责任并非终局责任，委托夫妻承担赔偿责任后，有权向具有过错的医疗机构进行追偿。委托夫妻应赔偿而未赔偿的，应当承担债务不履行责任。

4. 请求代孕者交付代孕子女的权利及受领代孕子女的义务

笔者认为，自受胎时起代孕子女即视为委托夫妻的婚生子女，[2]并且委托夫妻与代孕者在代孕合同中已明确约定代孕者放弃对代孕子女的亲权，由委托夫妻取得亲权。因此，代孕子女出生后，作为父母的委托夫妻有权依据代孕合同请求代孕者交付子女。代孕者拒不交付的，委托夫妻有权请求人民法院强制执行。美国2017年《统一亲子地位法》第812条（a）即规定，符合该法规定的妊娠代孕协议可以强制执行。[3]

---

[1] 第524条是我国《民法典》的新增条文，首次规定了第三人代为履行规则。与《民法典》第523条由第三人履行合同不同，第三人代为履行不需要有合同的事先约定；但须以第三人对债务履行有合法利益为前提；一旦债权人接受履行，第三人便成为债的当事人。

[2] 详见本书第四章：有限开放模式下代孕的法律规制，第五节：亲子关系规制。

[3] 英文原文为：(a) A gestational surrogacy agreement that complies with Sections 802, 803, and 804 is enforceable.

只要代孕者在怀孕期间对注意事项尽到与处理自己事务的同一注意，不论代孕子女出生时性别如何，是否存在先天残障，也不论委托夫妻是否一方死亡，抑或委托夫妻离婚或者婚姻关系无效、被撤销，均不影响代孕子女的亲子关系，委托夫妻均须受领代孕子女，不得拒绝。否则，代孕者有权请求人民法院强制执行。委托夫妻无正当理由拒绝受领代孕子女的，依据具体情形承担以下法律责任：其一，违约责任。委托夫妻未按代孕合同约定时间受领代孕子女，构成履行迟延或者拒绝履行，应当承担违约责任。其二，委托夫妻拒绝受领，又拒不履行扶养义务的，还应当承担监护资格被撤销，以及监护资格被撤销后继续支付抚养费的义务。我国《民法典》第1067条第1款规定："父母不履行抚养义务的，未成年子女或者不能独立生活的成年子女，有要求父母给付抚养费的权利。"《民法典》第36条规定："监护人有下列情形之一的，人民法院根据有关个人或者组织的申请，撤销其监护人资格，安排必要的临时监护措施，并按照最有利于被监护人的原则依法指定监护人：（一）实施严重损害被监护人身心健康的行为；（二）怠于履行监护职责，或者无法履行监护职责且拒绝将监护职责部分或者全部委托给他人，导致被监护人处于危困状态；（三）实施严重侵害被监护人合法权益的其他行为。本条规定的有关个人、组织包括：其他依法具有监护资格的人，居民委员会、村民委员会、学校、医疗机构、妇女联合会、残疾人联合会、未成年人保护组织、依法设立的老年人组织、民政部门等。前款规定的个人和民政部门以外的组织未及时向人民法院申请撤销监护人资格的，民政部门应当向人民法院申请。"第37条规定："依法负担被监护人抚养费、赡养费、扶养费的父母、子女、配偶等，被人民法院撤销监护人资格后，应当继续履行负担的义务。"其三，构成遗弃罪的，应当依照刑法相关规定承担刑事责任。我国《刑法》第261条规定："对于年老、年幼、患病或者其他没有独立生活能力的人，负有扶养义务而拒绝扶养，情节恶劣的，处五年以下有期徒刑、拘役或者管制。"委托夫妻拒绝受领代孕子女的正当理由，一般限于有充分医学证据证明，代孕者所生子女与委托夫妻不具有血缘关系，而系代孕者在代孕期间因未禁欲而孕育的代孕者自己的子女。

委托夫妻无正当理由拒绝受领代孕子女的，为防止代孕子女利益受损，卫生健康主管部门还应当指定有关组织如儿童福利机构，代为暂时看护，所生费用由委托夫妻承担。[1]若代孕者愿意代为看护的,出于对十月怀胎情感的尊重,卫生健康主管部门应当优先考虑。

5. 其他权利与义务

除此以外,委托夫妻还享有以下权利,并承担以下义务:

(1) 保密义务

委托夫妻对于代孕实施过程中知悉的代孕者的个人信息负有保密义务,不得擅自收集、使用、加工、传输和披露。

(2) 与代孕者充分沟通的权利

代孕合同是继续性合同,是人身信赖性极强的合同,委托夫妻与代孕者在代孕合同订立前与合同履行过程中,需要长期接触和密切交流,双方当事人有权相互了解对方的基本信息,充分交流对代孕、子女和婚姻家庭的态度和观念,以确保代孕合同的顺利履行。英国代孕中介组织(COTS)的代孕合同备忘录就规定,委托夫妻与代孕者初步接触后,双方可以利用3个月的时间互动,双方甚至可以造访对方子女,了解代孕者的居家环境及其对于代孕的看法和需求,决定是否进行下一步的合作。

(3) 共同约定产检、生产医院的权利

委托夫妻有权与代孕者共同协商确定产检医院和待产医院,还可以就产检报告的交付时间、交付方式、生产方式(自然分娩抑或剖腹产)等内容进行协商。

(二) 代孕者的权利与义务

代孕合同一旦生效,对代孕者产生以下法律效力:

1. 接受人工生殖手术,代委托夫妻怀孕生产的义务

接受人工生殖手术,代委托夫妻怀孕生产为代孕者的主给付义务。其中,接受人工生殖手术义务,主要表现为:代孕者须依医嘱进行术前检查与评估、服用指定药物、检测身体健康情况、接受人工生殖手术等。代孕者在接受代孕手术期间应当采取必要措施,避免因其他方式受孕,出现代孕者所怀胎儿并非委托夫妻子女的情形。若因精卵品质欠佳或代孕者体质有异,委托夫妻

---

[1] 此时可类推适用临时监护制度,我国《民法典》第34条第4款规定:"因发生突发事件等紧急情况,监护人暂时无法履行监护职责,被监护人的生活处于无人照料状态的,被监护人住所地的居民委员会、村民委员会或者民政部门应当为被监护人安排必要的临时生活照料措施。"

提供的精卵无法自然结合并分裂发育成胚胎，或胚胎无法在代孕者体内成功着床，代孕者于一定期间内多次实施代孕生殖手术仍未成功受孕的，应当认定为客观履行不能，双方应终止代孕合同，代孕者不再承担接受人工生殖术的义务。

受孕成功后，代孕者在孕育妊娠期间，应以处理自己事务同一的注意应对怀孕生产。

代孕者是否接受人工生殖手术，是否继续妊娠，关涉代孕者的人身自由，属于代孕者意思自决范畴，委托夫妻不得请求人民法院强制执行。诚如黄茂荣先生所言："关于劳务契约之不履行，原则上将透过损害赔偿，而不透过约定之给付的直接强制给予保护。"[1]倘若代孕者无正当理由拒绝接受人工生殖手术或者擅自终止妊娠的，构成拒绝履行，委托夫妻有权解除合同，并请求代孕者承担损害赔偿责任。[2]

委托夫妻订立代孕合同的目的在于获得与自己具有相同血缘的子女，享受为人父母、养育子女的乐趣，代孕者无正当理由拒绝接受人工生殖手术或者擅自终止妊娠，会给委托夫妻带来较大的财产损失和精神伤害。委托夫妻除有权主张财产损害赔偿外，能否主张精神损害赔偿，不无疑问。我国《民法典》第1183条规定："侵害自然人人身权益造成严重精神损害的，被侵权人有权请求精神损害赔偿。因故意或者重大过失侵害自然人具有人身意义的特定物造成严重精神损害的，被侵权人有权请求精神损害赔偿。"可见，在我国精神损害赔偿保护的客体包括人身权、受法律保护的人身利益及具有人身意义的特定物。而其中的人格利益外延甚广，人格利益不仅体现为一般人格利益和具体人格利益，还包括对人的人身和行为自由、安全以及精神自由等

---

[1] 黄茂荣：《债法各论》（第1册），中国政法大学出版社2004年版，第193页。

[2] 我国《民法典》第563条规定："有下列情形之一的，当事人可以解除合同：（一）因不可抗力致使不能实现合同目的；（二）在履行期限届满前，当事人一方明确表示或者以自己的行为表明不履行主要债务；（三）当事人一方迟延履行主要债务，经催告后在合理期限内仍未履行；（四）当事人一方迟延履行债务或者有其他违约行为致使不能实现合同目的；（五）法律规定的其他情形。以持续履行的债务为内容的不定期合同，当事人可以随时解除合同，但是应当在合理期限之前通知对方。"第566条规定："合同解除后，尚未履行的，终止履行；已经履行的，根据履行情况和合同性质，当事人可以请求恢复原状或者采取其他补救措施，并有权请求赔偿损失。合同因违约解除的，解除权人可以请求违约方承担违约责任，但是当事人另有约定的除外。主合同解除后，担保人对债务人应当承担的民事责任仍应当承担担保责任，但是担保合同另有约定的除外。"

的利益。[1]笔者认为,委托夫妻不惜耗费巨大财力与精力寻求代孕,其希冀为人父母的精神利益应当被法律承认并获得保护。黄茂荣先生也认为,对于与身体、健康有关的决定自由的侵害,如器官移植、避孕等,可作为一般人格权提供救济。[2]因此,委托夫妻有权以人身权益遭受损害为由,主张精神损害赔偿。[3]另外,我国《民法典》第996条规定:"因当事人一方的违约行为,损害对方人格权并造成严重精神损害,受损害方选择请求其承担违约责任的,不影响受损害方请求精神损害赔偿。"[4]该条虽然明确承认了违约精神损害赔偿,但以违约行为损害对方人格权为要件。委托夫妻为人父母的精神利益应属人格法益而非人格权,因此在我国现行立法的语境下,委托夫妻仅可依据《民法典》第1183条,而非第996条主张精神损害赔偿。

需要注意的是,代孕生殖耗资巨大,代孕者多难以承担巨额的损害赔偿金,为保障代孕者利他行为的积极性,免除代孕者代人怀孕的后顾之忧,可设立代孕者代孕责任险,并在代孕合同订立时缴纳。由于代孕合同的设立出于委托夫妻之需,代孕生殖又遵循无偿原则,代孕者不会从中受有财产利益,因此保险费原则上应由委托夫妻承担。但当代孕者无正当理由拒绝接受人工生殖手术或者擅自终止妊娠时,代孕者对其擅自终止代孕合同存在一定过错,为防止其肆意毁约损害委托夫妻的合同利益,委托夫妻可向代孕者主张保险费损失的赔偿责任。

2. 遵守指示义务

我国《民法典》第922条规定:"受托人应当按照委托人的指示处理委托

---

[1] 参见王利明:"论人格权的定义",载《华中科技大学学报(社会科学版)》2020年第1期。

[2] 参见黄茂荣:《债法通则之二:债务不履行与损害赔偿》,厦门大学出版社2014年版,第247页。

[3] 我国司法实践在侵犯"祭奠权""生育选择权"及"担心感染狂犬病"等案件中都判决对受害人予以精神损害赔偿,对能够纳入精神损害赔偿保护范围的人格利益较学理认定更为宽泛。参见周琼、陈晓红:"侵害'其他人格利益'精神损害赔偿的限制——一种比较法的视角",载《法商研究》2011年第5期。

[4] 该条是《民法典》新增加的规定,明确承认违约责任可以适用精神损害赔偿,是对之前立法的重大突破。在违约责任的框架下承认精神损害赔偿,已成为晚近立法国家的新趋势。参见黄薇主编:《中华人民共和国民法典释义》(下),法律出版社2020年版,第1824页;薛军:"《民法典》对精神损害赔偿制度的发展",载《厦门大学学报(哲学社会科学版)》2021年第3期;许中缘、崔雪炜:"论合同中的人格利益损害赔偿",载《法律科学(西北政法大学学报)》2018年第3期等。

事务。……"在委托合同中，受托人虽然享有独立裁量权，能够依照自己意志决定事务处理方式，但基于委托合同的目的，受托人仍须接受委托人的指示。

在代孕合同中，代孕者应遵循委托夫妻的指示行事，委托夫妻未做指示的，代孕者应以实现委托夫妻利益最大化的方式行事。值得注意的是，代孕者须遵循委托夫妻指示，并不意味着代孕者丧失基本的人身自由。其自由仅在确保腹中胎儿健康发育的范围内受到正当合理的限制，如避免过于激烈的活动、适当控制饮食、科学服用药物等。监视代孕者日常生活起居、限制代孕者人身自由等均构成对代孕者隐私权与基本人权的侵害，均被法律所禁止。

3. 定期产检并向委托夫妻报告产检结果的义务

为保障委托人的知情权，受托人在委托期间应将事务处理情况及进展定期向委托人报告。我国《民法典》第924条就规定："受托人应当按照委托人的要求，报告委托事务的处理情况。委托合同终止时，受托人应当报告委托事务的结果。"

定期产检有助于及时了解胎儿的发育状况及代孕者的身体状况，对代孕者、代孕子女和委托夫妻而言皆属必要。现代医疗技术日益发达，若胎儿存在唐氏综合征、小脑萎缩、内脏积水等先天疾病，或者代孕者出现妊娠高血压综合征、合并心脏病等疾病，均可通过产检提前检测，以便代孕者和委托夫妻协议选择终止妊娠抑或继续履行合同。因此，代孕者不仅应当遵照医嘱定期产检，还应当定期向委托夫妻报告产检结果，便于委托夫妻及时了解胎儿发育情况。在怀孕期间，若发生先兆流产等情事，代孕者应当及时向委托夫妻报告。代孕者在代孕期间因意外情况增加支出了必要费用，亦同。

遵守指示义务与报告义务均属于代孕者的从给付义务。从给付义务，是辅助主给付义务，确保债权人利益获得最大满足的义务。往往基于当事人约定或者法律规定产生。代孕者违反从给付义务时，委托夫妻有权单独诉请代孕者继续履行。委托夫妻因此受有损害的，有权主张损害赔偿。

4. 保障胎儿健康发育的附随义务

代孕者成功受孕后，因体内孕育胎儿，为保护合同第三人——胎儿的权益，基于诚信原则，代孕者须承担保障胎儿健康发育的注意义务。此义务为代孕者为履行主给付义务于合同发展过程中基于诚信原则产生的附随义务。附随义务并非自始确定，而是随着合同关系的发展，依诚信原则不断衍生。其功能在于促进主给付义务的实现，最大限度地满足债权人的利益。与胎儿健康发育相较，要求代孕者注意饮食、不得吸烟、酗酒等，虽对代孕者的人身自由构成一定程度的限制，但不至过度剥夺其人身自由，亦未侵害其基本人权，这些附随义务应被法律所允许。

为保证胎儿健康成长，代孕者在怀孕期间，不得实施有害于胎儿健康发育的行为，其应履行的附随义务主要包括：遵医嘱确保身体及心理健康，注意饮食均衡，尽量避免攀高、提重物、长途旅行等过于激烈的活动，不得实施酗酒、吸毒等有害于胎儿健康成长的不当行为，科学服用药物，适度房事等。

对于代孕者的附随义务，委托夫妻不得单独诉请。代孕者违反附随义务，不发生债务不履行责任。但因此给委托夫妻造成损害的，委托夫妻有权主张损害赔偿。如代孕者因酗酒、吸毒或未遵医嘱不当服用药物等不当行为造成代孕子女身体健康状况欠佳，委托夫妻可凭借充分的医学检查证据就所受损害向代孕者主张损害赔偿。

5. 其他权利与义务

同委托夫妻一样，代孕者也负有保密义务，也享有与委托夫妻充分沟通的权利以及共同约定产检、生产医院等的权利。

第五节 亲子关系规制

代孕生殖技术不仅割裂了性与生殖，而且割裂了血缘、生产与养育，使母亲身份一分为三——卵子提供者（基因母亲）、代孕者（分娩母亲）与养母（养育母亲），进一步复杂化了亲权认定。

一、代孕子女亲子关系认定基准——契约说

代孕子女亲子关系，即代孕子女的父母子女关系，由于父亲身份认定多采"婚姻示父"规则，以婚生推定方式加以确定，因此母亲身份的认定便成为亲子关系认定的前提与基础。关于母亲身份的认定，主要存在分娩说、血缘说、契约说（生殖目的说）和儿童最佳利益说等标准。

（一）亲子关系认定标准之争

1. 分娩说

分娩说基于母亲的卵子与子宫具有不可分割的自然属性，以分娩事实作

为母亲身份的认定标准。分娩说最早可上溯至古罗马法时期,古罗马法就奉行"产妇恒为所生婴儿之母"(Master semper certa est)的原则。后为各国(地区)立法所继受,《奥地利普通民法典》第137b条就规定:"母亲就是生下该子女的女子。"1995年《俄罗斯联邦家庭法典》第48条也规定:"生育子女的妇女为子女的生母。"[1]在德国,《德国民法典》于1998年子女法改革时增加了对母亲身份认定标准的相关规定,第1591条规定:"分娩者为该子女之母亲。"[2]立法者认为,随着现代科技的发展,特别是人类辅助生殖技术的进步,妇女可以生育一个在基因上和自己毫无关系的子女,例如卵子捐献、胚胎捐献等,因而在立法上确定母亲的概念十分必要。1998年德国子女法改革时,曾经就这种情况下到底谁是子女之母发生过激烈的争论,第1591条最终表示法律不承认"分裂的母亲身份",法律上子女的母亲只能是生育子女的人。不仅如此,卵子捐献者和生育者也不能通过协议对母亲的身份加以约定和处分。[3]

就代孕生殖而言,分娩说认为,在受胎、怀孕及分娩期间,代孕者在生理、心理上与胎儿的关系最为密切,在孕期担负提供胎儿营养和胎教的责任,与胎儿已是不可分割的生命共同体,其贡献远远大于卵子提供者。不仅如此,代孕者在怀孕生产期间还承担了诸多风险。因此,代孕者理应成为代孕子女的母亲。分娩说还认为,代孕子女的母亲认定若采血缘说,不仅忽视了代孕者对婴儿的影响,而且否定了代孕者的生育风险,并不公正妥当。

2. 血缘说

血缘说贯彻血统真实主义,认为亲子关系认定的重点和关键在于血缘,而非分娩。生殖细胞来源于谁,谁就应当是子女的父母。生物学上为父母子女的,法律上就应当认定为父母子女,法律不能做与自然事实不相符合的认定。民法中的"血亲""直系血亲""旁系血亲""生父母"等概念均表明血缘在亲属关系中具有根本性和基础性地位。不仅如此,民法中的婚生子女否

---

[1] 类似立法参见《瑞士民法典》第252条、《日本民法典》第772条、《葡萄牙民法典》第1796条、《西班牙民法典》第108条、《智利民法典》第183条、《巴西民法典》第1591条、《埃塞俄比亚民法典》第739条等。

[2] 《德国民法典》,台湾大学法律学院、台大法学基金会编译,北京大学出版社2017年版,第1173页。

[3] 参见[德]迪特尔·施瓦布:《德国家庭法》,王葆莳译,法律出版社2010年版,第271页。

认、非婚生子女认领等制度均是对血统真实主义的贯彻和落实，使违反血统真实主义的亲子关系得到矫正。因此，亲子关系的基础乃是生物学上的血缘关系。[1]血缘说还认为，近代民法之所以采行分娩说，全因医疗水平所限，在当时的立法背景下，分娩母亲与所生子女之间不具有血缘关系尚非可能。而在人类辅助生殖技术广泛应用的今天，依然恪守分娩说则显得保守，不合时宜。况且现代社会医疗水平高度发达，利用人的血液、毛发、唾液、口腔细胞等进行DNA亲子鉴定，不仅简便而且准确率极高。DNA亲子鉴定否定亲子关系的准确率几近100%，肯定亲子关系的准确率可达99.99%。

就代孕生殖而言，血缘说认为，谁提供了卵子，谁就应当是代孕子女法律上的母亲。

3. 契约说

契约说是在人类辅助生殖技术领域遵行的母亲身份认定标准，因而又称为人工生殖目的说，该说基于契约自由原则，认为法律应当尊重当事人的真实意愿，以当事人利用人类辅助生殖技术的契约目的为准认定母亲身份和亲子关系，以保障当事人的真意，实现人类辅助生殖技术原本的功能和目的。

在代孕生殖中，委托夫妻与代孕者在订立代孕合同时已有明确的合意——由委托夫妻取得亲权，代孕者放弃亲权，法律就应当尊重当事人的意思自决，以当事人合意内容确定亲子关系。契约说还认为，代孕子女最需要的，不仅仅是一位亲生母亲，也不仅仅是一位卵子提供者，更需要一位值得信赖的、可以给予温暖的照顾者。母亲身份认定的关键不应当在于是谁分娩了子女，或者通过什么方式受孕，而应在于谁更有意去照看、爱护、养育该子女。在代孕生殖中，委托夫妻无疑比代孕者更具有照护子女的意愿，理应成为代孕子女的父母。

4. 儿童最佳利益说

儿童最佳利益说认为，以上三说皆从当事人角度立论，几乎无视子女利益。亲子关系并非财产关系，而是社会公共事务，国家为保护此种公共利益，有必要介入其中，由公权力在个案中依照儿童最佳利益原则判断谁应为子女的亲权人。儿童最佳利益原则最初是法院在审理夫妻离婚案件时判断子女抚

---

[1] 参见［日］大村敦志：《民法总论》，江溯、张立艳译，北京大学出版社2004年版，第42页。

养权归属所适用的原则。该原则需要考量比对双方情事，从维护儿童最佳利益原则出发确定抚养权人。一般而言，儿童最佳利益原则需要参酌比对的因素主要包括：①年龄、职业、教育程度、身体健康状况、心理健康状况、经济状况；②抚育子女的时间、抚育子女的生活环境；③保护、教育子女的意愿与态度；④子女的意愿；⑤是否有道德上的不当行为等。须强调的是，当事人的经济状况只为辅助标准，并非主要标准，不得单独适用。而且并非经济状况占优势的一方就一定获得抚养权。一般而言，抚养权人只需具备基本的经济条件、固定收入即可，其经济弱势可以通过未抚养一方支付抚养费的方式加以弥补。

在代孕生殖中，儿童最佳利益说认为，代孕子女的父母究竟是委托夫妻还是代孕者及其配偶，应由司法机关基于儿童最佳利益原则进行个案判断。

（二）契约说的正当性分析

笔者认为，代孕子女亲子关系的认定应当采用契约说（生殖目的说），理由如下：

1. 分娩说的弊端

依照分娩说，分娩子女的女性为所生子女的母亲，其配偶推定为所生子女的父亲。古罗马法就奉行"父是与母结婚的人"这一推定规则，后为各国（地区）立法所采。[1]在代孕生殖技术中，分娩说认为，代孕者分娩了代孕子女，因此代孕者为代孕子女的母亲，代孕者的配偶则推定为代孕子女的父亲。如此一来，会引发以下恶果：

第一，不利于维护委托夫妻的利益，背离其订立代孕合同的根本目的。依照分娩说，代孕者及其配偶为代孕子女的法定父母，委托夫妻若想获得代孕子女的亲权，只能希望借助于收养制度。但收养制度条件严苛，委托夫妻取得代孕子女的亲权面临落空的风险。我国《民法典》第1093条规定："下列未成年人，可以被收养：（一）丧失父母的孤儿；（二）查找不到生父母的未成年人；（三）生父母有特殊困难无力抚养的子女。"依照分娩说，既然代

---

[1]《德国民法典》第1592条即规定："下列各款之人为子女之父亲：1. 子女出生时，与生母有婚姻关系者。2. 因任意认领而生父子关系者。3. 依一千六百条之四规定，或家事与非讼事件过程法第一百八十二条第一款规定中由法院确认其具有父子关系者。"类似立法参见《法国民法典》第312条、《瑞士民法典》第252条、《奥地利普通民法典》第138条、《葡萄牙民法典》第1796条、《西班牙民法典》第108条、《日本民法典》第772条等。

孕者及其配偶为代孕子女的父母，代孕子女自然不符合"丧失父母的孤儿"与"查找不到生父母的未成年人"的限制条件。关于"生父母有特殊困难无力抚养"的内涵，1992年《民政部婚姻司对〈收养法〉的解答》曾做了明确规定，认为"有特殊困难无力抚养的子女，是指有生父母或生父母一方死亡，但其生父母或生父、生母有特殊困难不能抚养教育的未满14周岁的子女。如生父母重病、重残，无力抚养教育的子女或由于自然灾害等原因造成其生父母无力抚养的子女，以及非婚生子女等。"2014年民政部《关于规范生父母有特殊困难无力抚养的子女和社会散居孤儿收养工作的意见》（民发〔2014〕206号）还列举了"生父母有特殊困难无力抚养"的四种具体情形：（1）生父母有重特大疾病；（2）生父母有重度残疾；（3）生父母被判处有期徒刑或无期徒刑、死刑；（4）生父母确因其他客观原因无力抚养子女的，由乡镇人民政府、街道办事处出具有关证明。以上情形均属于代孕者当事人资格的排除事由，亦即发生以上情形根本无法签订代孕合同、无权提供代孕，显然代孕子女不符合"生父母有特殊困难无力抚养的子女"的限制条件。因此，因代孕子女不符合《民法典》第1093条规定的收养条件，委托夫妻无法通过收养取得亲权。

值得注意的是，我国《民法典》第1073条第1款规定："对亲子关系有异议且有正当理由的，父或者母可以向人民法院提起诉讼，请求确认或者否认亲子关系。"委托夫妻能否依据该条规定通过亲子关系确认之诉或经由代孕者夫妻提起亲子关系否认之诉获得亲权呢？笔者认为，亦无可能。这是因为：亲子关系确认之诉、亲子关系否认之诉均系基于自然生育背景引发的纠偏机制，借以兼顾法律关系的稳定性与身份关系的真实性。在司法实务中，一般认为亲子关系确认之诉的正当事由主要包括：生父自愿认可亲子关系，子女被抱错，或者被福利机构领养，或者和父母离散等。亲子关系否认之诉的正当事由主要包括：夫妻在妻受胎期间没有同居的事实；夫有生理缺陷或没有生育能力，包括时间不能、空间不能、生理不能等。[1]人类辅助生殖技术并非自然生育，与该制度的立法目的存在不合，代孕子女亲子关系的认定无法适用该规定。更何况如果能够适用该条规定，委托夫妻可以径直提起亲子关

---

〔1〕参见最高人民法院民法典贯彻实施工作领导小组主编：《中华人民共和国民法典婚姻家庭编继承编理解与适用》，人民法院出版社2020年版，第221~224页。

系确认之诉取得代孕子女的亲权,则产生与契约说相同的法律效力,在代孕生殖中恪守分娩说将变得毫无意义。

因此,依据分娩说及我国现有法律规定,委托夫妻无法取得代孕子女的亲权,显然严重背离了委托夫妻订立代孕合同的本意,对于耗费巨大心力、财力的委托夫妻而言,实属不公。

第二,不利于维护代孕者的利益,违反其订立合同的初衷。依照分娩说,代孕者及其配偶为代孕子女的法定父母。但代孕者代委托夫妻怀孕生产仅出于利他动机,并无取得代孕子女亲权的本意。依据分娩说及我国现有法律规定,代孕者无法通过正当途径和合法手段将代孕子女的亲权移转给委托夫妻,会不当增加代孕者养育子女的成本,违反代孕者订立代孕合同的本意。尤其当代孕子女存在先天残障时,由代孕者及其配偶作为代孕子女的法定父母并承担相应的抚养义务,会严重背离其提供代孕生殖的本意,不当增加利他行为的风险与负担。

第三,不利于维护代孕子女的利益。依照分娩说,代孕者及其配偶为代孕子女的法定父母,但实际上代孕者自始无意担任母职,由不愿担任父母职责的人养育子女,显然不利于子女的健康成长。而且倘若代孕者未婚,或者代孕者未婚嗣后又结婚,代孕子女究竟应当直接认定为无父的单亲家庭子女,还是依照血缘关系直接认定为委托夫之非婚生子女,抑或依照婚姻关系推定为代孕者配偶之子女,不无疑问。亲子关系的不确定性,无疑不利于代孕子女的亲子认同与健康成长。我国首例代孕子女监护权纠纷即依照分娩说认定代孕者为代孕子女的母亲,委托夫为代孕子女的父亲,委托妻为与代孕子女形成抚养关系的继母。[1]该案判决虽因论证细致被学界称道,但采分娩说认定代孕者为代孕子女的母亲,委托妻为继母仍然存在如下逻辑不足与重大隐患:①委托妻不符合继母的构成要件。学理通说认为,继子女是指妻与前夫或夫与前妻所生的子女。继子女与继父母,是因其父母一方死亡,另一方再婚或者父母双方离婚后一方再婚而形成的亲属关系。[2]该案中,委托夫与代孕者并不存在婚姻关系,代孕子女与委托妻并不存在因父母双方离婚后一方

---

〔1〕 参见陈某诉罗某耕等监护权纠纷案,上海市第一中级人民法院[2015]沪一中少民终字第56号民事判决书。

〔2〕 参见最高人民法院民法典贯彻实施工作领导小组主编:《中华人民共和国民法典婚姻家庭编继承编理解与适用》,人民法院出版社2020年版,第204页。

再婚而形成的继母子关系;该案中,委托夫死亡,代孕者不知所踪,代孕子女与委托妻也不存在因父死亡、母亲再婚形成的继母子关系。依此标准,委托妻陈某并不符合继母的构成要件。②损害代孕子女的正当权益。否定陈某享有代孕子女亲权的同时,相当于同时免除了陈某受领并抚养代孕子女的义务。在该案中,代孕者不知所踪,委托夫病逝,倘若代孕子女出现先天残障,陈某因并非代孕子女的法定母亲,完全可以选择拒绝受领、拒绝抚养代孕子女,将导致代孕子女陷入无人抚养的巨大风险之中,明显违反儿童最佳利益原则。

第四,内部逻辑自相矛盾。在代孕生殖中,依照分娩说,代孕者为代孕子女的母亲,代孕者配偶应推定为代孕子女的父亲。由于我国禁止代孕,代孕者生产后往往不知所踪,为防止代孕子女一出生便遭遗弃,我国法院对代孕子女父亲的认定多采血缘说,认定委托夫为代孕子女的父亲。与传统民法理论父亲身份认定采"婚姻示父"规则,以婚生推定方式加以确定相悖。

2. 血缘说的弊端

依照血缘说,孕育代孕子女的精卵来源于谁,谁就是代孕子女的父母。在全血缘代孕中,精卵来源于委托夫妻,则委托夫妻就为代孕子女的父母。在第三人捐精代孕中,精子来源于精子捐献者,卵子来源于委托妻,则精子捐献者为父,委托妻为母。在第三人捐卵代孕中,精子来源于委托夫,卵子来源于卵子捐献者,则委托夫为父,卵子捐献者为母。代孕子女亲子关系认定若采血缘说,会产生以下问题:

第一,违反国际通例,精卵捐献生殖并非以血缘为准认定亲子关系。精卵捐献者虽与所生子女具有基因上的血缘关系,但其捐赠精卵多出于利他助人,并无生养子女的意愿,基于对捐献者意志的尊重,法律认定精卵捐献者与所生子女之间不存在亲子关系。目前该规则已成为绝大多数国家(地区)共识共守的规则。如《实施人类辅助生殖技术的伦理原则》特别明确:"捐赠精子、卵子、胚胎者对出生的后代既没有任何权利,也不承担任何义务。" 1994年法国通过第94—653号法令对借助医学方法进行生育的亲子关系作了专门规定,《法国民法典》第311—19条明确否定了精卵捐赠人与所生子女之间的亲子关系:"由第三人作为捐赠人提供协助,以医学方法进行的生育,捐赠人与采用医学方法出生的儿童之间,不得确立任何亲子关系。对捐赠人,不得提起任何责任之诉。"第311—20条规定了精卵捐赠生殖的相关程序及当事人死亡、离婚等对人工生殖的影响："夫妇或者姘居的男女，为生育而借助医学方法并需第三人作为捐赠人时，应当事先按照保守秘密之条件，向法官或公证人表明他们同意按此方法生育。法官应当告知他们的行为在亲子关系方面的后果。对采用医学方法生育表示同意后，就亲子关系提出异议的任何诉讼，或者要求取得身份的任何诉讼，均予禁止；但如能证明子女并非采用有第三人协助之医学方法所生，或者对运用该方法表示同意的属于无效行为时，不在此限。如在采用有第三人协助的医学生育方法实施之前，当事人死亡或者已提出离婚申请或分居申请，或者已停止共同生活，原表示的同意即失去效力；或者在采用由他人协助的医学方法生育实施之前，如男方或女方已向负责实施该医学方法的医生撤回原已表示同意的，此项同意亦失去效力。对采用医学方法生育已表示同意的人，事后不承认由此出生的子女者，应当对子、女之母以及子、女本人承担责任。此外，对原表示同意借助医学方法生育，事后不承认由此所生子女的人，应从裁判上宣告其存在婚外父子（女）关系。此种诉讼适用第340—2条至第340—6条之规定。"精卵捐献生殖不采血缘说，却在代孕生殖中奉行血缘说，同属人类辅助生殖技术却采行不同的亲子认定标准，其逻辑依据自相矛盾，不能自圆其说。

第二，采血缘说，会出现亲子认定的混乱。在第三人捐精代孕中，依照血缘说，精子捐献者为父，委托妻为母。但依据亲子关系认定的一般规则，母亲的配偶应被推定为父亲，即委托夫应被推定为代孕子女的父亲，与血缘说推演结论相左。同理，在第三人捐卵代孕中，依照血缘说，委托夫为父，卵子捐献者为母。但依据亲子认定的一般规则，母亲的配偶应被推定为父亲，即卵子捐献者的配偶应被推定为代孕子女的父亲，与血缘说推演结论相左。因此血缘说自身逻辑存在割裂，必然引发亲子认定的混乱。

3. 儿童最佳利益说的弊端

儿童最佳利益说要求法官在个案中依照儿童最佳利益原则衡量双方当事人的力量对比，确定最终亲权人。代孕子女亲子关系认定若采儿童最佳利益说，会产生以下弊端：

第一，将亲子关系置于不确定状态，破坏法的安定性。儿童最佳利益原则虽然是确定代孕子女亲子关系时应当遵循的首要原则，但在进行具体亲权认定时，不宜以抽象原则代替具体规则。儿童最佳利益说系对具体个案单独判断，通过权衡双方的力量对比，作出判决。不仅会诱发同案异判的风险，违反法的安定性,更使得亲权认定标准处于不确定状态,不利于代孕子女的身份认同和健康成长。在美国新泽西州婴儿科顿(Baby Cotton)案中,法官曾尝试通过"共同抚养"方案应对亲子认定。但委托夫妻与代孕者的居住地往往分离,双方当事人更不可能为了代孕子女共同生活,"共同抚养"方案使得代孕子女的生活被强行割裂,切不可取。身份法秩序是婚姻家庭秩序乃至社会公共秩序的根本,亲权认定标准应当明确、统一,不宜在认定时给予法官较大裁量权。

第二,不利于代孕子女健康成长。儿童最佳利益说将诱使代孕者及其配偶与委托夫妻名正言顺争抢代孕子女的亲权,而无论诉讼过程还是审理结果,均会使代孕子女深陷两个家庭争抢的旋涡,无疑会对代孕子女产生心理伤害。

第三,诉讼成本较大,效果不尽如人意。儿童最佳利益说借助于个案判断会使得法院不胜其累,更会造成个案审查品质的下降,最终判决结果难以保障实现个案正义。

4. 契约说的合理性分析

委托夫妻与代孕者基于意思自治订立代孕合同,代孕合同的最终目的与核心内容即为确定代孕子女的亲权归属。契约说认为,依照契约目的和当事人合意,无论全血缘代孕,还是第三人捐精代孕、第三人捐卵代孕,代孕子女均应为委托夫妻的婚生子女。契约说较其他学说具有以下合理性和正当性:

第一,体现民法私法自治原则。代孕合同的目的即在于使委托夫妻拥有自己的子女,代孕者在订立合同之初就没有取得亲权的本意,将代孕子女认定为委托夫妻的子女,符合代孕合同双方当事人的真实意愿,是民法私法自治原则在代孕生殖中的具体体现。

第二,符合婚姻家庭法的基本原理,身份关系通过契约约定合理正当。传统民法理论严格限制私法自治在婚姻家庭领域的适用,认为"亲属法上法律关系之变动,多基于自然事实,例如血亲之发生,因而法律行为所占部分较少,其典型的为婚姻及收养,然其内容为定型,当事人并无决定之自由"。[1] 但笔者认为,代孕合同当事人通过契约约定亲子关系合理正当,这是因为:①婚姻家庭法并未完全排除私法自治的空间。婚姻家庭法虽然关涉社会秩序及伦理道德,国家强制规范色彩较重,但绝非完全排除当事人私法自治的空

---

[1] 史尚宽:《亲属法论》,中国政法大学出版社2000年版,第9~10页。

间。身份行为依然是传统民法理论公认的法律行为类型，亦应遵循私法自治原则。早在罗马法和日耳曼法中，民事主体就可以通过法律行为设立拟制亲子关系。[1]在婚姻家庭领域，依据身份行为引发身份关系变动的情形大量存在，如收养、婚姻关系的缔结与解除、非婚生子女的认领、婚生子女的否认等。我国《民法典》第464条规定："合同是民事主体之间设立、变更、终止民事法律关系的协议。婚姻、收养、监护等有关身份关系的协议，适用有关该身份关系的法律规定；没有规定的，可以根据其性质参照适用本编规定。"明确了身份合同在一定条件下可以适用合同编的相关规定，承认了私法自治原则在婚姻家庭领域的适用，为兼具身份合同属性的代孕合同的法律适用指明了方向。②身份行为更注重保护当事人真意。财产行为以理性计算和经济利益为核心，追求个人利益最大化。由于财产行为往往涉及第三人的信赖利益及交易安全，故财产行为的构成要件与法律效力往往在私法自治与交易安全之间折中取舍，精细制衡。但身份行为与此不同，其更注重当事人的真实意思。[2]身份行为以感情为轴心，其行为的做出是为了感情的增进和亲密度的增加，关涉个人人格利益，且身份行为多牵涉道德伦理，必须坚持意思主义。身份行为常常涉及个人隐私，行为人并不希望外界过多干预，因此，私法关系的确立以行为人个人意志和内心真意为依据是身份关系形成的最佳渠道。如《日本民法典》第742条和第802条都将"因错认人或其他事由，当事人间无结婚意思/收养意思"归入无效事由。[3]《日本民法典》第94条规定，真意保留不适用于以当事人的真意为必要的身份行为，表意人不得以真意保留为理由主张婚姻无效，即使相对人知其不合于表意人表示的真意，也不例外。[4]代孕合同当事人的真意即委托夫妻取得代孕子女的亲权，代孕者、

---

[1] 参见[德]迪特尔·施瓦布：《德国家庭法》，王葆莳译，法律出版社2010年版，第395页。

[2] 参见田韶华："民法典编纂中身份行为的体系化建构"，载《法学》2018年第5期。

[3] 《日本民法典》第742条规定："婚姻，仅在下列情形，无效：1.因认错人及其他事由，当事人之间无结婚的意思时；2.当事人未提出婚姻登记申请时。但是，其登记申请仅欠缺第739条第2款规定的方式时，婚姻不因此而妨碍其效力。"第802条规定："收养以下列情形为限，无效：1.因认错人及其他事由，当事人之间无收养的意思时；2.当事人未提出收养登记申请时。但是，其申请仅欠缺第799条、第739条第2款规定的方式时，收养不因此而妨碍其效力。"

[4] [日]栗生武夫：《婚姻法之近代化》，胡长清译，中国政法大学出版社2003年版，第57~59页。

精卵捐献者放弃代孕子女的亲权，当事人真意明确具体，自由自愿，应被法律所承认和保护。③代孕子女亲子关系的认定与收养近似。收养为产后收养，即子女出生后，当事人通过合意确定亲子关系。代孕相当于产前收养，即在子女出生之前，当事人通过合意确定亲子关系。收养既然被法律允许，代孕就应当同一对待。德里不孕症医生阿努普·古普塔就认为："代孕就是新形态的领养。"[1]④当事人通过契约约定亲子关系符合公序良俗原则。传统民法理论认为身份关系一般不得通过当事人约定加以变更或消灭，主要出于对婚姻家庭关系的维护，防止出现肆意断绝亲子关系、变相拒绝履行抚养、赡养义务等违反公序良俗的行为。代孕亲子关系通过契约确定，不仅符合委托夫妻和代孕者的合同本意，而且将代孕子女交由有意抚养的人抚养，符合儿童最佳利益原则，并不违反公序良俗。更何况代孕合同通过定型化规制，脱法行为几无可能。在德国，有学者认为"若孩子成为法律行为的客体并因而降级为商品，则代孕合同是违反善良风俗的"，[2]但如前文所述，代孕生殖秉持无偿原则，并通过系统的制度设计保护代孕者及代孕子女的正当利益，不存在贩卖儿童、人体商品化与侵害基本人权的可能，代孕有限开放模式不违反性道德、不违反家庭伦理道德、不违反人伦、未侵害基本人权和人格尊严、不违反国家生育政策、未破坏国家人口管理秩序，而且有助于激发平等、自由、互助、仁爱等社会伦理道德，因此当事人通过契约约定亲子关系符合公序良俗原则。

第三，符合儿童最佳利益原则。依据契约说，委托夫妻自代孕者受胎时即视为代孕子女的父母，不仅使有意抚养子女之人取得亲权，更使得代孕子女的亲子关系自始确定，有助于代孕子女的身份认定和健康成长，是对儿童最佳利益原则的充分落实。契约说有利于维护和谐稳定的婚姻家庭关系，实现儿童利益最大化。分娩说和血缘说对自然生育与血脉传承的执念和追求，应当让位于稳定的婚姻家庭关系与儿童最佳利益的制度价值。

第四，保证人类辅助生殖技术中亲子关系认定标准的逻辑统一。对于精卵捐献生殖的亲子认定，各国（地区）立法多采契约说，认为精卵捐献者在

---

[1] [美]斯科特·卡尼：《人体交易》，姚怡平译，中国致公出版社2013年版，第119页。
[2] [德]汉斯·布洛克斯、沃尔夫·迪特里希·瓦尔克：《德国民法总论》，张艳译，中国人民大学出版社2019年版，第157页。

订立捐赠契约时并无取得亲权的本意,因此捐献者对于所生子女不具有任何权利义务关系。代孕同属人类辅助生殖技术,亲子关系认定理应遵循同一逻辑,统一适用契约说。我国亦有学者认为:"既然妻子通过人工授精技术接受他人的精子怀孕所生子女为婚生子女,那么,利用他人的卵子和身体所生的子女,当然也应当认定为婚生子女。否则,将会出现亲属关系混乱的后果。"[1]

第五,符合法经济学经济效率原则。在代孕生殖中,代孕者自始并无成为代孕子女母亲的意愿,规定其为代孕子女法律上的母亲,再由委托夫妻通过收养等程序移转亲权,不仅程序繁琐,而且易生纠纷。[2]由委托夫妻直接取得代孕子女的亲权,不仅符合当事人意愿,而且维持了血统真实,因此,法律直接赋予委托夫妻亲权地位更简便易行。

第六,越来越多的国家倾向于以契约说认定代孕子女与委托夫妻之间存在亲子关系。承认代孕合法化的英国、美国部分州、澳洲等,虽然表面上坚持分娩者为母的传统定义,但委托夫妻若想取得代孕子女的亲权,只需获颁亲权命令或经裁定等程序即可实现,实际上保障了契约当事人实施人工生殖的目的与本意。即使在不承认代孕合法化的大陆法系国家,近年来对代孕子女亲子关系的认定亦出现以契约说为准进行判决的诸多案例。2014年12月10日,德国联邦最高法院(BGH)作出裁决,承认了美国加州法院一项关于代孕子女亲子关系的判决。在该案中,A和B是一对同性伴侣,拥有德国国籍,住所地在柏林。二人于2010年与一位美国加州妇女J达成代孕协议。根据协议,代孕子女唯一的法定父母是A和B。胚胎是由A的精子和一位匿名捐献者的卵子受精而成。受精胚胎移植到J的子宫,通过代孕成功生下一对双胞胎。2011年,A和B获得了一份加州法院的判决,认定A和B是双胞胎的父母。2011年6月,A和B携带子女回到柏林,要求当地主管机关进行出生登记,遭到拒绝。二人向地方法院提起诉讼,遭到驳回。德国联邦最高法院推翻了下级法院的判决,认为应当根据《家事程序法》第108条承认美国加州法院的判决。对美国加州法院判决的承认,并不违反该法第109条所规

---

[1] 杨立新:"民法典婚姻家庭编完善我国亲属制度的成果与司法操作",载《清华法学》2020年第3期。

[2] 各国收养制度存在差异。在我国,如前所述,委托夫妻无法通过收养获得代孕子女的亲权。但在其他国家,存在委托夫妻通过收养制度获得代孕子女亲权的可能性。

定的限制性条件，也不违反德国公共秩序。[1]不仅如此，欧洲人权法院也审理了几起涉及代孕儿童亲权认定的案件，如"梅内松诉法国案""拉巴西诉法国案"以及"坎帕内利诉意大利案"等。前两起案件中，都涉及法国夫妻在美国通过代孕协议出生的子女，法国法院拒绝承认美国加州和明尼苏达州法院所做的关于该子女身份的判决。欧洲人权法院认为法国法院的行为违反了《欧洲人权条约》第8条的规定。[2]奥地利也出现了类似判例。[3]目前越来越多的国家从保护儿童利益的角度出发，承认代孕子女与委托夫妻之间存在亲子关系。1995年《俄罗斯联邦家庭法典》第51条第4款规定："签订书面形式，同意将其胚胎移植入另一女性体内怀孕生产的已婚父母，只有经生育婴儿的妇女（代孕者）的同意才能登记为婴儿的父母。"第52条第3款规定："同意将其胚胎移植入另一女性体内怀孕生产的已婚父母，以及代孕者在完成子女的出生登记后，不得对父母身份提出异议。"委托夫妻若想取得代孕子女的亲权，经代孕者同意即可，无须经由收养，亦无须获颁亲权命令。2002年乌克兰《家庭法》第123章第2条则直接规定委托夫妻为代孕子女的父母：使用第三方助孕技术，当夫妻的胚胎植入另外一个女性的体内时，所生子女的父母为该对夫妻。《希腊民法典》第1464条也有相同规定，申请并获得司法授权以进行代孕生殖的女性即被视为代孕子女的母亲，其丈夫或实际伴侣为代孕子女的父亲。从受孕之日起，获得代孕授权的夫妻就是代孕子女的父母，代孕者无权改变其放弃代孕子女亲权的意愿，也无权提出任何探视或监护孩子的要求。

二、代孕子女亲子关系认定的具体规则

依照契约说，代孕子女应为委托夫妻的婚生子女，但亲子关系的确立条件及成立时间，各国（地区）立法稍有不同。

（一）代孕子女亲子关系确立条件及成立时间

在英国，委托夫妻与代孕子女间确立亲子关系须满足一定的限制条件。他们认为，代孕者在订立代孕合同时，可能会低估因出生所带来的与代孕子

---

[1] 参见杜涛："国际私法国际前沿年度报告（2014-2015）"，载《国际法研究》2016年第2期。
[2] 参见杜涛："跨国代孕引发国际私法问题"，载《中国妇女报》2016年3月2日。
[3] Green-Wilson & Bishop [2014] FamCA 1031.

女之间的感情联系，可能会低估放弃代孕子女亲权所造成的感情伤害，同情心要求立法者承认并尊重这些感情。因此，法律应为代孕者提供一段等待时间，赋予其亲权保留权，让代孕者重新慎重思考，从而避免犯下不可挽回的错误。1990年英国《人类授精与胚胎法》即规定，代孕子女出生后，代孕者及其配偶为代孕子女的法定父母。委托夫妻取得代孕子女的亲权，虽无须经收养程序，但仍须满足以下限制条件：其一，代孕子女出生后代孕者未保留亲权；其二，委托夫妻在代孕子女出生后6个月内，向法院提出亲权命令申请并获颁亲权令；其三，代孕合同确定有效。可见，该法并不承认委托夫妻凭借代孕合同直接、当然地与代孕子女确立亲子关系。但笔者认为，代孕者享有亲权保留权，会使亲子关系处于不确定状态，不仅对委托夫妻不甚公平，而且会将代孕子女置于两个家庭之间摇摆拉锯的尴尬境地。不仅如此，赋予代孕者亲权保留权还存在以下立法空白：若代孕者放弃亲权保留权，同时代孕合同被认定为无效或委托夫妻未于法定期限内提出亲权令请求，代孕子女究竟为谁的子女，该立法模式并未回应。又或者代孕者虽未放弃亲权保留权，但其配偶行使婚生子女否认之诉，代孕子女的亲子关系同样处于不确定状态。

俄罗斯与英国类似，委托夫妻与代孕子女只能间接确立亲子关系。但相较于英国，其认定程序更为简单，仅须代孕者同意即可。《俄罗斯联邦家庭法典》第51条第4款规定："签订书面形式，同意将其胚胎移植入另一女性体内怀孕生产的已婚父母，只有经生育婴儿的妇女（代孕者）的同意才能登记为婴儿的父母。"[1]第52条第3款规定："同意将其胚胎移植入另一女性体内怀孕生产的已婚父母，以及代孕者在完成子女的出生登记后，不得对父母身份提出异议。"[2]可见，在俄罗斯，委托夫妻若想取得代孕子女的亲权，经过代孕者同意即可。其认定程序较为简略，但亲子关系仍处于不确定状态。若代孕者不同意放弃亲权，则违反委托夫妻订立代孕合同的本意。

在美国，立法基于委托夫妻与代孕子女之间存在血缘关系，以及代孕者

---

[1] 英文原文为：The married person, who have given their consent in written form to the implantation of an embryo to another woman for bearing it, may be written down as the child's parents only with the consent of the women who has given the birth to the child (of the Surrogate mother).

[2] 英文原文为：The spouse, who have given their consent to the implantation of an embryo to another woman and also the Surrogate mother shall not have the right to refer to these circumstance when disputing the motherhood and the fatherhood after the entry into the Register of Birth is made.

并无成为母亲的本意，多规定代孕子女出生后委托夫妻取得代孕子女的亲权，无须通过收养程序，也无须取得法院颁布的亲权命令。对于代孕子女亲权确立条件与成立时间，美国呈现逐渐简化的趋势。美国2002年《统一亲子地位法》规定代孕子女出生后委托夫妻即为代孕子女的法定父母，但须满足代孕合同须经法院事先许可，代孕子女出生后通过基因检测的限制条件。与英国代孕子女出生后须获颁亲权命令相比，更为简单易行。但此模式仍然存在风险，若代孕合同存在效力瑕疵，或委托夫妻未提出基因检测申请，代孕者则确定成为代孕子女的母亲，违反当事人本意。美国2017年《统一亲子地位法》进一步简化了妊娠代孕协议中的亲权认定规则，[1]第804条（a）(4)规定除第811条、第814条和第815条另有规定外，子女一出生，无论该子女的数量、性别、精神或者身体状况如何，委托人立刻成为该子女仅有的父母；有两个委托人的，每个委托人连带地成为该子女仅有的父母。[2]亦即一旦代孕子女出生，委托夫妻当然取得亲权，无须履行任何程序。但非常遗憾的是，在代孕子女出生前，胎儿也存在权益受损、继承遗产、接受赠与等问题，在受胎至出生期间也需要委托夫妻作为其父母代为行使权利，以维护其合法权益，代孕子女的亲权自出生时成立显然不足以解决胎儿权益保护问题。

有学者认为，夫妻于婚姻关系存续期间，以夫之精子与妻之卵子，借助代孕者怀胎及分娩之子女，自受胎时起视为委托夫妻的婚生子女。即采契约说，不仅拟制委托夫妻与代孕子女之间当然、直接确立亲子关系，还明确委托夫妻与代孕子女之间的亲子关系自受胎时起成立，较英国、俄罗斯和美国更为可采。这是因为：其一，直接推定委托夫妻为代孕子女的父母，符合委托夫妻与代孕者订立代孕契约的本意。其二，代孕子女亲子关系自始得以确

---

[1] 美国2017年《统一亲子地位法》对妊娠代孕协议与基因代孕协议中亲子关系确立规则做了区分规定，基因代孕协议中依然赋予了代孕者亲权保留权。第814条（a）(2)规定：作为协议一方当事人的基因代孕者，可以在根据协议的约定进行辅助生殖受孕所生子女出生后72小时内，随时撤回对该协议的同意。为了撤回同意，基因代孕者必须以记录的形式进行终止通知，说明终止代孕协议的意图。终止通知必须经公证员证实或者见证，并在该子女出生后72小时内随时将其交付给每个意向父母。

[2] 英文原文为：(4) Except as otherwise provided in Sections 811, 814, and 815, the intended parent or, if there are two intended parents, each one jointly and severally, immediately on birth will be the exclusive parent or parents of the child, regardless of number of children born or gender or mental or physical condition of each child.

定,是儿童最佳利益原则的表现。亲子关系自受胎时就得以明确,并非自代孕子女出生后以代孕者放弃亲权保留权且委托夫妻获颁亲权命令为限制条件,能够使亲子关系尽早明确和稳定。其三,有利于胎儿的利益保护。各国(地区)立法多采附解除条件说赋予胎儿权利能力,如我国《民法典》第16条就规定:"涉及遗产继承、接受赠与等胎儿利益保护的,胎儿视为具有民事权利能力。但是,胎儿娩出时为死体的,其民事权利能力自始不存在。"[1]认定委托夫妻与代孕子女的亲子关系自受胎时起成立,有利于防止怀孕期间胎儿身份认定的困难,能够明确胎儿照顾义务的主体及权利代行的主体。因此,笔者认为代孕子女自受胎时起即应视为委托夫妻的婚生子女,在全血缘代孕、第三人捐精代孕与第三人捐卵代孕情况下并无不同。

既然代孕子女自受胎时起即应视为委托夫妻的婚生子女,代孕子女出生后,不论男女,不论是否存在先天残障,委托夫妻均不得拒绝接受。拒绝受领代孕子女并且拒不履行扶养义务的,代孕子女不仅有权请求委托夫妻支付抚养费,情节严重构成刑事犯罪的,还应当适用刑法遗弃罪的相关规定追究委托夫妻的刑事责任。1988年美国律师公会《代孕法范本草案》第5条(g)也规定,不论代孕子女出生时死产、活产、有无残疾,委托夫妻必须承担该子女的亲权、监护权。

(二)代孕子女亲子关系的确定性

亲子关系关乎婚姻家庭秩序的稳定,具有确定性,不允许存在效力不确定的情形。[2]但实施代孕生殖手术后,可能发生代孕合同被认定为无效、可撤销,委托夫妻婚姻关系被认定为无效、可撤销,或委托夫妻离婚、一方死亡等情形。笔者认为,即使发生以上情形均不得否定委托夫妻与代孕子女之间的亲子关系,这是因为:其一,恪守代孕子女亲子关系的确定性,有助于保障代孕子女的最佳利益,稳定亲子关系。其二,委托夫妻取得代孕子女亲

---

〔1〕 关于胎儿是否享有权利能力,主要存在两种立法模式:其一,胎儿享有权利能力但附解除条件。该模式认为,胎儿出生前已拟制地取得权利能力,但如果将来死产,则溯及地丧失权利能力。其二,胎儿享有权利能力但附停止条件。该模式认为胎儿活着出生后,溯及自受胎时取得权利能力。附解除条件说可使胎儿出生前享有权利,对胎儿的保护更为及时、更为有力,为绝大多数国家所采。相关立法例参见《瑞士民法典》第31条、《奥地利普通民法典》第22条等。

〔2〕 有学者认为,法律行为的效力主要表现为有效、无效、可撤销和效力待定四种情形,因效力待定有违身份行为的终局性和确定性,因此,身份行为的法律效力应仅表现为有效、无效和可撤销三种类型。参见田韶华:"民法典编纂中身份行为的体系化建构",载《法学》2018年第5期。

权的意愿已在代孕合同中明确表示，并已经通过卫生健康主管部门审核或公证机关公证，不容随意推翻。因此，代孕子女亲子关系自受胎时起确定，与代孕合同的法律效力、委托夫妻的婚姻关系、委托夫妻一方死亡等不存在必然关联，纵然代孕合同无效、被撤销，委托夫妻婚姻关系不成立、无效、被撤销，或委托夫妻离婚、一方死亡的，代孕子女亲子关系均不受影响。

代孕合同法律效力与代孕子女亲子关系是不同层次的法律关系和法律问题，代孕合同法律效力虽不影响代孕子女亲子关系，但导致合同无效的当事人除须承担合同无效的民事责任外，违反行政法规、刑事法律的，还应当承担相应的行政责任、刑事责任。

(三) 当事人亲子关系否认之诉

代孕子女自受胎起时即应视为委托夫妻的婚生子女，亦即委托夫妻与代孕子女间的亲子关系仅为法律拟制，若怀孕期间或代孕子女出生后，经过DNA检测或有足够的医学理由认为代孕子女与委托夫妻不具有遗传上的血缘关系，[1]如代孕者人工生殖手术期间未禁房事，怀有自己的子女，当事人得提起亲子关系否认之诉。亦即委托夫妻、代孕者及其配偶能够证明代孕子女并非源自委托夫妻的生殖细胞受胎的，法律不应强制拟制，当事人有权提起否认之诉。为尽快稳定亲子关系，维护代孕子女的最佳利益，还应对否认之诉的行使时限作出明确规定。笔者认为，否认之诉的行使时限可以借鉴我国《民法典》第152条可撤销法律行为撤销权除斥期间的相关规定，[2]应自知道或者应当知道否认事由之日起1年内行使，自代孕子女出生后满5年未行使的，不得提起否认之诉。

值得注意的是，代孕者在人类辅助生殖手术期间未禁房事，怀有自己的子女，代孕者对此存在一定过失，且出于亲情人伦，委托夫妻若提起否认之诉，由代孕者及其配偶作为代孕子女的法定父母，并无不当。但若因医疗机构存在疏失，发生精卵或胚胎移植错误时，若允许委托夫妻提起否认之诉，

---

〔1〕 在捐精捐卵代孕中，所生子女当然会与委托夫妻一方不存在遗传上的血缘关系，不构成此处的否认事由。

〔2〕 我国《民法典》第152条规定：“有下列情形之一的，撤销权消灭：（一）当事人自知道或者应当知道撤销事由之日起一年内、重大误解的当事人自知道或者应当知道撤销事由之日起九十日内没有行使撤销权；（二）当事人受胁迫，自胁迫行为终止之日起一年内没有行使撤销权；（三）当事人知道撤销事由后明确表示或者以自己的行为表明放弃撤销权。当事人自民事法律行为发生之日起五年内没有行使撤销权的，撤销权消灭。”

可能发生代孕子女自出生便无法确定亲权人，或自始没有亲权人的可能，不利于代孕子女的健康成长。2019年4月12日，荷兰法院公布DNA检测结果，证实已故荷兰医生卡尔巴特（Karbaat）在某医疗中心负责精子库期间，擅自利用自己的精子偷换病患的精子，通过人工受孕的方式生下至少49名子女。[1]此时，委托夫妻能否提起否认之诉，出生子女的亲子关系如何认定，当事人的损害能否获得赔偿，不无争议。

倘若委托夫妻A、B委托代孕者甲代为怀孕；委托夫妻C、D委托代孕者乙代为怀孕。医疗机构错误地将委托夫妻A、B的胚胎植入代孕者乙的体内，代孕子女a顺利出生。同时错误地将委托夫妻C、D的胚胎植入代孕者甲的体内，代孕子女b顺利出生。此时血缘关系较为明确，从当事人实施人工生殖目的出发，宜将a认定为委托夫妻A、B的子女，将b认定为委托夫妻C、D的子女。但当医疗机构存在疏失，将委托夫妻一方精卵与他人精卵（可能为遗弃精卵）受精后错误移植，或者将他人胚胎错误移植，导致无法确定生殖细胞提供者，或自始没有生殖细胞提供者时，法律必须为此提供应对之策。笔者认为，应视不同情形进行不同的法律规制：①若在代孕者妊娠期间，子女并未出生时，发现精卵或胚胎移植错误，如果满足人工流产的法律限制性规定，委托夫妻有权主张终止妊娠，重新实施代孕生殖手术。委托夫妻及代孕者由此产生的损害，有权请求精卵或胚胎错误移植的医疗机构予以赔偿。②若不符合人工流产的法律限制性规定，代孕者不能终止妊娠；或者该子女已经出生，始发现精卵或胚胎移植错误。此时委托夫妻仍应是该子女的法定父母，除非有足够证据证明代孕生殖存在欺诈或胁迫，否则委托夫妻无权提起否认之诉。笔者认为，此时该子女与委托夫妻并不具有完全血缘关系，违反委托夫妻实施代孕生殖的本意，委托夫妻与医疗机构之间的法律关系可以类推错误出生制度进行规范。错误出生（Wrongful Birth），是指医疗机构应诊查出而未诊查出，或是因过失瞒报、漏报胎儿具有严重先天性缺陷，致使父母错误地认为胎儿健康并决定生产，使具有严重先天性缺陷的婴儿出生的事件。代孕生殖中精卵、胚胎错误移植与错误出生类似，子女出生均一定程度上违反父母的本意和生育自决。但委托夫妻不得因所生子女与其生育意愿发

---

[1] 参见"本可作'送子观音'，而这位医生的行为却令人发指"，载《环球时报》2020年1月8日。

生背离，就拒绝承担亲权责任。况且因代孕生殖为委托夫妻利益而生，依据"利之所在损之所归"的报偿主义，委托夫妻理应承担代孕生殖可能诱发的风险，故不得提起婚生子女否认之诉。但因医疗机构侵害委托夫妻的生育自主权，违反其生育意愿，委托夫妻有权向存在诊疗过失的医疗机构主张侵权损害赔偿，也可基于医疗合同向其主张违约损害赔偿，构成请求权竞合。美国2017年《统一亲子地位法》第809条（d）即采相同立场：除（c）、第810条（b）或者第812条另有规定外，由于临床错误或者实验室差错，根据妊娠代孕协议进行辅助生殖受孕所生子女与委托人或者向委托人捐赠的捐赠者没有血缘关系的，受亲子关系的其他主张的限制，每个委托人为该子女的父母，妊娠代孕者、其配偶或者前配偶（如果有）不是该子女的父母。[1]

关于损害赔偿的范围，笔者认为应仅包括确定血缘关系所花费的亲子鉴定费等必要合理费用以及委托夫妻的精神损害赔偿金，而不应包括所生子女的抚养费。这是因为：损害赔偿的目的是恢复原状、赔偿损失。但很明显，子女已经出生，恢复原状尚属不能，而赔偿物质损失须以损害的客观存在为前提。然而"婴儿不论是否为父母所计划出生，其出生均无法视为'损害'，"[2]否则会侵害所生子女的生命价值和人格尊严，也会为社会歧视生殖技术错误所生子女提供口实。"公共机关尊重每一个人之生存的义务阻遏了将孩子看做损害而负担的抚养费用义务……在法律上将一个孩子的生存解释为损害来源……在宪法上是不能接受的。"[3]因此，赔偿范围不应包括子女的抚养费。但委托夫妻花费巨大心力、财力寻求代孕的初衷，即获得与自己具有相同血缘的子女，因医疗机构错误移植精卵或胚胎，所生子女与委托夫妻并不存在或不完全存在血缘关系，委托夫妻无疑会产生严重的心理落差，其精神痛苦客观存在、不证自明，医疗机构的失误侵害了委托夫妻的生育自由，从公平正义角度而言，理应允许委托夫妻主张精神损害赔偿。而且，令有过

---

[1] 英文原文为：(d) Except as otherwise provided in subsection (c) or Section 810 (b) or 812, if, due to a clinical or laboratory error, a child conceived by assisted reproduction under a gestational surrogacy agreement is not genetically related to an intended parent or a donor who donated to the intended parent or parents, each intended parent, and not the gestational surrogate and the surrogate's spouse or former spouse, if any, is a parent of the child, subject to any other claim of parentage.

[2] 王泽鉴：《侵权行为法》（第1册），中国政法大学出版社2001年版，第142页。

[3] [德] 克雷斯蒂安·冯·巴尔：《欧洲比较侵权行为法》（上卷），张新宝译，法律出版社2001年版，第711页。

失者自担其责,历来是民法奉行的理念,允许委托夫妻主张精神损害赔偿,有助于威慑警示医疗机构,避免再次出现类似失误。

第六节 合同终止规则规制

因代孕者孕育生命,当事人间的权利义务关系往往关涉胎儿与代孕者的生命健康,因此代孕合同具有不同于一般委托合同的终止事由与法律后果,需要法律予以特别规制。

一、代孕合同的终止事由

一般委托合同的终止事由主要包括委托事务处理完毕、债务履行不能、合同解除或者受托人死亡等。如我国《民法典》第933条规定:"委托人或者受托人可以随时解除委托合同。因解除合同造成对方损失的,除不可归责于该当事人的事由外,无偿委托合同的解除方应当赔偿因解除时间不当造成的直接损失,有偿委托合同的解除方应当赔偿对方的直接损失和合同履行后可以获得的利益。"第934条规定:"委托人死亡、终止或者受托人死亡、丧失民事行为能力、终止的,委托合同终止;但是,当事人另有约定或者根据委托事务的性质不宜终止的除外。"代孕合同的终止事由有所不同,主要包括:

(一)代孕合同的解除

在一般委托合同中,合同解除主要包括协议解除与单方解除。协议解除,是指合同有效成立后,尚未完全履行前,当事人双方通过协商使合同效力归于消灭的双方法律行为。单方解除,是指合同有效成立后,尚未完全履行前,一方当事人行使解除权而使合同归于消灭的单方法律行为。依据产生原因的不同,解除权又可分为约定解除权与法定解除权。由于委托合同以当事人的相互信任为基础,一旦信任基础丧失,法律便赋予当事人任意解除权,任意解除权系出于法律的特别规定,因而属于法定解除权范畴。[1]

合同解除是代孕合同最为复杂的终止事由。因代孕合同关涉胎儿与代孕

---

[1] 关于委托合同中当事人任意解除权的正当性及其制衡机制,参见朱虎:"分合之间:民法典中的合同任意解除权",载《中外法学》2020年第4期;武藤:"委托合同任意解除与违约责任",载《现代法学》2020年第2期;周江洪:"委托合同任意解除的损害赔偿",载《法学研究》2017年第3期等。

者的生命健康，代孕合同的解除应当受到严格限制，甚至在某些情况下应当被排除适用。笔者认为，应视代孕阶段的不同，对代孕合同的解除进行区别设计：

1. 代孕者受孕前代孕合同的解除

在代孕者受孕前，合同终止与胎儿生命无涉，不涉及结束生命的问题，且代孕者无须流产，不至影响其身体健康，因此双方当事人均享有任意解除权。基于解除权行使的不可分性，当当事人一方为数人时，解除合同的意思表示应由该方当事人全体向对方全体为之。在代孕合同中，合同当事人通常为委托夫妻与代孕者，委托方为复数当事人，若代孕者已婚，代孕者配偶亦为代孕合同当事人，受托方亦可能为复数。因此，若委托夫妻行使解除权，须由委托夫妻向代孕者及其配偶为之。若代孕者行使解除权，须由代孕者及其配偶向委托夫妻为之，否则不发生合同终止的法律效力。

同理，代孕者受孕前，当事人双方也可以协议解除或依照约定单方解除代孕合同。

2. 代孕者生产后代孕合同的解除

代孕者生产且交付代孕子女后，代孕者的合同义务已履行完毕，代孕合同因债务履行而终止，不存在解除合同的可能。而且此时代孕者合同义务已履行完毕，若合同仍可解除，会对代孕者产生不公，因此当代孕者生产且交付代孕子女后，代孕合同不存在被解除的可能和必要。

代孕者生产后并未交付代孕子女的，双方当事人也不享有任意解除权。委托夫妻签订代孕合同的根本目的就是取得代孕子女的亲权，代孕者生产后尚未交付代孕子女的，委托夫妻的合同目的仍未实现，自然会选择继续履行而非解除合同。前文已述，委托夫妻在代孕者受胎时即取得代孕子女的亲权，代孕者生产后，委托夫妻受领代孕子女不仅是其权利，还是其义务。委托夫妻不得通过解除合同逃避其抚养义务。因此，代孕者与委托夫妻均不享有任意解除权，否则会损害委托夫妻的亲权，影响代孕子女的亲子认同，严重背离合同信守原则，违反禁反言及诚信原则。同理，当事人双方协议解除也应被排除。因此，代孕者生产后，并未交付代孕子女的，代孕合同不得解除。

3. 代孕者受孕后至生产前代孕合同的解除

代孕者成功受孕后至生产前，已孕育生命，胎儿生命不能因解除权的任意行使而遭受侵害。并且一旦终止妊娠会耗费代孕者体力，甚至对代孕者的生命健康带来威胁。因此当事人双方均不享有任意解除权。

代孕者受孕后至生产前,当事人双方原则上不得协议解除代孕合同。但若出现有医学上的正当理由足以认定胎儿有畸形发育的可能时,委托夫妻往往倾向于选择终止妊娠。由于生命个体有难为医学预料的意外,人工流产可能损害代孕者的健康和体力,因此如经检查发现代孕者腹中的胎儿有畸形发育的可能,当事人双方应当共同商议,决定是否终止合同。如委托夫妻主张继续履行,则代孕子女出生后,委托夫妻必须接受代孕子女,并承担抚养义务。如委托夫妻主张终止合同,但代孕者执意妊娠并生产,则视为当事人变更了合同内容,并依变更后的合同确定亲子关系,即代孕者对该子女享有亲权,并承担抚养义务。英国代孕中介组织(COTS)的代孕合同备忘录就采此立场,认为如经医学检测,代孕者腹中的胎儿有残缺时,双方应共同讨论,决定终止合同抑或继续履行合同。若委托夫妻选择终止妊娠,代孕者却执意生产,则委托夫妻不具有亲权地位,也无须对该子女承担相应的抚养义务。由代孕者及其配偶取得该子女的亲权,并承担相应的抚养义务。

代孕者受孕后至生产前,若发生以下情形,当事人一方享有法定解除权:①若继续妊娠将严重危害代孕者身体健康、精神健康的,代孕者享有单方解除权。代孕者受孕后,若有医学上的正当理由足以认定继续怀孕或分娩有导致代孕者生命危险,或者严重危害代孕者身体健康、精神健康的,为维护代孕者的生命健康权,代孕者有权单方解除合同,终止妊娠。②胎儿与委托夫妻并无血缘关系的,委托夫妻享有单方解除权。倘若代孕者在代孕期间未禁房事而怀有自己的子女,致使代孕者所怀胎儿与委托夫妻并无血缘关系,若继续履行代孕合同将使委托夫妻合同目的落空的,委托夫妻有权单方解除合同。仍需说明的是,委托夫妻行使代孕合同单方解除权,并不意味着代孕者就当然有权终止妊娠。代孕者终止妊娠还须满足法律对于人工流产的限制性规定。出于对胎儿生命利益与孕母生育自由的考量与权衡,许多国家(地区)通过立法严格限定人工流产的法定事由,主要表现为:①有医学上的正当理由足以认定胎儿有畸形发育的可能的;②继续妊娠或分娩会危及孕母生命,或严重危害孕母身体健康、精神健康的;③孕母系因被强奸、诱奸等被迫怀孕的;④胎儿基因父母存在有碍优生的遗传性疾病、精神性疾病的;⑤胎儿发育须未达一定周期等。[1]我国《母婴保健法》第18条就规定："经产前诊断，有下列情形之一的，医师应当向夫妻双方说明情况，并提出终止妊娠的医学意见：（一）胎儿患严重遗传性疾病的；（二）胎儿有严重缺陷的；（三）因患严重疾病，继续妊娠可能危及孕妇生命安全或者严重危害孕妇健康的。"代孕者受孕后至生产前，合同双方当事人的协议解除与代孕者的单方解除，均满足人工流产的法定事由，代孕者有权在终止代孕合同的同时终止妊娠。但代孕者在代孕期间未禁房事而怀有自己的子女，委托夫妻因此单方解除代孕合同的，代孕者可能并不满足人工流产的法定事由。若不满足法律对于人工流产的限制性规定的，代孕者不得擅自终止妊娠，对于所生子女，代孕者及其配偶取得亲权，并承担抚养义务。

（二）代孕合同的其他终止事由

代孕合同的双方当事人均为自然人，不存在委托人、受托人因被宣告破产、解散而终止时，代孕合同随即终止的可能。[2]除合同解除外，代孕合同会因以下事由而终止：

第一，债务履行不能。若人工生殖手术并未成功或者代孕者成功受孕后在怀孕期间发生流产，当事人双方可以协商是否重新实施人工生殖手术。但若人工生殖手术在一定期间内实施多次均未成功，或者代孕者成功受孕后多次流产的，为维护代孕者身体健康，应认定为债务履行不能，代孕合同应当终止。

第二，当事人死亡或者丧失行为能力。代孕者死亡的，代孕合同无法继续履行，代孕合同当然终止。代孕者丧失行为能力，若不影响其怀孕生产的，为维护代孕子女的生命利益及委托夫妻的合同目的，代孕合同应当继续履行。如代孕者突发脑出血或遭遇车祸成为植物人，虽丧失了行为能力，但经医院诊断后生育能力不受影响的，代孕合同应当继续履行。若代孕者罹患精神疾病，不仅丧失了行为能力且须大量服用对胎儿造成不良影响的药物时，为维

---

[1] 如因胎儿发育到一定周期会有感知而具备人的生理机能，为保护胎儿的生命利益，终止妊娠须于代孕者受胎后一定周期内进行。如在日本，昭和28年（1954年）法律规定受胎后未满8个月可终止妊娠。此后随早产儿医疗技术的发达，这一期间逐渐缩短。平成3年（1991年）改为受胎后未满22周。

[2] 2021年3月1日，我国首个个人破产法规《深圳经济特区个人破产条例》开始实施，但该条例仅为地方性法规，在我国全国范围内尚无个人破产的相关规定。

护代孕者的生命健康，代孕合同应当终止。

委托夫妻一方死亡的，代孕子女变更为单亲家庭子女，代孕合同仍应继续履行。尚在世的一方为代孕子女的法定代理人，代为维护其相关权益。委托夫妻双方死亡的，为保护委托夫妻及其遗属传承血脉的情感利益，代孕合同不宜一概终止。我国《民法典》第935条规定："因委托人死亡或者被宣告破产、解散，致使委托合同终止将损害委托人利益的，在委托人的继承人、遗产管理人或者清算人承受委托事务之前，受托人应当继续处理委托事务。"委托夫妻双方死亡，代孕合同若一概终止，将损害委托人及其遗属的正当利益。《民法典》第1074条还规定："有负担能力的祖父母、外祖父母，对于父母已经死亡或者父母无力抚养的未成年孙子女、外孙子女，有抚养的义务。有负担能力的孙子女、外孙子女，对于子女已经死亡或者子女无力赡养的祖父母、外祖父母，有赡养的义务。"因此，笔者认为，委托夫妻双方死亡的，倘若代孕子女的祖父母、外祖父母明确表示愿意取得亲权并承担抚养义务的，代孕合同不得终止。代孕子女的祖父母、外祖父母明确表示放弃亲权并拒绝承担抚养义务的，代孕者有权终止合同。倘若代孕者未终止合同，继续妊娠并生产的，应由代孕者及其配偶取得代孕子女的亲权并承担抚养义务。若代孕子女已出生，委托夫妻尚未受领就双双死亡的，代孕子女则成为孤儿，监护人为其法定代理人。满足收养条件的，可以由其监护人送养。基于代孕者与代孕子女在妊娠、分娩期间存在较强的情感联系，法律应赋予代孕者优先收养的权利。

第三，代孕事务履行完毕等其他终止事由。

二、代孕合同终止的法律后果

（一）费用承担与损害赔偿

1. 任意解除与费用承担、损害赔偿

在一般委托合同中，一方当事人因行使任意解除权给对方造成损失的，理应予以赔偿。我国《民法典》第933条区分无偿委托和有偿委托分别规定了任意解除权人的损害赔偿责任："委托人或者受托人可以随时解除委托合同。因解除合同造成对方损失的，除不可归责于该当事人的事由外，无偿委托合同的解除方应当赔偿因解除时间不当造成的直接损失，有偿委托合同的解除方应当赔偿对方的直接损失和合同履行后可以获得的利益。"可见，任意解除权人的损害赔偿责任应当满足以下要件：①委托合同任意解除。若委托合同因当事人协商而解除，则适用当事人间的解除协议确定费用分担和损害赔偿。②因合同解除给对方当事人造成损失。损失包括直接损失和可得利益损失。所谓直接损失，是指现存利益的积极减少。[1]可得利益损失，是指若委托合同未被解除，当事人基于合同的完全履行可以获得的利益。③任意解除权时间不当。所谓解除时间不当，是指解除方在明显不利于对方的时间解除委托合同。其中，明显不利于委托人的时间，多指受托人在完成委任事务之前解除委托合同，使得委托人既无法亲自处理事务，也无法及时委托其他人处理事务。明显不利于受托人的时间，是指委托人在受托人处理事务过程中解除合同，使得受托人为处理事务所做准备工作毫无意义，还使得受托人不能因完成委托事务而获得其他利益。[2]④不存在不可归责于解除方的事由。因对方当事人的原因或者发生客观情况而解除的，任意解除权人不具有可归责性，无须承担损害赔偿责任。

代孕合同订立后，委托夫妻通常会花费必要费用进行心理测试、身体检查，甚至实施体外授精术。代孕者也可能进行了服药、心理测试、身体检查等术前准备。在代孕者受孕前，委托夫妻与代孕者都享有任意解除权，一方当事人一旦行使了任意解除权，往往给对方当事人带来利益损害，除不可归责于该当事人的事由外，任意解除权人应当赔偿因解除时间不当给对方造成的直接损失。一般而言，直接损失包括所受损害与所失利益，前者为积极的损害，即既存法益的现实减少，如身体的伤害、费用的支出等。所失利益，为消极的损害，即无损害便能获取的利益，因损害的发生而丧失，如误工费等。委托夫妻的直接损失主要包括体外授精手术费、术前评估检查费及其他医药费等。代孕者的直接损失主要包括误工费、交通费等。

2. 协议解除与费用承担、损害赔偿

代孕者受孕后至生产前，若有医学上的正当理由足以认定胎儿有畸形发

---

[1] 在《民法典》制定过程中，是否承认有偿委托合同中的任意解除权，学界莫衷一是。《民法典》第 933 条最终规定有偿委托和无偿委托均存在任意解除权，但通过加重赔偿责任的方式对有偿委托中的任意解除权进行限制。即在有偿委托中，任意解除权人除赔偿对方直接损失外，还应当赔偿可得利益损失。

[2] 参见朱广新、谢鸿飞主编：《民法典评注·合同编（4）》，中国法制出版社 2020 年版，第 264~265 页。

育的可能，当事人双方共同商议决定终止合同的，由于双方对合同终止均无过失，不存在损害赔偿责任的承担问题。因代孕合同出于委托夫妻之需，代孕者不应因此遭受损害，代孕者可于妊娠终止后，依据其怀孕周数，向委托夫妻主张医疗费、营养费及其他必要费用。

3. 法定解除与费用承担、损害赔偿

代孕者受孕后至生产前，发生足以认定继续怀孕或分娩有导致代孕者生命危险，或危害代孕者身体健康、精神健康等情形的，代孕者有权单方解除合同，且代孕者对合同终止并无过失，无须承担损害赔偿责任。委托夫妻应当自行承担体外授精手术费、双方术前评估检查费、医药费、产检费、置装费、营养费等必要费用。

代孕者在代孕期间未禁房事而怀有自己的子女，致使代孕者所怀胎儿与委托夫妻并无血缘关系的，委托夫妻有权单方解除合同。由于代孕者对于合同终止负有一定过失，因此委托夫妻有权向代孕者主张相关损害赔偿，赔偿范围包括所受损害与所失利益。前文已述，代孕者的不当行为会给委托夫妻带来较大的精神伤害，委托夫妻有权依据我国《民法典》第1183条主张精神损害赔偿。

4. 其他情形的合同终止与费用承担、损害赔偿

因债务履行不能，代孕合同终止的，多因委托夫妻精卵质量或者代孕者体质存在问题，双方当事人对合同终止均无过错，因代孕合同为委托夫妻而设，因此应由委托夫妻自行承担体外授精手术费、双方术前评估检查费、医药费、产检费、置装费、营养费等必要费用。代孕者死亡，代孕合同当然终止的，亦同。

委托夫妻双方死亡，代孕子女的祖父母、外祖父母均未明确表示愿意取得亲权并承担抚养义务，代孕者单方终止合同的，就代孕期间花费的必要费用，代孕者有权受领、使用委托夫妻先行预付的费用。预付费用不足的，应当作为委托夫妻的债务，由委托夫妻的继承人以所得遗产的实际价值为限进行清偿。预付费用仍有余额的，应当作为委托夫妻的遗产，由委托夫妻的继承人继承。

（二）预付费用的返还

委托夫妻先行预付的必要费用，在合同终止时，代孕者便无法律上的原因受领、使用该笔费用，委托夫妻得请求提存机关或者信托机构予以返还。

第五章 代孕的实施与监管

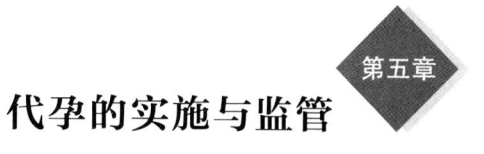

代孕目的的达成，代孕技术的有序健康发展，除须仰赖对代孕合同进行精细规制外，还须设置周密的代孕实施程序和严格的国家监管措施。

第一节 代孕的实施程序

代孕生殖技术的实施应当履行严格的法定程序。通过严格的程序控制，可以有效避免代孕技术被滥用、被异化，出现破坏伦理道德、违反公序良俗等问题。笔者认为，代孕生殖技术的实施应当遵循以下程序：

一、术前检查与评估

代孕生殖并非单纯的医疗技术，涉及社会伦理道德与婚姻家庭秩序，委托夫妻、代孕者的生理、心理健康状况对代孕子女影响甚巨，为确保代孕子女健康出生并拥有适宜的成长环境，在代孕生殖手术实施前，医疗机构必须对委托夫妻、代孕者进行术前检查与评估。

医疗机构在实施代孕生殖手术前，应当对委托夫妻进行下列检查与评估：（1）一般生理、心理及家庭、社会状况评估；（2）家族疾病史，包括本人、二亲等以内直系血亲及兄弟姐妹的疾病记录；（3）有碍优生的遗传性、传染性疾病或精神疾病；（4）法律规定应当进行检查与评估的其他事项。

医疗机构在实施代孕生殖手术前，应当对代孕者进行下列检查与评估：（1）一般生理、心理及家庭、社会状况评估；（2）家族疾病史，包括本人、二亲等以内直系血亲及兄弟姐妹的疾病记录；（3）不适宜怀孕的精神疾病、传染性疾病或其他疾病；(4) 受孕能力的评估；(5) 法律规定应当进行检查与评估的其他事项。

值得注意的是：其一，除一般生理、心理及家庭、社会状况外，精神疾病与传染性疾病是委托夫妻与代孕者均须进行的检查评估项目。委托夫妻患有有碍优生的精神疾病的，不仅无法保障代孕子女的身体健康，而且很难为代孕子女提供适宜的教养环境；代孕者患有不适合怀孕的精神疾病的，不足以为代孕子女提供适宜的孕育环境，故均应被法律所禁止。委托夫妻患有有碍优生的传染性疾病，或者代孕者患有不适宜怀孕的传染性疾病的，可能造成传染性疾病在代孕者、代孕者配偶与代孕子女之间的传播，均应予以禁止。其二，将受孕能力作为代孕者术前检查与评估事项。与委托夫妻评估项目不同，代孕者的受孕能力对代孕子女能否健康出生影响甚巨，故应将代孕者的受孕能力作为术前检查与评估事项。受孕能力主要包括代孕者的卵巢功能、骨盆腔情况及子宫内膜情况等。其三，代孕者有配偶的，还应当对代孕者配偶进行必要的检查与评估。在代孕期间，为防止代孕者配偶与代孕者因其性生活等影响代孕子女健康，代孕者配偶也应当进行必要的检查与评估。主要包括艾滋病、乙肝等足以影响胎儿健康成长的传染性疾病的筛查以及必要的心理评估等。其四，对术前检查与评估项目采取具体列举加抽象概括相结合的规范方式：①将"不适宜怀孕的其他疾病"纳入代孕者的检查评估范围。为保障代孕者与代孕子女的生命健康，在代孕者妊娠期间可能加重其病情或引起并发症的其他疾病，亦应当作为检查评估项目。②通过"法律规定应当进行检查与评估的其他事项"予以兜底，防止因具体列举而挂一漏万。

二、医疗机构的告知与书面合同的订立

(一) 医疗机构的告知义务

医疗机构是人类辅助生殖技术的实施者，协助代孕合同当事人完成生殖细胞的提取、保存、移植以及受孕、分娩等过程，其有义务将代孕生殖技术的相关事项向委托夫妻、代孕者详细说明，帮助契约当事人理性决定是否实施代孕。医疗机构告知义务的设立，还有助于避免日后发生纠纷，减轻医疗机构的举证责任。

各国 (地区) 立法多明确规范了代孕生殖手术实施前医疗机构的告知义务。如1988年美国律师公会《代孕法范本草案》第3条 (f) 就规定，签订

代孕契约时，当事人必须被完全告知并同意这些事项，包括：由合法的律师告知所有当事人依契约内容应有的权利与义务，由有证照的医师告知代孕过程中可能存在的医疗风险，由有证照的心理医师告知可能引发的心理风险，医师须告知委托夫妻代孕者过去的生育史等。

笔者认为，医疗机构在实施代孕生殖手术前，应当向当事人书面告知以下内容：①由医师告知双方当事人代孕生殖手术的实施方式、成功率、可能发生的并发症、潜在危险及其他可能替代治疗的方案等医学问题；②委托心理医师告知双方当事人代孕生殖可能引发的心理焦虑与心理调适等心理问题；③委托律师告知双方当事人代孕合同中当事人各方的权利与义务，以及代孕子女亲子关系等法律问题。医疗机构为当事人提供医学、心理及法律上的专业说明与咨询，相关费用由委托夫妻承担。医疗机构经书面、明确告知后，应当取得双方当事人的书面同意。

（二）书面代孕合同的签订

代孕合同对当事人影响甚巨，为法定要式合同、定型化合同。代孕合同不仅须采取书面方式订立，合同主要条款及其应当记载事项、不得记载事项，还须由国务院卫生健康主管部门预先拟定。当事人未签订书面代孕合同的，代孕合意不发生合同法上的拘束力。

三、代孕合同的行政许可

代孕合同并非纯粹的私法行为，为防止当事人任意约定违反法律规定和公序良俗，出现人格物化，辱没人类尊严等问题，代孕合同须经卫生健康主管部门许可。由卫生健康主管部门对合同内容的真实性、合法性进行审查，始生效力。

在德国，为防止收养制度被滥用，收养不能仅仅通过私法行为而成立，必须通过法院裁定方可成立。[1]代孕生殖同样关涉代孕子女亲子关系，影响婚姻家庭关系的稳定，故应做相同设计。各国（地区）立法也多将行政许可或司法公证作为代孕合同的生效要件，如美国1988年统一州法研讨制定委员会《人工辅助生殖子女法律地位统一法》第6条（a）就规定，在实施人工生

---

[1] 参见［德］迪特尔·施瓦布：《德国家庭法》，王葆莳译，法律出版社2010年版，第254页。

殖手术前，当事人须向法院申请代孕合同的许可。申请时，须附上代孕合同副本。

笔者认为，卫生健康主管部门对代孕合同进行审查许可时，应当着重审查以下内容：其一，当事人资格。详细审查当事人是否符合法律规定的资格条件，确保当事人身心健康，适宜实施代孕生殖技术。其二，代孕合同条款。查明当事人订立的代孕合同是否存在与必要记载事项相反的约定，是否存在不得记载事项等。其三，代孕者的人身权益。特别审查代孕者的人身安全、人身自由是否得到充分保障，代孕者订立代孕合同时是否受到不当的利益诱惑或其他不符合医学要求的不当影响等，以避免代孕者遭物化，基本人权被侵害。

四、医疗机构的追踪及通报

（一）医疗机构的追踪义务

实施代孕生殖手术的医疗机构，于代孕者成功受孕后，应当建议其接受例行产前检查。出于优生考虑，代孕者受孕后，应当依医嘱定期进行血常规、尿常规、肝肾功能、凝血功能检查，甲肝、乙肝、丙肝、梅毒、艾滋病等传染性疾病检查，随孕周变化进行 B 超检查，血糖水平检查，唐氏筛查及羊膜穿刺等产前检查。但代孕者与委托夫妻有权协商确定产前检查的医疗机构，实施代孕技术的医疗机构只能对其接受例行产前检查提出建议。

（二）医疗机构的通报义务

实施代孕生殖手术的医疗机构应当建档，并定期向卫生健康主管部门通报代孕生殖的相关资料，便于卫生健康主管部门进行监督管理。通报资料主要包括：①代孕子女的出生年月日、性别、妊娠周数及新生儿身体评估状况等；②委托夫妻、代孕者及精卵捐赠人的姓名、住所、国籍、身份证号码、出生年月日、身高、体重、血型、肤色及发色等；③实施代孕生殖的种类、项目、次数等；④其他须通报的事项。

五、生殖细胞的管理与生殖资料的保存

（一）生殖细胞的管理

代孕生殖实施过程中使用的生殖细胞以及形成的人类胚胎，均应受到法律特别保护。医疗机构应当妥善保管，不得擅自处分，也不得用于当事人约

定的人工生殖以外的其他用途。生殖细胞的销毁应当符合以下要件：

第一，委托夫妻生殖细胞的销毁。代孕生殖技术往往非一次实施即可成功，医疗机构常常保存多个生殖细胞。为公平制衡委托夫妻的合法权益与医疗机构的保管负担，避免生殖细胞保存过久影响品质，并防止世代间隔冲击人伦秩序，应将委托夫妻生殖细胞销毁的具体事由限定为：①委托夫妻自愿要求销毁的，生殖细胞应当予以销毁；②委托夫妻完成代孕或者放弃实施代孕的，生殖细胞即丧失其存在价值，应当予以销毁；③委托夫年满60周岁，或者委托妻年满55周岁，由于当事人已丧失代孕资格，生殖细胞应当予以销毁；④委托夫妻的婚姻被宣告无效、被撤销，或委托夫妻离婚，为防止亲子关系的复杂化，生殖细胞应当予以销毁；⑤生殖细胞保存逾10年，难免影响其品质，不利于优生，生殖细胞应当予以销毁；⑥其他应当销毁的情形。

第二，捐赠生殖细胞的销毁。生殖细胞保存过久，容易影响胚胎品质，并引发世代间隔的人伦混乱，并且精卵捐献次数过多，容易引发下一代近亲婚姻和乱伦的风险。目前，英国规定捐赠生殖细胞活产10次即应予以销毁，西班牙规定6次，澳大利亚规定5次，美国建议5次，荷兰研究认为活产25次以内，下一代都不会出现乱伦或血统混乱的顾虑。考虑到我国精卵捐献匮乏的现实，结合域外经验，应将捐赠生殖细胞的销毁事由限定为：①保存逾10年；②提供委托夫妻完成活产5次；③其他应当销毁的情形。

（二）生殖资料的保存

医疗机构实施代孕生殖技术，应当制作代孕生殖病历，一方面，方便委托夫妻及代孕者进行查阅，了解对方在代孕过程中的身体状况及履约情况。另一方面，事后如果发生纠纷，可依据记录的相关信息进行追责。医疗机构所制作的代孕生殖病历，除完成活产者应当至少保存25年外，其余病历的保存，应当至少保存10年。

代孕生殖病历，应当记载下列事项：

第一，委托夫妻的病历，应当记载：①委托夫妻的姓名、住所、身份证号码、出生年月日、身高、体重、血型、肤色及发色等；②接受生殖细胞捐赠的项目、数量与日期；③术前检查与评估记录；④代孕者、生殖细胞捐赠人的身份证号码及其在医疗机构的病历编号；⑤代孕生殖手术的实施过程；⑥其他重要事项。

第二，代孕者的病历，应当记载：①代孕者的姓名、住所、身份证号码、出生年月日、身高、体重、血型、肤色及发色等；②接受胚胎植入的次数及日期；③术前检查与评估记录；④委托夫妻的身份证号码及其在医疗机构的病历编号；⑤代孕生殖手术的实施过程；⑥其他重要事项。

第三，生殖细胞捐赠人的病历，应当记载：①捐赠人的姓名、住所、身份证号码、出生年月日、身高、体重、血型、肤色及发色等；②捐赠的项目、数量与日期；③术前检查与评估记录；④委托夫妻的身份证号码及其在医疗机构的病历编号；⑤其他重要事项。

由于精卵捐献遵循保密、互盲原则，[1]委托夫妻要求医疗机构提供其病历时，不得包含生殖细胞捐赠人的相关信息。捐赠人要求医疗机构提供其病历时，不得包含委托夫妻、代孕者的相关信息。医疗机构停业时，以上病历应当移交卫生健康主管部门进行保存。

第二节 代孕的监管

为确保代孕生殖技术有序健康发展，维护婚姻家庭秩序和社会伦理道德，应对代孕生殖技术的开展进行严格监管。

一、监管机构

代孕生殖技术专业性强，较为复杂，且关涉家庭伦理，由卫生健康主管部门进行监督管理尤为必要。设置专门监管机关对代孕生殖进行监管已是世界通例。在英国，人类授精与胚胎研究管理局是依据《人类授精与胚胎法》成立的法定主管机关，主要负责审查和监督英国境内的人类胚胎研究，负责许可和监督相关医疗机构实施人类辅助生殖技术，规范精子、卵子和人类胚胎的存储等。其对代孕生殖实施许可制，将代孕行为控制在政府有效监管之下，防止地下交易和暗箱操作带来的风险和隐患。

代孕是一种复杂的医疗生殖技术，在我国由卫生健康主管部门对其进行

---

〔1〕《实施人类辅助生殖技术的伦理原则》规定："凡是利用捐赠精子、卵子、胚胎实施的辅助生殖技术，捐赠者与受方夫妇、出生的后代须保持互盲，参与操作的医务人员与捐赠者也须保持互盲。医疗机构和医务人员须对捐赠者和受者的有关信息保密。"

监督管理自属当然。其监管职能主要包括：其一，审核医疗机构开展代孕生殖技术的医疗资质。其二，对医疗机构实施代孕生殖技术进行全程监控。其三，审查、监督代孕合同的履行情况。其四，协调委托夫妻及代孕者的代孕纠纷。其五，其他与代孕生殖有关的应由其履行的职能。依据我国2018年7月30日生效的《国家卫生健康委员会职能配置、内设机构和人员编制规定》，国家卫生健康委员会是国务院主管全国人类辅助生殖技术的卫生行政部门。《基本医疗卫生与健康促进法》第7条做了进一步明确规定："国务院和地方各级人民政府领导医疗卫生与健康促进工作。国务院卫生健康主管部门负责统筹协调全国医疗卫生与健康促进工作。国务院其他有关部门在各自职责范围内负责有关的医疗卫生与健康促进工作。县级以上地方人民政府卫生健康主管部门负责统筹协调本行政区域医疗卫生与健康促进工作。县级以上地方人民政府其他有关部门在各自职责范围内负责有关的医疗卫生与健康促进工作。"国家发展医学教育，完善适应医疗卫生事业发展需要的医学教育体系，大力培养医疗卫生人才。可见，在我国卫生健康主管部门是主管人类辅助生殖技术的行政部门，包括国务院卫生健康主管部门以及地方各级人民政府的卫生健康主管部门。国家卫生健康委员会主管全国代孕生殖技术的监督管理工作，县级以上地方人民政府的卫生健康主管部门负责统筹协调本行政区域内代孕生殖技术的日常监督管理。

二、监管内容

代孕合同为继续性合同，自代孕合同订立至代孕合同履行及终止，往往经历一年有余，甚至持续数年，由卫生健康主管部门进行全程监管与协调指导，有助于代孕生殖目的的达成和代孕技术的健康发展。

（一）事先监管

1. 技术准入

代孕生殖的进行和完成须依赖专业的医疗技术和精良的医疗设备，为确保代孕技术安全可靠，降低代孕者的生育风险，促进人口优生，必须严格限定代孕实施机构的相关资质。代孕生殖技术应当在经卫生健康主管部门批准并登记的医疗机构进行，并由具备相应资格的专业技术人员实施。未经批准，任何单位和个人不得实施代孕生殖技术。

2. 拟定代孕合同范本

代孕合同对当事人影响甚巨,为防止当事人肆意约定违反公序良俗,出现人格物化、辱没人类尊严等问题,代孕合同应当为定型化合同。国务院卫生健康主管部门应当拟定代孕合同范本,规范代孕合同条款,明确代孕合同应当记载事项、不得记载事项。结合前文所述,笔者认为,我国代孕合同范本可设计如下:

代孕合同范本

委托人(以下简称甲方):
委托夫 姓名:_____;身份证号码:_____;联系方式:_____
委托妻 姓名:_____;身份证号码:_____;联系方式:_____
受托人(以下简称乙方):
代孕者 姓名:_____;身份证号码:_____;联系方式:_____

代孕是帮助不孕夫妻的利他行为,是"人道、博爱、奉献"精神的崇高体现。依据我国现行立法的相关规定,甲、乙双方本着平等自愿、协商一致的原则,订立本合同,以资共同遵守。

第一条 当事人资格
1. 甲、乙双方实施代孕生殖均须具备我国法律规定的资格条件。
2. 甲方须同时满足以下条件:
(1)委托夫妻须为合法夫妻;
(2)通过术前检查与评估,适合接受代孕生殖;
(3)夫妻双方至少一方具有健康的生殖细胞;
(4)委托夫未满60周岁,委托妻未满55周岁,具有抚养、教育子女的能力;
(5)委托妻无子宫、子宫病变不能怀孕或者因身体机能异常不宜怀孕;
(6)委托夫妻现无共同子女;
(7)委托夫妻未通过代孕生殖拥有共同子女;
(8)法律规定的实施代孕生殖技术应当具备的其他条件。
3. 乙方须同时满足以下条件:
(1)通过术前检查与评估,适合接受代孕生殖;
(2)年龄在20周岁以上,40周岁以下;
(3)有生产经验,且生理上适宜再次怀孕;
(4)不得为委托夫妻的直系血亲或者辈分不相当的四代以内旁系血亲;
(5)不得使用代孕者的卵子为委托夫妻实施代孕;
(6)实施代孕生殖的次数未超过3次;
(7)现育有子女;

（8）法律规定的实施代孕生殖技术应当具备的其他条件。

第二条　合同效力期间

1. 本合同自签订之日起15日内送交卫生健康主管部门审核，经卫生健康主管部门许可始生效力。

2. 甲、乙双方应当采用委托夫妻中至少一人的生殖细胞。

3. 甲、乙双方同意采（委托夫/第三捐赠人）之精子及（委托妻/第三捐赠人）之卵子进行代孕生殖。

4. 甲、乙双方不得采用乙方之卵子，也不得采用乙方配偶之精子进行代孕生殖。

5. 若乙方经过＿＿＿期间接受＿＿＿次数代孕生殖手术后，仍然无法成功受孕，该代孕合同终止。

第三条　代孕生殖手术的实施

1. 甲、乙双方同意于＿＿＿年＿＿＿月＿＿＿日，于＿＿＿＿＿＿（医疗机构名称）实施代孕生殖手术。

2. 甲、乙双方均须接受法律规定的术前检查与评估。

3. 乙方应当接受代孕生殖手术及术前准备等医疗行为。

4. 代孕生殖手术期间，乙方应当采取适当措施，避免因其他方式受孕。

第四条　费用负担

1. 甲方应当负担代孕生殖期间的下列必要合理费用：

（1）甲、乙双方术前检查和评估费、人工生殖手术费、医药费与交通费等；

（2）乙方妊娠期间的产检费、置装费、医药费、交通费、意外人工流产费，乙方在代孕生殖期间就代孕生殖进行的心理咨询与法律咨询费等；

（3）乙方分娩期间的生产费、营养费、交通费以及产后照护费等；

（4）甲方应当为乙方投保两年期生育意外险；

（5）向卫生健康主管部门申请审核代孕合同的审核费；

（6）其他必要合理费用。

2. 以上必要费用甲方应当向提存机关预先提存，提存期限与预估金额为：

（1）一次性提存，提存时间为：＿＿＿年＿＿＿月＿＿＿日，提存金额为：＿＿＿＿＿＿＿＿；（勾选）（2）分期提存，第一期提存时间为：＿＿＿年＿＿＿月＿＿＿日，提存金额为：＿＿＿＿＿＿；

第二期提存时间为：＿＿＿年＿＿＿月＿＿＿日，提存金额为：＿＿＿＿＿＿；

第三期提存时间为：＿＿＿年＿＿＿月＿＿＿日，提存金额为：＿＿＿＿＿＿。

3. 实际费用超出甲方提存金额的，甲方应于实际费用确定后30日内补足差额。乙方垫付的必要费用，甲方应当偿还。

4. 甲方应预付却未预付必要费用的，在乙方成功受孕前，乙方有权拒绝继续实施代孕生殖；在乙方成功受孕后，乙方不得拒绝继续实施代孕生殖，但有权请求甲方承担违约责任。

第五条　妊娠期间双方的权利与义务

1. 乙方成功受孕后，应遵医嘱确保身体与心理健康，注意饮食均衡，须遵医嘱服用药物，不得实施吸烟、酗酒、吸毒等有害于胎儿健康成长的不当行为。

2. 甲、乙双方同意乙方于_____（医疗机构名称）进行产前检查。乙方应定期进行产前检查，并将产前检查情况及时告知甲方。

3. 甲、乙双方同意乙方于_____（医疗机构名称）进行分娩生产。

第六条 亲子关系及代孕子女交付

1. 自受胎时起，代孕子女为委托夫妻的婚生子女。

2. 代孕合同无效、被撤销，委托夫妻婚姻关系不成立、无效、被撤销，或委托夫妻离婚、一方死亡的，不影响甲方与代孕子女的亲子关系。

3. 代孕子女出生后7天内，乙方应向甲方交付代孕子女。拒不交付的，甲方有权请求人民法院强制执行。

4. 乙方向甲方交付代孕子女，甲方除能够证明代孕子女系源自代孕者的生殖细胞受胎外，不得拒绝受领。甲方无正当理由拒绝受领代孕子女的，仍然应当承担代孕生殖的必要合理费用、代孕子女的抚养费等费用。构成遗弃罪的，应当承担刑事责任。

5. 甲、乙双方能够证明代孕子女并非源自委托夫妻的生殖细胞而系源自代孕者的生殖细胞受胎的，甲、乙双方均有权于知道或者应当知道否认事由之日起1年内提起亲子否认之诉。但该代孕子女出生后满5年的，甲、乙双方均无权提起亲子否认之诉。

第七条 合同终止

1. 在乙方成功受孕前，甲、乙双方均有权终止代孕合同。因解除合同造成对方损失的，除不可归责于该当事人的事由外，解除方应当赔偿因解除时间不当给对方当事人造成的直接损失。

2. 在乙方成功受孕后，若有医学上的正当理由，足以认定继续妊娠或者分娩有导致乙方生命危险，或者严重危害乙方身体健康、精神健康的，乙方有权终止合同，无须向甲方承担违约责任。

3. 在乙方成功受孕后，若有医学上的充分理由，足以认定乙方所怀胎儿并非源自委托夫妻的生殖细胞而系源自代孕者的生殖细胞的，甲方有权终止合同。乙方对合同终止存在过错，造成甲方损失的，乙方应向甲方承担违约责任。

4. 在乙方成功受孕后，发生以下事由的，经甲、乙双方协商一致，可以终止代孕合同：

（1）有医学上的正当理由，足以认定胎儿有畸形发育可能的；

（2）乙方在怀孕期间发生流产的。

5. 乙方终止妊娠须同时满足我国现行立法对于人工流产的限制性规定。

第八条 保密义务与事后联络事宜

1. 甲、乙双方对其在代孕生殖期间知悉的对方个人信息均负有保密义务，不得擅自收集、使用、加工、传输和披露。

2. 经双方协商，乙方生产后可以通过以下方式知悉代孕子女的情事：

（1）会见（会见期间_____）；（勾选）

（2）通过电话、邮件、信件等方式联络；（勾选）

（3）甲方向乙方提供代孕子女的生活照等；（勾选）

(4) 不联络、不接触。(勾选)
倘若出现不利于代孕子女身心健康的情况,甲方有权变更或者终止乙方与代孕子女的联络。
本条对当事人双方具有永久拘束力,不因代孕合同效力的终止而失效。

第九条　违约责任
因可归责于当事人一方的事由,违反本合同致对方遭受损害的,应当向对方承担损害赔偿责任。

第十条　争议解决办法
1. 本合同在履行过程中发生争议,甲、乙双方应当协商解决,协商不成的,任何一方均有权向人民法院提起诉讼。
2. 在争议解决期间,甲、乙双方应当以代孕子女(或胎儿)最佳利益为处理原则,尽力保护代孕子女(或胎儿)的利益。

第十一条　合同文本
本合同一式肆份,甲、乙双方各执一份,送交实施代孕生殖的医疗机构留存一份,卫生健康主管部门审核一份。

第十二条　乙方配偶的当事人资格
1. 若本合同签订时,乙方有配偶的,则乙方配偶也是本合同的当事人。
2. 乙方配偶的基本信息
代孕者配偶　姓名:_____;身份证号码:_____;联系方式:_____
3. 乙方配偶应当满足以下条件:
(1) 通过必要的检查与评估;
(2) 法律规定的实施代孕生殖技术应当具备的其他条件。
4. 本合同中,乙方的权利、义务对乙方配偶类推适用。

甲方:_____(委托夫);_____(委托妻)(签章)
乙方:_____(代孕者);_____(代孕者配偶)(若有)(签章)
签订时间:_____年_____月_____日
签订地点:_____

(二) 事中监督与指导

1. 代孕合同的许可

代孕合同并非单纯的私法行为,还关涉亲子关系和婚姻家庭秩序等社会公益,代孕合同订立后,须经代孕生殖实施机构所在地的卫生健康主管部门许可,对其内容的真实性、合法性进行全面审查,始生效力。由代孕生殖实施机构所在地的卫生健康主管部门实施行政许可,符合属地管辖原则,有利于落实常态化监管。

2. 必要费用具体内容与最高限额的确定

委托夫妻须承担代孕者为处理代孕事务、接受人工生殖手术、孕育代孕子女及生产后的所有直接相关费用，包括营养费、检查费、医疗费、误工费、交通费、咨询费、保险费及妊娠期间、产后增加的基本生活费等必要费用。为防止当事人将必要费用转化为代孕报酬，变相实施有偿代孕、商业代孕，应当通过立法明确界定必要费用的具体内容，并授权国务院卫生健康主管部门发布必要费用的具体内容、构成要素、确定方法和最高限额等。必要费用的具体内容与最高限额，国务院卫生健康主管部门应当每3年检讨一次。作为评估标准的考量因素主要包括：代孕生殖技术必要成本的调整、消费物价指数或其他生活水平指数的改变等。

3. 对代孕合同的履行进行日常监督

地方各级人民政府的卫生健康主管部门负责对本行政区域内的代孕生殖技术开展日常监督管理，确定、即时掌握本行政区域内代孕生殖的数量与具体实施情况。

（三）事后监管

1. 建立代孕生殖资料库

代孕生殖涉及亲子关系的确定、生殖细胞的使用或者捐赠，在捐精代孕、捐卵代孕中，代孕子女存在血缘上的拟制与变更可能发生民法上禁止近亲结婚和禁止收养等情形，为保障代孕子女的知情权，避免资料不全造成血统混乱，医疗机构应当建立代孕生殖资料库，并将相关资料向所在地人民政府的卫生健康主管部门备案。

2. 设立代孕生殖伦理委员会

人类辅助生殖技术日新月异，卫生健康主管部门、实施代孕的医疗机构应当设立代孕生殖伦理委员会，在考量社会伦理道德、斟酌医学发展的基础上，对代孕生殖技术实施中遇到的伦理问题进行审查、咨询和论证，并开展代孕生殖医学伦理的宣传与教育，长期评估代孕生殖技术潜在的法律与伦理风险，以及代孕生殖技术对社会、婚姻家庭关系可能造成的积极与消极影响等。

3. 严格执行相关罚则

针对未经批准擅自实施代孕生殖技术、违法实施商业代孕、中介机构违法提供商业中介服务、未经行政许可擅自实施代孕技术、医疗机构违反代孕生殖病历制作义务、医疗机构违反通报义务等不法行为，不仅应当通过立法设置严厉罚则，行政机关、司法机关还应当严格追究行为人的法律责任。主要包括：

（1）未经批准擅自实施代孕生殖技术的法律责任

代孕生殖技术应当在卫生健康主管部门批准并登记的医疗机构进行，并由具备相应资格的专业技术人员实施。未经批准，任何单位和个人不得实施代孕生殖技术，否则将承担相应的行政责任或刑事责任。《人类辅助生殖技术管理办法》（2001年）第21条规定："违反本办法规定，未经批准擅自开展人类辅助生殖技术的非医疗机构，按照《医疗机构管理条例》第四十四条规定处罚；对有上述违法行为的医疗机构，按照《医疗机构管理条例》第四十七条和《医疗机构管理条例实施细则》第八十条的规定处罚。"《医疗机构管理条例》（2022年）第43条规定："违反本条例第二十三条规定，未取得《医疗机构执业许可证》擅自执业的，依照《中华人民共和国基本医疗卫生与健康促进法》的规定予以处罚。违反本条例第二十三条规定，诊所未经备案执业的，由县级以上人民政府卫生行政部门责令其改正，没收违法所得，并处3万元以下罚款；拒不改正的，责令其停止执业活动。"第46条："违反本条例第二十六条规定，诊疗活动超出登记或者备案范围的，由县级以上人民政府卫生行政部门予以警告、责令其改正，没收违法所得，并可以根据情节处以1万元以上10万元以下的罚款；情节严重的，吊销其《医疗机构执业许可证》或者责令其停止执业活动。"《医疗机构管理条例实施细则》第80条规定："除急诊和急救外，医疗机构诊疗活动超出登记的诊疗科目范围，情节轻微的，处以警告；有下列情形之一的，责令其限期改正，并可处以三千元以下罚款；（一）超出登记的诊疗科目范围的诊疗活动累计收入在三千元以下；（二）给患者造成伤害。有下列情形之一的，处以三千元罚款，并吊销《医疗机构执业许可证》：（一）超出登记的诊疗科目范围的诊疗活动累计收入在三千元以上；（二）给患者造成伤害；（三）省、自治区、直辖市卫生计生行政部门规定的其它情形。"我国《医师法》（2021年）第57条规定："违反本法规定，医师未按照注册的执业地点、执业类别、执业范围执业的，由县级以上人民政府卫生健康主管部门或者中医药主管部门责令改正，给予警告，没收违法所得，并处一万元以上三万元以下的罚款；情节严重的，责令暂停六个月以上一年以下执业活动直至吊销医师执业证书。"鉴于代孕生殖影响婚姻家庭关系甚巨，且地下代孕所涉金额动辄几十万甚至上百万，为提高地下代孕违法成本，并结合社会经济的发展状况，笔者认为，应当设置更为严厉的行政罚款责任，具体法条可草拟为：

第×条 未取得《医疗机构执业许可证》擅自实施代孕生殖技术的，由县级以上人民政府卫生健康主管部门责令其停止执业活动，没收非法所得和药品、器械，并可以根据情节处以二十万元以上、五十万元以下的罚款。医疗机构实施代孕生殖技术超出其登记范围的，由县级以上人民政府卫生健康主管部门予以警告、责令其改正，并可以根据情节处以十万元以上、三十万元以下的罚款；情节严重的，吊销其《医疗机构执业许可证》。给患者造成损害的，依法承担损害赔偿责任。构成犯罪的，依法追究刑事责任。

医疗机构工作人员未经批准擅自实施代孕生殖技术的，由县级以上人民政府卫生健康主管部门责令改正，给予警告，没收违法所得，并可以根据情节处以一万元以上、三万元以下的罚款；情节严重的，责令暂停六个月以上、一年以下执业活动，直至吊销医师执业证书。构成犯罪的，依法追究刑事责任。

（2）违法实施商业代孕、违法提供商业代孕中介服务的法律责任

为避免商业代孕泛滥、减损人类尊严，应当严禁商业代孕，严禁商业代孕中介服务。行为人违法实施商业代孕、违法提供商业代孕中介服务的，应当承担相应的行政责任或刑事责任。鉴于目前我国地下商业代孕猖獗的现状，为尽快将代孕生殖技术纳入法治轨道，强化治理效果，笔者认为，应当设计较为严格的行政罚款责任，具体法条可草拟为：

第×+1条 医疗机构及其工作人员为谋取利益实施商业代孕生殖技术的，由县级以上人民政府卫生健康主管部门没收非法所得和药品、器械，并可以根据情节处以二十万元以上、五十万元以下的罚款；情节严重的，吊销其《医疗机构执业许可证》。构成犯罪的，依法追究刑事责任。

代孕中介机构为谋取利益提供商业代孕中介服务，或者进行商业代孕宣传的，由县级以上人民政府卫生健康主管部门给予警告、责令其改正，没收非法所得，并可以根据情节处以五万元以下的罚款。

（3）不法实施相关生殖技术的法律责任

为防止医疗机构及其工作人员在实施代孕生殖技术过程中实施买卖人类

生殖细胞、非法重复利用生殖细胞、非法进行胎儿性别鉴定等其他相关不法生殖技术，应一并明确代孕生殖技术实施过程中不法实施相关生殖技术所应当承担的法律责任。《人类辅助生殖技术管理办法》（2001年）第22条规定："开展人类辅助生殖技术的医疗机构违反本办法，有下列行为之一的，由省、自治区、直辖市人民政府卫生行政部门给予警告、3万元以下罚款，并给予有关责任人行政处分；构成犯罪的，依法追究刑事责任：（一）买卖配子、合子、胚胎的；（二）实施代孕技术的；（三）使用不具有《人类精子库批准证书》机构提供的精子的；（四）擅自进行性别选择的；（五）实施人类辅助生殖技术档案不健全的；（六）经指定技术评估机构检查技术质量不合格的；（七）其他违反本办法规定的行为。"但该条将行政处罚权赋予省、自治区、直辖市人民政府卫生行政部门，违反属地管辖原则，不甚妥当。我国《基本医疗卫生与健康促进法》第7条规定："国务院和地方各级人民政府领导医疗卫生与健康促进工作。国务院卫生健康主管部门负责统筹协调全国医疗卫生与健康促进工作。国务院其他有关部门在各自职责范围内负责有关的医疗卫生与健康促进工作。县级以上地方人民政府卫生健康主管部门负责统筹协调本行政区域医疗卫生与健康促进工作。县级以上地方人民政府其他有关部门在各自职责范围内负责有关的医疗卫生与健康促进工作。"第86条规定："国家建立健全机构自治、行业自律、政府监管、社会监督相结合的医疗卫生综合监督管理体系。县级以上人民政府卫生健康主管部门对医疗卫生行业实行属地化、全行业监督管理。"依照上位法优于下位法的法律适用原则，行政处罚权应由县级以上人民政府卫生健康主管部门行使。因此，不法实施相关生殖技术的法律责任具体法条可草拟为：

第x+2条 医疗机构及其工作人员在实施代孕生殖技术过程中，违反法律规定实施不法生殖技术，有下列行为之一的，由县级以上人民政府卫生健康主管部门给予警告，并可以根据情节处以十万元以下的罚款，并给予有关责任人行政处分。构成犯罪的，依法追究刑事责任：

（一）买卖配子、合子、胚胎的；

（二）使用不具有《人类精子库批准证书》机构提供的精子的；

（三）擅自进行性别选择的；

（四）实施人类辅助生殖技术档案不健全的；

（五）经指定技术评估机构检查技术质量不合格的；

（六）其他违反法律规定的行为。

(4) 代孕合同未经许可擅自实施代孕生殖技术的法律责任

代孕合同成立后，须经卫生健康主管部门审核批准，由卫生健康主管部门对代孕生殖技术进行监督指导。当事人未申请行政许可，医疗机构擅自提供代孕生殖技术的，应当承担不利后果。具体法条可草拟为：

第×+3条 代孕合同成立后，须经代孕生殖实施机构所在地的卫生健康主管部门审核批准。未经卫生健康主管部门审核批准的，代孕合同不发生法律效力。代孕合同未生效的，不影响代孕子女的父母子女关系。

医疗机构为未经卫生健康主管部门审核批准的代孕合同当事人提供代孕生殖技术的，县级以上人民政府卫生健康主管部门可以给予警告、责令其改正，并可以根据情节处以十万元以下的罚款。

(5) 医疗机构违反代孕病历制作义务的法律责任

医疗机构应当制作代孕生殖病历，并妥善保存，医疗机构实施代孕生殖技术未制作病历，或制作病历、保存病历不合规范的，应当承担法律责任。具体法条可草拟为：

第×+4条 医疗机构违反法律规定，未制作代孕生殖病历，或制作代孕生殖病历、保存代孕生殖病历不符合法律规定的，县级以上人民政府卫生健康主管部门可以给予警告，并可以根据情节处以五万元以下的罚款。

(6) 医疗机构违反通报义务的法律责任

医疗机构应当建档，并定期向卫生健康主管部门通报代孕生殖的相关资料，便于卫生健康主管部门进行监督管理，医疗机构实施代孕生殖技术并未建档，或未向卫生健康主管部门通报代孕资料的，应当承担法律责任，具体法条可草拟为：

第×+5条 医疗机构实施代孕生殖技术，违反法律规定并未建档，或未向卫生健康主管部门通报代孕生殖相关资料的，县级以上人民政府卫生健康主管部门可以给予警告，并可以根据情节处以三万元以下的罚款。

三、代孕中介机构的协助

为促进代孕合同的签订和顺利履行,保障当事人意思自决和理性判断,充分实现代孕生殖目的,英国、美国、俄罗斯、加拿大等国在施行政府严格监管之外,还允许代孕中介机构为当事人提供代孕中介协助。

在英国,COTS 即为为委托夫妻及代孕者提供心理支持、经验咨询等服务的中介机构。由于英国禁止商业代孕中介,因此 COTS 为非营利机构,其运作经费来源于会员缴纳的会费及社会各界的捐赠。COTS 成立于 1988 年,截止到 2022 年 2 月 11 日,通过 COTS 代孕安排出生的子女已达 1099 人。[1]COTS 为代孕实施提供以下服务:协助委托夫妻和代孕者进行术前检查及药物检测;向委托夫妻和代孕者提供订立代孕合同的咨询;人工生殖手术的准备工作;妊娠期间及生产后休养期间代孕的咨询等。值得称道的是,COTS 接受女性登记为意向代孕者后,并不急于安排代孕,而是对该意向登记女性进行为期 2 年的心理与社会咨询辅导,让意向登记女性充分了解代孕的工作性质、工作内容及潜在风险,在 COTS 及意向登记女性确信其能够胜任代孕工作的前提下,才与委托夫妻进一步接触,并为双方进一步沟通协商提供辅助服务。COTS 对代孕生殖不仅提供"储备"服务,还提供"培养"服务,有助于帮助当事人准确理解代孕生殖,将不适合担任代孕者的妇女清除,最大程度实现当事人的代孕目的。在美国,由于美国承认有偿代孕与商业代孕中介,因此美国代孕中介与英国不同,可以为营利机构。其对代孕生殖只提供"储备"服务,不提供"培养"服务。代孕者向代孕中介机构登记代孕意愿后,代孕中介机构即为委托夫妻与代孕者提供沟通磋商机会,协助双方订立代孕合同,并从中收取中介费。代孕中介机构虽然可以收取必要费用,但应为非营利组织,并依行政许可设立。

可见,代孕中介机构提供的中介服务贯穿于代孕生殖手术前、妊娠过程中及生产分娩后。从事前磋商到合同订立、合同履行以及产后代孕子女交付,均提供详细充分的中介服务。一般而言,代孕中介机构提供的服务主要包括:其一,代孕生殖手术实施前:为委托夫妻和代孕者提供深入接触与交流的渠道,帮助双方见面沟通,了解对方对于代孕和婚姻家庭的认识;提供有关代

---

[1] COTS 的介绍来自其官网:https://www.surrogacy.org.uk/,2022 年 2 月 11 日访问。

孕的法律咨询与心理咨询等。代孕中介机构可就以往代孕成功的案例向当事人分享。其二，代孕者妊娠期间：就委托夫妻与代孕者存在的心理焦虑、心理不适及相关法律、心理问题，提供专业心理咨询和法律咨询等。其三，代孕者生产后：就代孕子女亲子关系等问题提供法律咨询、就代孕者的亲子分离焦虑等提供心理疏导等。代孕中介对于确保当事人理性判断，充分实现意思自决，有效避免盲目代孕大有助益。

因此，我国亦应允许设立代孕中介机构，具体内容为：①代孕中介机构的法律性质。与我国无偿代孕原则相一致，代孕中介机构应为经卫生健康主管部门许可的非营利性法人。中介机构提供中介服务仅可以收取必要费用，不能主张报酬。〔1〕代孕中介机构不得向代孕者支付酬劳，也不得进行商业代孕广告和宣传。②代孕中介机构提供的服务贯穿于代孕生殖手术前、妊娠过程中及分娩生产后。③代孕中介机构应当聘请妇产科医师、内科医师、心理医师、律师和社会工作者，全程协助代孕合同的订立与履行。其工作人员的从业资格、工作内容、工作程序、管理与监督，由国务院卫生健康主管部门确定。

---

〔1〕 我国《民法典》第961条规定："中介合同是中介人向委托人报告订立合同的机会或者提供订立合同的媒介服务，委托人支付报酬的合同。"代孕中介机构为其例外，我国应通过特别法对代孕中介机构系属非营利性法人，不能主张报酬进行特别规范。

参考文献

一、著作类

1. 王利明等主编:《中国民法典释评》(10卷),人民法院出版社2021年版。
2. 最高人民法院民法典贯彻实施工作领导小组主编:《中华人民共和国民法典理解与适用》(11册),人民法院出版社2020年版。
3. 谢鸿飞、朱广新主编:《民法典评注》(15册),中国法制出版社2020年版。
4. 王利明、杨立新、王轶、程啸:《民法学》(第6版),法律出版社2020年版。
5. 石雷:《功能主义视角下外国代孕制度研究》,华中科技大学出版社2020年版。
6. 《民法学》编写组编:《民法学》,高等教育出版社2019年版。
7. 袁泉、罗颖仪:《跨境代孕国际私法问题研究》,法律出版社2019年版。
8. 刘长秋:《代孕规制的法律问题研究》,上海社会科学院出版社2016年版。
9. 司丹:《亲子关系的体系建构与制度延展》,法律出版社2016年版。
10. 汪丽青:《人类辅助生殖私法调整机制研究》,法律出版社2016年版。
11. 余提:《各国代孕法律之比较研究》,中国政法大学出版社2016年版。
12. 曹贤余:《儿童最大利益原则下的亲子法研究》,群众出版社2015年版。
13. 黄丁全:《医疗 法律与生命伦理》,法律出版社2015年版。
14. 潘迪:《生殖革命与人权》,知识产权出版社2015年版。
15. 周平:《生殖自由与公共利益的博弈——生殖医疗技术应用的法律规制》,中国社会科学出版社2015年版。
16. 秦文:《印度婚姻家庭法研究——基于女性主义的分析视角》,法律出版社2015年版。
17. 李洪祥:《我国民法典立法之亲属法体系研究》,中国法制出版社2014年版。
18. 黄茂荣:《债法通则之一:债之概念与债务契约》,厦门大学出版社2014年版。
19. 湛中乐:《生育自由与人权保障》,中国法制出版社2013年版。

20. 王泽鉴:《人格权法》,北京大学出版社 2013 年版。
21. 邢玉霞:《辅助生殖技术应用中的热点法律问题研究》,中国政法大学出版社 2012 年版。
22. 邱仁宗:《生命伦理学》,中国人民大学出版社 2010 年版。
23. 王泽鉴:《民法学说与判例研究》(第 2 册),北京大学出版社 2009 年版。
24. 王泽鉴:《民法总则》,北京大学出版社 2009 年版。
25. 刘得宽:《民法总则》,中国政法大学出版社 2006 年版。
26. 黄茂荣:《债法各论》(第 1 册),中国政法大学出版社 2004 年版。
27. 梅仲协:《民法要义》,中国政法大学出版社 2004 年版。
28. 黄立主编:《民法债编各论》,中国政法大学出版社 2003 年版。
29. 林诚二:《民法债编各论》,中国人民大学出版社 2003 年版。
30. 王泽鉴:《侵权行为法》(第 1 册),中国政法大学出版社 2001 年版。
31. 史尚宽:《亲属法论》,中国政法大学出版社 2000 年版。
32. 胡长清:《中国民法亲属论》,商务印书馆 1936 年版。

二、译著类

1. [德] 汉斯·布洛克斯、沃尔夫·迪特里希·瓦尔克:《德国民法总论》,张艳译,中国人民大学出版社 2019 年版。
2. [德] 本德·吕特斯、阿斯特丽德·施塔德勒:《德国民法总论》,于馨淼、张姝译,法律出版社 2017 年版。
3. [德] 迪特尔·施瓦布:《德国家庭法》,王葆莳译,法律出版社 2010 年版。
4. [德] 迪特尔·梅迪库斯:《德国债法分论》,杜景林、卢谌译,法律出版社 2007 年版。
5. [德] 迪特尔·施瓦布:《民法导论》,郑冲译,法律出版社 2006 年版。
6. [德] 卡尔·拉伦茨:《德国民法通论》,王晓晔等译,法律出版社 2003 年版。
7. [德] 迪特尔·梅迪库斯:《德国民法总论》,邵建东译,法律出版社 2000 年版。
8. [德] 海因·克茨:《欧洲合同法》,周忠海等译,法律出版社 2001 年版。
9. [德] 克雷斯蒂安·冯·巴尔:《欧洲比较侵权行为法》(上卷),张新宝译,法律出版社 2001 年版。
10. [德] 库尔特·拜耳茨:《基因伦理学》,马怀琪译,华夏出版社 2000 年版。
11. [法] 雅克·盖斯旦、吉勒·古博:《法国民法总论》,陈鹏等译,法律出版社 2004 年版。
12. 欧洲民法典研究组、欧洲现行私法研究组:《欧洲私法的原则、定义与示范规则:欧洲示范民法典草案》,朱文龙等译,法律出版社 2014 年版。
13. [日] 近江幸治:《民法讲义Ⅰ民法总则》,渠涛等译,北京大学出版社 2015 年版。

14. ［日］五十岚清：《人格权法》，铃木贤、葛敏译，北京大学出版社 2009 年版。
15. ［日］植木哲：《医疗法律学》，冷罗生等译，法律出版社 2006 年版。
16. ［日］大村敦志：《民法总论》，江溯、张立艳译，北京大学出版社 2004 年版。
17. ［日］栗生武夫：《婚姻法之近代化》，胡长清译，中国政法大学出版社 2003 年版。
18. ［日］我妻荣、有泉亨：《日本民法 亲属法》，夏玉芝译，工商出版社 1996 年版。
19. ［英］詹姆斯·格里芬：《论人权》，徐向明、刘明译，译林出版社 2015 年版。
20. ［英］罗宾·贝克：《未来的性：原始冲动与未来技术的交融》，庞秀成译，吉林人民出版社 2002 年版。
21. ［美］斯科特·卡尼：《人体交易》，姚怡平译，中国致公出版社 2013 年版。
22. ［美］罗德纳·蒙森：《干预与反思：医学伦理学基本问题》，林侠译，首都师范大学出版社 2010 年版。
23. ［美］戴维·达德利·菲尔德：《纽约州民法典草案》，田甜译，中国大百科全书出版社 2007 年版。
24. ［美］H. T. 恩格尔哈特：《生命伦理学基础》，范瑞平译，北京大学出版社 2006 年版。
25. ［美］艾伦·布坎南等：《从机会到选择：遗传学与正义》，萧郁雯译，巨流图书公司 2004 年版。
26. ［美］凯特·斯丹德利：《家庭法》，屈广清译，中国政法大学出版社 2004 年版。
27. ［美］罗纳德·德沃金：《自由的法——对美国宪法的道德解读》，刘丽君译，上海人民出版社 2001 年版。
28. ［美］约翰·罗尔斯：《正义论》，何怀宏、何包钢、廖申白译，中国社会科学出版社 1988 年版。

三、法典类

1. 《德国民法典》，台湾大学法律学院、台大法学基金会编译，北京大学出版社 2016 年版。
2. 《瑞士民法典》，戴永盛译，中国政法大学出版社 2016 年版。
3. 《智利共和国民法典》，徐涤宇译，北京大学出版社 2014 年版。
4. 《奥地利普通民法典》，周友军、杨垠红译，清华大学出版社 2013 年版。
5. 《西班牙民法典》，潘灯、马琴译，中国政法大学出版社 2013 年版。
6. 《路易斯安纳民法典》，娄爱华译，厦门大学出版社 2010 年版。
7. 《韩国民法典 朝鲜民法》，金玉珍译，北京大学出版社 2009 年版。
8. 《葡萄牙民法典》，唐晓晴等译，北京大学出版社 2009 年版。
9. 《巴西民法典》，齐云译，中国法制出版社 2009 年版
10. 《荷兰民法典》，王卫国主译，中国政法大学出版社 2006 年版。

11. 《意大利民法典》，费安玲等译，中国政法大学出版社 2004 年版。
12. 《德国民法典》，陈卫佐译注，法律出版社 2004 年版。
13. 《埃塞俄比亚民法典》，薛军译，中国法制出版社 2002 年版。
14. 《德国民法典》，郑冲、贾红梅译，法律出版社 1999 年版。
15. 《德国民法典》，杜景林、卢谌译，中国政法大学出版社 1999 年版。
16. 《日本民法典》，王书江译，中国人民公安大学出版社 1999 年版。
17. 《瑞士民法典》，殷生根、王燕译，中国政法大学出版社 1999 年版。
18. 《法国民法典》，罗结珍译，中国法制出版社 1999 年版。

四、论文类

1. 龙翼飞、冯宇雷："论亲子关系确认制度的适用困境与解决方式"，载《法律适用》2022 年第 1 期。
2. 田宏杰："代孕治理的时代之问与应然选择"，载《中国应用法学》2021 年第 6 期。
3. 齐湘泉、安朔："跨境代孕法律规制研究——兼议跨境代孕产生的亲子关系认定"，载《中国青年社会科学》2021 年第 5 期。
4. 杨立新、李怡雯："保障人工辅助生殖技术所生子女的生的尊严——认定人工辅助生殖技术所生子女的法律地位的基准点"，载《中国应用法学》2021 年第 3 期。
5. 薛军："《民法典》对精神损害赔偿制度的发展"，载《厦门大学学报（哲学社会科学版）》2021 年第 3 期。
6. 谢鸿飞："公序良俗原则的功能及其展开"，载《探索与争鸣》2020 年第 5 期。
7. 夏吟兰："婚姻家庭编的创新和发展"，载《中国法学》2020 年第 4 期。
8. 朱虎："分合之间：民法典中的合同任意解除权"，载《中外法学》2020 年第 4 期。
9. 刘长秋："代孕立法规制的基点与路径——兼论《人口与计划生育法》为何删除'禁止代孕条款'"，载《浙江学刊》2020 年第 3 期。
10. 杨立新："民法典婚姻家庭编完善我国亲属制度的成果与司法操作"，载《清华法学》2020 年第 3 期。
11. 吴桂德："德国法上人类体外胚胎的法律保护及其借鉴"，载《交大法学》2020 年第 3 期。
12. 李雅男："代孕背景下亲子关系的确定"，载《法律科学（西北政法大学学报）》2020 年第 2 期。
13. 刘召成："身体权的现代变革及其法典化设计"，载《当代法学》2020 年第 2 期。
14. 武藤："委托合同任意解除与违约责任"，载《现代法学》2020 年第 2 期。
15. 王利明："论人格权的定义"，载《华中科技大学学报（社会科学版）》2020 年第 1 期。

16. 美国新"统一亲子关系法"（2017年修订），陈苇、郭庆敏译，载梁慧星主编：《民商法论丛》（总第70卷），社会科学文献出版社2020年版。
17. 徐文："甄别与分类：论代孕案件基础争议的解决进路"，载《河北法学》2019年第11期。
18. 郑英龙："失独家庭特殊保障问题研究"，载《山东师范大学学报（人文社会科学版）》2019年第6期。
19. 石佳友："人格权立法的进步与局限——评《民法典人格权编草案（三审稿）》"，载《清华法学》2019年第5期。
20. 孟凡壮："全球视野下克隆人技术的法律规制"，载《福建师范大学学报（哲学社会科学版）》2019年第4期。
21. 李拥军、雷蕾："论我国婚姻家庭关系的伦理价值与立法表达——以《民法典（婚姻家庭编）》制定为背景"，载《政法论丛》2019年第2期。
22. 徐涤宇："婚姻家庭法的入典再造：理念与细节"，载《中国法律评论》2019年第1期。
23. 冷传莉："'人格物'的司法困境与理论突围"，载《中国法学》2018年第10期。
24. 王籍慧："质疑有限开放代孕生育权说——基于权利证成的视角"，载《学术交流》2018年第6期。
25. 田韶华："民法典编纂中身份行为的体系化建构"，载《法学》2018年第5期。
26. 许中缘、崔雪炜："论合同中的人格利益损害赔偿"，载《法律科学（西北政法大学学报）》2018年第3期。
27. 王艺："外国判决承认中公共秩序保留的怪圈与突围——以一起跨国代孕案件为中心"，载《法商研究》2018年第1期。
28. 吴坤、夏吟兰："论冷冻胚胎的法律性质及处置原则——以宜兴冷冻胚胎继承案为切入点"，载《法律适用（司法案例）》2017年第22期。
29. 曹永福："'代孕辅助生殖'作为一项权利的伦理论证"，载《山东大学学报（哲学社会科学版）》2017年第4期。
30. 高升、王洪根："论跨国代孕中法定父母身份认定的法律冲突"，载《河南财经政法大学学报》2017年第4期。
31. 夏吟兰："民法分则婚姻家庭编立法研究"，载《中国法学》2017年第3期。
32. 周江洪："委托合同任意解除的损害赔偿"，载《法学研究》2017年第3期。
33. 朱晓峰："非法代孕与未成年人最大利益原则的实现——全国首例非法代孕监护权纠纷案评释"，载《清华法学》2017年第1期。
34. 彭诚信："确定代孕子女监护人的现实法律路径——'全国首例代孕子女监护案'评析"，载《法商研究》2017年第1期。

35. 王心禾："代孕问题，法律不应回避"，载《检察日报》2017年3月30日。
36. 朱琳、蒲晓磊："代孕野蛮生长暴露监管空白"，载《法制日报》2017年2月21日。
37. 王君平："生不出二孩真烦恼"，载《人民日报》2017年2月3日。
38. 李永军、李伟平："论不法原因给付的制度构造"，载《政治与法律》2016年第10期。
39. 杨立新："适当放开代孕禁止与满足合法代孕正当要求——对'全国首例人体冷冻胚胎权属纠纷案'后续法律问题的探讨"，载《法律适用》2016年第7期。
40. 肖永平："比较法视野下代孕案件的处理"，载《法学杂志》2016年第4期。
41. 刘长秋："有限开放代孕之法理批判与我国代孕规制的法律选择"，载《法治研究》2016年第3期。
42. 刘士国："中国胚胎诉讼第一案评析及立法建议"，载《当代法学》2016年第2期。
43. 杜涛："国际私法国际前沿年度报告（2013—2014）"，载《国际法研究》2015年第1期。
44. 刘长秋："代孕的合法化之争及其立法规制研究"，载《伦理学研究》2016年第1期。
45. 王彬："法律论证的伦理学立场——以代孕纠纷案为中心"，载《法商研究》2016年第1期。
46. 徐国栋："人工受孕体在当代意大利立法和判例中的地位"，载《华东政法大学学报》2015年第5期。
47. 杨芳："意大利《医学辅助生殖法》研究"，载《东方法学》2015年第6期。
48. 李昊："冷冻胚胎的法律性质及其处置模式——以美国法为中心"，载《华东政法大学学报》2015年第5期。
49. 叶名怡："法国法上的人工胚胎"，载《华东政法大学学报》2015年第5期。
50. 刘长秋："权利视野下的代孕及其立法规制研究"，载《河南大学学报（社会科学版）》2015年第4期。
51. 杨彪："代孕协议的可执行性问题：市场、道德与法律"，载《政法论坛》2015年第4期。
52. 杜涛："国际私法国际前沿年度报告（2013—2014）"，载《国际法研究》2015年第1期。
53. 孙良国："夫妻间冷冻胚胎处理难题的法律解决"，载《国家检察官学院学报》2015年第1期。
54. 刘士国："人工生殖与自然法则"，载《人民司法》2014年第13期。
55. 任巍："论完全代孕中子女身份归属的法律认定——从'子女最佳利益'原则出发"，载《学术探索》2014年第8期。
56. 王利明："民法典的时代特征和编纂步骤"，载《清华法学》2014年第6期。
57. 王利明："民法上的利益位阶及其考量"，载《法学家》2014年第1期。

58. 马强："论生育权——以侵害生育权的民法保护为中心"，载《政治与法律》2013 年第 6 期。

59. 杨遂全、钟凯："从特殊群体生育权看代孕部分合法化"，载《社会科学研究》2012 年第 3 期。

60. 潘皞宇："以生育权冲突理论为基础探寻夫妻间生育权的共有属性——兼评'婚姻法解释（三）'第九条"，载《法学评论》2012 年第 1 期。

61. 姚国建："宪法是如何介入家庭的？——判例法视角下的美国宪法对家庭法的影响及其争拗"，载《比较法研究》2011 年第 6 期。

62. 周平："有限开放代孕之法理分析与制度构建"，载《甘肃社会科学》2011 年第 3 期。

63. 湛中乐："生育权作为基本人权入宪之思考"，载《南京人口管理干部学院学报》2011 年第 2 期。

64. 薛瑞元："'代理孕母'管制原则及措施"，载《月旦法学杂志》2010 年第 52 期。

65. Halb. Levine："代孕——亲属关系中的自然与文化"，周水云编译，载《北方民族大学学报（哲学社会科学版）》2010 年第 1 期。

66. 王贵松："中国代孕规制的模式选择"，载《法制与社会发展》2009 年第 4 期。

67. 颜厥安："自由与伦理——由代理孕母的合法化问题谈价值命题的论证"，载《政大法学评论》2008 年第 57 期。

68. 林来梵："人的尊严与人格尊严——兼论中国宪法第 38 条的解释方案"，载《浙江社会科学》2008 年第 3 期。

69. 陈昭姿："翘首企盼代理孕母合法化——等待生命的转捩点"，载《月旦法学杂志》1999 年第 9 期。

70. ［日］松井茂纪："论自己决定权"，莫纪宏译，载《外国法译评》1996 年第 3 期。

71. 杨筑钧："代孕契约无偿性之探讨"，成功大学 2013 级硕士学位论文。

72. 黄微绫："我国代理孕母政策形成之发展与争议"，南华大学 2006 年硕士学位论文。

73. 陈凤珠："代孕合同法律关系研究"，成功大学 2003 年硕士学位论文。

74. T. J. S.，A. L. S.，"*In the Matter of the Parentage of a child*"，419N. J. super. 46，16A. 3d 386（2011）.

75. Rachel Cook, Shelley Day-Sclater, Felicity Kaganas, "*Surrogate Motherhood: International Perspectives*", Hart Publishing（2003）.

76. Kim Cotton, "Surrogacy Should Pay", *British Medical Journal*, Apr 2000; vol. 320（2000）.

77. Vernellia Randall, "Commercial Surrogacy: Is it Baby-Selling", *The University of Dayton School of Law*, Fall（1997）.

致　谢

　　时光飞逝，劳苦绵长，书稿终告付梓。感谢家人给予我的支持与鼓励，感恩恩师陈小君教授、孟勤国教授给予我的关心和鞭策，感谢郑嘉琦、江瑾、耿静雯、魏凌、曾鹏程、张振声同学在资料搜集与整理上提供的帮助与建设性意见。